Dieter Grimm

„Ich bin ein Freund der Verfassung“

Dieter Grimm

„Ich bin ein Freund der Verfassung“

Wissenschaftsbiographisches Interview
von Oliver Lepsius, Christian Waldhoff
und Matthias Roßbach

mit Dieter Grimm

Mohr Siebeck

Prof. Dr. Dr. h.c. mult. *Dieter Grimm*, LL.M. (Harvard), geb. 1937, em. Professor für Öffentliches Recht an der Humboldt-Universität zu Berlin, Permanent Visiting Professor an der Yale Law School, 1987–1999 Richter des Bundesverfassungsgerichts im Ersten Senat, 2001–2007 Rektor des Wissenschaftskollegs zu Berlin.

Prof. Dr. *Oliver Lepsius*, LL.M. (Chicago), geb. 1964, Professor für Öffentliches Recht, Allgemeine und Vergleichende Staatslehre an der Rechts- und Wirtschaftswissenschaftlichen Fakultät der Universität Bayreuth.

Prof. Dr. *Christian Waldhoff*, geb. 1965, Professor für Öffentliches Recht und Finanzrecht an der Juristischen Fakultät der Humboldt-Universität zu Berlin.

Matthias Roßbach, LL.M. (Yale), geb. 1984, wissenschaftlicher Mitarbeiter an der Juristischen Fakultät der Humboldt-Universität zu Berlin.

ISBN 978-3-16-155449-0

Die Deutsche Nationalbibliothek verzeichnet diese Publikation in der Deutschen Nationalbibliographie; detaillierte bibliographische Daten sind im Internet über *http://dnb.dnb.de* abrufbar.

Das Buch wurde von Gulde Druck in Tübingen gesetzt, auf alterungsbeständiges Werkdruckpapier gedruckt und gebunden.

Vorwort

Dieter Grimm ist einer der führenden Gelehrten des Öffentlichen Rechts und einer der wichtigsten juristischen Zeitzeugen der bundesrepublikanischen Geschichte. Am 11. Mai 2017 hat er sein achtzigstes Lebensjahr vollendet. Unser Vorhaben, ein wissenschaftsbiographisches Gespräch mit ihm zu führen, wurde jedoch nicht durch dieses Ereignis inspiriert, sondern durch ein Interview von Pater Dr. Hermann Breulmann SJ mit Dieter Grimm, das im Mai 2014 im Rahmen einer Gesprächsreihe der Konrad-Adenauer-Stiftung in Berlin stattfand.

Wissenschaftsbiographische Interviews sind in der Rechtswissenschaft – anders als in manchen anderen Disziplinen – bisher die Ausnahme geblieben. Man sagt, der Wissenschaftler spreche durch seine Texte; der Richter trete als Person hinter die Entscheidungen zurück, an denen er mitgewirkt hat. Gerne wird dabei vergessen, dass es immer Menschen sind, die Recht anwenden und über Recht schreiben.

Dieter Grimm hat nicht nur in herausgehobener Funktion an der Rechtsentwicklung der Bundesrepublik Deutschland mitgewirkt und über sie nachgedacht, er ist zugleich ein international wahrgenommener Beobachter und Themensetzer. Es ist unsere Überzeugung, dass das Format eines wissenschaftsbiographischen Gesprächs Erfahrungen und Überlegungen mitteilen kann, die in wissenschaftlichen Publikationen und in Gerichtsentscheidungen nicht zur Sprache kommen können, und sich viel für die Rechtsentwicklung unseres Gemeinwesens Bedeutsames erst aus diesen Erfahrungen erklärt.

Die hier gedruckten Gespräche fanden am 5. April 2016 in der Humboldt-Universität zu Berlin und am 10. und 11. August 2016 in der Wohnung Dieter Grimms in Berlin-Wilmersdorf statt. Für die Endfassung wurden noch einige Passagen ergänzt. Wo es uns zum Verständnis der Aussagen notwendig erschien, haben wir dem Gesprächstext Zusatzinformationen in Fußnoten beigegeben.

Das Interview sollte ursprünglich im Jahrbuch des öffentlichen Rechts publiziert werden. Schnell wurde deutlich, dass unser Gespräch einen Umfang erhielt, der eine Publikation im Jahrbuch unmöglich machte. Interviewer wie Interviewter konnten sich, so haben wir das empfunden, dem Sog der Erinnerungen und Analysen nicht entziehen. Den vielschichtigen Text für die Veröffentlichung im Jahrbuch des öffentlichen Rechts auf einen Umfang von unter 50 Druckseiten zu kürzen, erschien uns nicht sinnvoll. Dem Verlag Mohr Siebeck und dort vor allem Herrn Dr. Franz-Peter Gillig sind wir zu besonderem Dank verpflichtet, dass die Veröffentlichung als selbständiger Band möglich war.

Dieses kleine Buch ist nun unversehens zu einer Geburtstagsgabe geworden.

Bayreuth und Berlin, im Frühjahr 2017

Oliver Lepsius Christian Waldhoff Matthias Roßbach

Inhalt

I. Biographische Prägungen – Elternhaus, Krieg, Schule, Berufswünsche

Oliver Lepsius: Aus welchem familiären Umfeld stammen Sie? Was waren Ihre Eltern? Gab es einen akademischen Hintergrund?

Dieter Grimm: In meiner Familie hatte vor mir niemand eine Universität von innen gesehen. Mein Vater war Eisenbahnbeamter im gehobenen Dienst wie schon sein Vater, mein Großvater väterlicherseits. Ich kannte meinen Vater nur in Zivil. Aber es gab hübsche Fotos, die ihn in Eisenbahner-Uniform zeigten. Mir wäre es lieber gewesen, er hätte noch im Außendienst gearbeitet und eine Wohnung im Bahnhof gehabt, so wie bei der Heirat meiner Eltern 1934. Ich war nämlich als Kind von der Eisenbahn fasziniert und konnte mich an Zügen und Bahnanlagen nicht satt sehen.

Dass meine Eltern sich überhaupt gefunden hatten, lag daran, dass es meinen Vater wegen der besseren Aufstiegsmöglichkeiten aus Württemberg, seiner Heimat, „nach Preußen" gezogen hatte. So kam er in den Dienst der Reichsbahndirektion Kassel, die sich damals tief ins Westfälische erstreckte, genau genommen bis Bestwig. Das sage ich mit Bedacht, denn aus Bestwig im Sauerland stammte meine Mutter. Aber nicht dort, sondern in Paderborn lernten sie sich kennen. Er war „möblierter Herr" in einem Haus, in dem sich meine Mutter um die kleinen

Kinder des verwitweten Hausbesitzers kümmerte. Meine Mutter teilte das Schicksal vieler Frauen ihrer Generation, die die Volksschule besuchten, anschließend „die Küche lernten“ und dann auf einen Bräutigam warteten. Meine Mutter hatte allerdings zusätzlich in Privatstunden Französisch gelernt und war froh, dass sie in Paderborn eine Aufgabe hatte.

Ihr Vater, mein Großvater mütterlicherseits, stammte aus dem Münsterland, hatte Uhrmacher gelernt und sich nach der Wanderschaft in Bestwig niedergelassen und dort ein Geschäft eröffnet: *„Ferdinand Fröndhoff – Uhren, Gold- und Silberwaren“*. Meine Großmutter stammte aus einer bäuerlichen Familie im Nachbarort Nuttlar. Der Großvater väterlicherseits, königlich-württembergischer Staatsbahnbeamter, hatte eine Gastwirtstochter aus dem Badischen geheiratet. Beide Großeltern hatten zahlreiche Kinder. Als ich im Mai 1937 geboren wurde, war mein Vater kurz zuvor von Bad Hersfeld nach Kassel versetzt worden. In Kassel wuchs ich auf. Es ist meine Heimatstadt.

Zur Hochzeit bekamen meine Eltern im Standesamt wie Tausende Hitlers „Mein Kampf“ geschenkt. Die Familien waren aber, soweit ich das beurteilen kann, nicht anfällig für den Nationalsozialismus. Aus der väterlichen Linie habe ich gar keine Anhaltspunkte. Ein jüngerer Bruder meiner Mutter war in der SA und musste sich dafür viel Kritik gefallen lassen. Ein anderer, der älteste, der im Ersten Weltkrieg ein Bein verloren hatte, hörte nachts „Feindsender“, und mehr als einmal hieß es im Familienkreis: „Ferdinand, Du wirst uns alle noch ins Gefängnis bringen.“ Er war ein kritischer Geist und wurde nach dem Krieg Spiegel-Leser. Onkel Ferdinand wusste immer mehr. Ich habe mich gern mit ihm unterhalten. Mein Vater trat spät der NSDAP bei. Als ich ihm Jahre danach Vorhaltungen machte, sagte er, er habe es für mich und meine Mutter getan, ihm hätte die Entlassung gedroht. Es wird etwa 1942 gewesen sein, als er eingezogen und nach Russland geschickt wurde.

L: Den Krieg haben Sie also noch ganz bewusst miterlebt?

G: Ja, ich behaupte sogar, dass ich mich genau an den Kriegsausbruch erinnere, obwohl man sagt, dass dies mit zwei Jahren und vier Monaten unwahrscheinlich sei. Nahe unserer Kasseler Wohnung lag die Jägerkaserne, und nach meiner lebhaften Erinnerung gingen wir damals zum Hauptkasernentor und sahen mit vielen anderen Schaulustigen der Ausfahrt der Soldaten zu. Einige warfen Blumen. Man konnte sich Erbsensuppe aus der Gulaschkanone holen. Ich entwickelte damals eine beträchtliche Soldatenbegeisterung. Durch unsere Straße zogen häufig Truppen zu einem nicht weit entfernten Exerzierplatz. Sobald die Marschmusik oder der Soldatengesang ertönte, war ich nicht zu halten. Wenn ich Zeichnungen von mir aus dieser Zeit finde, zeigen sie nur Soldaten. Und auf die Kindern gern gestellte Frage, was ich denn mal werden möchte, soll ich geantwortet haben: „General, aber nur im Frieden."

Der Glanz des Militärs verblasste jedoch schnell, als die Marschmusik vom Heulen der Sirenen, vom Dröhnen der Flugzeug-Geschwader und von den Detonationen der Bomben verdrängt wurde. Luftschutzkeller oder Bunker gehörten bald zum Alltagsleben. Einmal fragte ich im Luftschutzkeller: „Wie weiß man, wann man tot ist?" Einer antwortete: „Solange Du die Bomben pfeifen hörst, lebst Du noch." Das alles trat mir wieder lebhaft vor Augen, als ich vor einigen Jahren den Luftschutzbunker unter dem Weinberg in Kassel besichtigen konnte, der schon lange vor Kriegsausbruch vorsorglich in den Felsen getrieben worden war. Man sah die Kommandozentrale, in der die Lagemeldungen ankamen und der Stadtkommandant seine Befehle erteilte, und man sah einen Raum, in dem, wie der Bunkerführer mitteilte, *Dr. Sommerfeld* nach Luftangriffen bis zur Erschöpfung operierte. *Dr. Sommerfeld* war nach dem Krieg mein Kinderarzt und hatte seine Praxis nahe dem Weinberg.

L: Sind Sie auch ausgebombt worden?

G: Das Kasseler Haus wurde beschädigt, aber nicht zerstört. Andere Häuser in der Straße erlitten Totalschaden. Als die Bombenangriffe auf Kassel sich mehrten – mein Vater war in dieser Zeit schon in Russland –, kehrte meine Mutter mit mir in ihr Elternhaus nach Bestwig zurück. Dort kam ich 1943 zur Schule. Das Schulgebäude mit drei Klassenzimmern und einer Lehrerwohnung lag gleich neben unserem Haus. Es reichte, wenn ich beim Glockenton losrannte.

Bestwig war in mehrfacher Hinsicht ein Kontrast zu Kassel. Das begann schon bei der Eisenbahn, denn ich sah sie nun täglich. Wir hatten sie vor der Haustür. Bestwig war damals Station auf der Schnellzugstrecke Leipzig-Kassel-Köln, die Dampflokomotiven mussten dort betankt werden. Besonders eine stromlinienförmig verkleidete Lok der Baureihe 01, die täglich zweimal in Bestwig hielt und die ich „Bumbas-Maschine" nannte, hatte es mir angetan. Was aber doch wohl prägender war: Vom Stadtkind wurde ich zum Landkind, vom Einzelkind zum Teil einer Großfamilie. Fast alle Geschwister meiner Mutter lebten in der Nähe. Ich war nicht mehr *Dieter*

Grimm, sondern *Fröndhoffs Dieter* und befand mich unter zahlreichen Vettern und Cousinen. Und vor allem tauchte ich in ein ganz und gar katholisches Milieu ein. In Kassel hatte sich das religiöse Leben auf den Besuch der Sonntagsmesse und die täglichen Gebete beschränkt. In Bestwig durchwirkte die Religion den gesamten Zeitablauf. „Tu alles zur größeren Ehre Gottes“, war eine ständige Mahnung meiner Großmutter. Ich zeichnete keine Soldaten mehr, nur noch Priester.

Priester war nun auch mein Berufswunsch. Meine Großmutter, die alles tat, um diesen Wunsch zu fördern, sorgte dafür, dass mir im Dachgeschoss des Hauses eine kleine Abstellkammer als Kapelle samt Altar und Tabernakel hergerichtet wurde. Die Frauen nähten Messgewänder. Bei den Nonnen im nahen Velmede wurde ein Birett bestellt. Der örtliche Vikar besaß aus seiner Jugend kleine Messgeräte aus Zinn, die er mir schenkte. Meinen Vetter *Willi*, der schon Obermessdiener war, stiftete ich an, mir ein paar Weihrauchkörner abzuzweigen. So imitierte ich das, was ich in der Kirche sah und hörte, während meine Tanten hinter dem Türspalt kicherten.

Als gegen Kriegsende auch Bestwig als Eisenbahnknotenpunkt bombardiert wurde, zogen wir nochmals weiter nach Madfeld, einem verlassenen Nest ohne Verkehrsanschluss, das man vom Bahnhof Bredelar aus nach langem Fußmarsch erreichte. Einmal mussten wir uns vor Tieffliegerbeschuss in den Straßengraben retten. In Madfeld war eine ältere Schwester meiner Mutter mit dem örtlichen Lehrer verheiratet, der zu dieser Zeit aber ebenfalls im Krieg stand. Wir wohnten im Schulhaus. Unterrichtet wurden wir dort von Schulschwestern, die aus Schlesien geflohen waren. Sobald ein Flugzeuggeräusch ertönte, mussten wir uns auf den Boden werfen und rufen: „Dreimal heilige Mutter Gottes von Schönstatt rette uns!". In Madfeld habe ich das Kriegsende erlebt, wenige Tage vor meinem achten Geburtstag. Unser Schulhof war für einen Tag ins Zentrum des Geschehens gerückt, als dort der Generalfeldmarschall *Model* sein Hauptquartier aufgeschlagen hatte. Kurz danach standen auf demselben Schulhof die Jeeps der amerikanischen Soldaten.

Eines Sonntags bald danach traf unrasiert, übernächtigt und in einem viel zu großen Anzug mein Vater mit zwei Kameraden in Madfeld ein. Er war 1944 von Russland zum Westwall beordert worden, nicht in Gefangenschaft geraten und hatte sich zu uns durchgeschlagen. Tagsüber hielten sich die drei versteckt, nachts marschierten sie. Mein Vater ging dann bald nach Kassel, um sich bei seiner vormaligen Dienststelle zu melden, wir kehrten vorerst nach Bestwig zurück und blieben dort noch bis zum Ende des Schuljahrs 1946. Dann war die Familie wieder in Kassel vereint. Am letzten Tag des Jahres wurde meine Schwester *Gisela* geboren.

L: Die Zeit 1945 bis 1949, Besatzungszeit – hat das auf Sie eingewirkt?

G: Bestwig lag in der englischen, Kassel in der amerikanischen Zone. Was das hieß, erfuhr ich leidvoll. Im Sommer 1945 ging ich zur Erstkommunion. Es war eine Erstkommunion außer der Reihe. Am Weißen Sonntag waren wir ja noch in Madfeld gewesen. Der Pfarrer wollte aber unbedingt, dass ich die Erstkommunion in Westfalen erlebte. So gab es eine Extra-Erstkommunion für mich und drei Mädchen. Wir fuhren in der Kutsche nach Velmede (Bestwig besaß damals noch keine eigene Kirche). Doch mein Vater fehlte. Er war, wie wir erst später erfuhren, an der Zonengrenze in Liebenau mit anderen Männern aus dem Zug geholt worden und musste den ganzen Tag Kohlen oder Kartoffeln schippen, in seinem schwarzen Festtagsanzug. Im Übrigen spürte man von der Besatzung wenig, auf dem Land sowieso nicht, aber auch in Kassel nicht. Die Anwesenheit der Amerikaner war mir hauptsächlich durch die Quäkerspeisung bewusst, mit der wir in der Schule versorgt wurden. Wir hungerten ja noch. Ich erinnere mich, dass ich einmal meinen Vater fragte, wie lange wir wohl besetzt sein würden. Er sagte: „Fünfzig Jahre?" Das überforderte mein Vorstellungsvermögen.

Was viel unmittelbarer auf mich wirkte, war, dass ich in Ruinen aufwuchs. Kassel gehörte zu den am stärksten zerstörten Städten Deutschlands. Wie schön es einmal gewesen sein muss, weiß ich nur von Bildern. Auf den Straßen, auch auf unserer, lagen noch lange Schuttberge. Die Ruinen waren nicht abgesperrt, man konnte herrlich darin spielen. An die Gefahren dachte man nicht. Das häusliche Leben litt darunter, dass wir wie zahllose andere die Wohnung mit Ausgebombten oder Flüchtlingen teilen mussten, was für die Kinder Rücksicht, Rücksicht, Rücksicht hieß. Ich kann nicht mehr sagen, wie lange es dauerte, bis wir unsere Wohnung wieder für uns hatten.

Christian Waldhoff: Sie kamen dann auf das Gymnasium, was angesichts der Tatsache, dass Ihre Eltern keine Akademiker waren, in der Zeit nicht selbstverständlich war, zumal wahrscheinlich Schulgeld zu entrichten war.

G: Beide Eltern hatten einen ausgeprägten Aufstiegswillen. Der Junge musste es am Ende zu mehr gebracht haben als sie. Für meinen Vater endete die Beamtenkarriere beim Bundesbahn-Amtmann. Was danach kam, verlangte einen Studienabschluss. Meine Mutter haderte zeitlebens damit, dass ihr die damalige Situation Möglichkeiten verschloss, die sie gerne wahrgenommen hätte. Deswegen war es völlig ausgemacht, dass ich auf die höhere Schule gehen und danach studieren würde. Meine Eltern wären zutiefst getroffen gewesen, wenn ich gesagt hätte, ich mache jetzt eine kaufmännische Lehre. Die Haltung meiner Eltern war aber nicht etwa einzigartig. Viele ihrer Generation dachten ebenso. Von den siebzehn Schülern meiner Abiturklasse hatten nur zwei oder drei akademisch gebildete Väter, einer hatte eine Mutter, die Lehrerin war.

Auf welches Gymnasium ich gehen wollte, stand für mich fest: das Wilhelmsgymnasium. In Kassel wohnte über uns die geschiedene Frau *Keil* mit ihrem Sohn *Max*. *Max* war Wilhelmsgymnasiast, und *Max* mochte ich sehr gern und hörte aufmerksam zu, wenn er von der Schule erzählte. *Max* wurde vom Gymnasium weg in Uniform gesteckt und nach Russland geschickt. Er kam nicht zurück. Aber ich wusste, auf welches Gymnasium ich wollte. Meine Eltern hatten keinen Einwand und meldeten mich dort an. Ich ging voll freudiger Erregung zu der mehrtägigen Aufnahmeprüfung. Als sie bestanden war, sagten einige Mitschüler aus der Volksschulklasse: „Ab jetzt geht's Dir anders. Im Gymnasium bist du nicht mehr der Beste." Ich hatte nicht gewusst, dass ich in der Volksschule der Beste gewesen war.

Das Schulgebäude stand noch als Ruine da. Wir wurden im ehemaligen Direktorenhaus und in einem der beiden nahe gelegenen Torwachtgebäude, früher einmal die Wohnung der *Brüder Grimm*, unterrichtet, die Großen vormittags, die Kleinen nachmittags. 1950 erfolgte der Umzug in eine ehemalige Kaserne, die im Unterschied zum Schulhaus stehen geblieben war.

L: Gab es bestimmte intellektuelle Prägungen, die Sie von Ihrem Elternhaus empfangen haben und an die Sie sich erinnern? Häufig gibt es „Hausgötter“ wie *Beethoven*, *Bach* oder *Bismarck*, oder bestimmte Romanhelden, die den Kindern mitgegeben werden – als Vorbilder.

G: An „Hausgötter“ kann ich mich nicht entsinnen. Gelegentlich wurde von den Monarchen gesprochen, dem württembergischen König, den mein Vater noch in den Straßen Stuttgarts gesehen hatte, *Kaiser Wilhelm*, dessen Zug einmal in Bestwig gehalten hatte. Aber damit verband sich keine Sehnsucht nach der Monarchie, allenfalls das Bedauern, dass es keine solchen Identifikationsfiguren mehr gab. Die Musik war abwesend. Mein Vater war gänzlich unmusikalisch, meine Mutter sang gern, aber es gab kein Klavier im Haus, nicht einmal einen Plattenspieler, nur das Radio. Im Herrenzimmer, so wurde es genannt, stand ein ansehnlicher und ansehnlich gefüllter Bücherschrank, auf den ich anfangs stolz war. Später merkte ich, dass er nicht viel von Bedeutung enthielt, aber immerhin eine dreibändige *Kant*-Ausgabe, die Göttliche Komödie, *Storms* und *Scheffels* Werke, aber keinen *Goethe* und *Schiller* geschweige denn einen *Shakespeare*. Gab es Bilder? Eines Tages brachte mein Vater, der selber gern zeichnete und mit Vergnügen dabei war, wenn ich für den Kunstunterricht Laubsägearbeiten oder Linolschnitte zu machen hatte, eine Landschaft mit, die dann über dem Sofa hing. Die frommen Bilder, die mir aus dem großelterlichen Haus vertraut waren, fehlten in Kassel. Was ich in schöner Erinnerung habe, ist jedoch, dass mir meine Mutter von früh an viel vorlas, so dass es für mich später ganz selbstverständlich war, selbst zu lesen. Die Anregungen dazu kamen jedoch eher aus der Schule als aus dem Elternhaus.

W: Wie Sie schon erwähnt haben, war das Elternhaus katholisch.

G: Das Elternhaus war katholisch. Der Besuch der Sonntagsmesse war selbstverständlich. Vor und nach warmen Mahlzeiten wurde gebetet, was meine Mutter auch eisern durchhielt, wenn „Andersgläubige" zu Gast waren. Aber mein Vater hatte eine evangelische Mutter, eine geborene *Gillardon*. Sie stammte aus Bretten in Baden, dem Geburtsort *Melanchthons*. Lange hieß es, die *Gillardons* seien Hugenotten, bis ein Onkel aufgrund von Nachforschungen herausfand, dass sie im 17. Jahrhundert aus Sondrio im Veltlin vertrieben worden waren. Der Umstand, dass die früh verstorbene Mutter meines Vaters evangelisch gewesen war, mag dazu beigetragen haben, dass er in Religionsdingen großzügiger dachte als meine Mutter, die in dem engen sauerländischen Katholizismus aufgewachsen war, der immer mit dem Höllenfeuer drohte.

W: Kassel ist ja eine betont protestantische Stadt in einem betont protestantischen Umfeld (Kurhessen). Das heißt, es war eine deutliche Diaspora-Situation?

G: Die Kriegsflüchtlinge aus dem Osten hatten es etwas abgemildert. Aber der Katholizismus blieb ein Fremdkörper in Kassel. Auch in der Schule war das sichtbar. Im katholischen Religionsunterricht saß ein sehr kleines Grüppchen von Schülern aus verschiedenen Klassen.

W: Eigentlich schärft eine solche Situation ja die eigene Selbstwahrnehmung.

L: Das ist für Juristen nicht uninteressant, die Minderheitenposition zu erfahren und auch davon abstrahieren zu können. Das haben Sie aber so nicht empfunden?

G: Es war mir wohl bewusst, gerade aus dem Kontrast zu Bestwig. Aber es war keine leidvolle Erfahrung, weil ich nie unter Anfeindungen, Hänseleien oder Intoleranz zu leiden hatte. Es war eher so, dass ich – obwohl fest überzeugt, die wahre Religion zu haben – die Protestanten oft beneidete, weil sie es leichter hatten. Sie mussten nicht jeden Sonntag in die Kirche, mussten nicht fasten, und beichten mussten sie schon gar nicht.

W: Wurden Sie geprägt durch den Verbandskatholizismus oder waren Sie in einer kirchlichen Jugendgruppe oder Messdiener?

G: In Bestwig war ich Messdiener gewesen, und zwar mit Hingabe. In Kassel unternahm ich nichts zur Fortsetzung. Einige Male war ich bei den katholischen Pfadfindern, aber dann wurde mir mein Sportverein wichtiger, KSV Hessen, leider nur Handballabteilung, für Fußball, die wichtigste Freizeitbeschäftigung, reichte es nicht. Dem Verbandskatholizismus stand ich völlig fern. Auch meine Eltern hatten keine derartigen Verbindungen. Die einzige institutionelle Bindung war später im Studium das Cusanuswerk. Ich besuchte in Frankfurt häufiger Veranstaltungen der Katholischen Studentengemeinde, die ein imponierender Geistlicher leitete, *Ottmar Dessauer*.[1] Er schlug mich als Stipendiat vor, und meine Freude über die Aufnahme war besonders groß, weil ich dadurch meine

---

[1] Ottmar Dessauer (1914–1997), in den 60er Jahren Studentenpfarrer in Frankfurt, Sohn des Physikers und Reichstagsabgeordneten Friedrich Dessauer.

Eltern finanziell entlasten konnte. Sie mussten für ihren Aufstiegswillen Opfer bringen.

W: Nochmal zu Ihrer Gymnasialzeit: Sie waren Schulsprecher und Chefredakteur einer Schülerzeitung, das heißt, Sie waren doch schon irgendwie exponiert?

G: Es muss wohl so gewesen sein. Aber es war mir nicht bewusst. Ich hatte mich auch nicht zu den Aufgaben gedrängt. Wir hatten bis zur Untertertia einen sehr beliebten Klassensprecher, der ein feiner Kerl und der beste Sportler der Klasse war. Er ging dann aber von der Schule ab, um Bier brauen zu lernen, und ich wurde sein Nachfolger. Ich behielt das Amt bis zum Abitur, mit Ausnahme des Jahres, in dem ich Schulsprecher war. Auch das ergab sich aber wie von selbst. Mit der Schülerzeitung war es ähnlich. An der Schule bestand schon eine Ehemaligen-Zeitschrift, die nun in eine Schülerzeitung überführt werden sollte. Es kam zu einem Planungsgespräch, und am Ende des Gesprächs war ich der Chefredakteur. Zu dieser Zeit existierte bereits ein Verband der Schülerzeitungen, die „Junge Presse". Wir traten mit unserer Zeitung bei, ich dachte dabei nur an den Presseausweis, den man bekommen konnte. Aber nach kürzester Zeit war ich Mitglied des Landesvorstandes und bald auch des Bundesvorstandes. In dieser Rolle kam es gar nicht selten zu Kontakten mit der Politik. Es war ja noch die Zeit der „Umerziehung", und die Politik maß den Schülerzeitungen dabei Bedeutung zu. Das Geld für die Ein-Mann-Geschäftsstelle und die Treffen von Schülerzeitungs-Redakteuren kam größtenteils aus der Staatskasse. Der Umgang mit Politikern und Ministerien war mir schon zu Schulzeiten vertraut.

Mir muss wohl auch eine gewisse Autorität über den Kreis der Gleichaltrigen hinaus eigen gewesen sein. Am Ende der Obersekunda blieben zwei Klassenkameraden sitzen, der eine nach meiner Auffassung zu recht, der andere nicht. Es gelang mir, die Lehrerschaft umzustimmen. Der Beschluss wurde revidiert. Daraufhin lud mich der Vater des anderen Klassenkameraden, ein angesehener Kasseler Rechtsanwalt, zum Abendessen ein. Wie sich schnell herausstellte, ging es allein darum, dass ich mich nun auch für seinen Sohn einsetzte. Ich lehnte das aber ab, weil ich in seinem Fall keine überzeugenden Gründe gehabt hätte. Er kam dann doch in die Unterprima, aber an einer anderen Schule. Ich erwähne diese Details, weil sie mir im Rückblick symptomatisch erscheinen. In ganz verschiedenen Bezügen und ganz verschiedenen Stadien des Lebens fand ich mich alsbald in formellen oder informellen Führungsrollen wieder, ohne es darauf angelegt zu haben. Und jedes Mal war ich verwundert, wenn ich mir dessen bewusst wurde.

W: Würden Sie Ihre wesentlichen Bildungserlebnisse auf die Schule zurückführen?

G: Ich schreibe der Schule allergrößte Bedeutung zu. Ohne sitzen zu bleiben, habe ich die Schule nicht 13, sondern 14 Jahre besucht. In Westfalen begann das Schuljahr Ostern, in Hessen im Herbst. Dadurch verlängerte sich die Grundschulzeit für mich um ein halbes Jahr. Dann stellte Hessen von Herbst auf Ostern um, das laufende Schuljahr wurde nicht verkürzt, sondern verlängert. Mich ärgerte vor allem die erste Verlängerung, weil sie mir wie eine Rückstufung in die dritte Klasse vorkam, die ich in Bestwig ja schon hinter mir gelassen hatte. Noch mehr ärgerten sich wohl meine Eltern. Bald schon empfand ich die

Verzögerung jedoch als Glücksfall. Ich weiß nicht, ob ich von der Schulzeit mit derselben Wärme spräche, wenn alles anders verlaufen wäre.

Zur Erklärung: Hessen startete in jenen Jahren einen Schulversuch, Politischer Unterricht (später Sozialkunde) sollte Hauptfach werden, dazu Französisch zweite und Latein dritte Fremdsprache. Unsere Schule war eine der insgesamt sechs hessischen Schulen, die sich an dem Versuch beteiligten. Dazu wurden aus den drei Quinten die besten Schüler zu einer Quarta s („s" gleich sozialwissenschaftlicher Zweig) zusammengefasst. Eine bessere Klasse als diese kann ich mir schwer vorstellen. Wir waren nicht nur gut ausgelesen, es konnten wegen des unterschiedlichen Curriculums auch keine Sitzenbleiber oberer Klassen in unsere Klasse kommen. Wir waren also relativ homogen und vertrugen uns gut und waren im Prinzip lernbegierig, ohne dass es Streber gegeben hätte.

Homogen übrigens auch in sozialer Hinsicht: Ich erwähnte schon, dass von den am Ende 17 Abiturienten nur wenige aus Akademiker-Elternhäusern kamen. Die meisten waren dem mittleren Bürgertum zuzurechnen, zwei Arbeiterkinder, ein Flüchtlingskind, ein Halbwaise, der Vater im Krieg gefallen, ein Scheidungskind, das beim Vater lebte, ein Ungetaufter (im Klassenbuch als „gottgläubig" geführt). Die Einkommensunterschiede der Eltern waren nicht signifikant, am Ende der Schulzeit 1957 gab es erst zwei Familien, die ein Auto hatten. Auch die Freizeit verbrachte man ganz überwiegend im Kreis von Klassenkameraden. Das war die frühe Bundesrepublik. Um zu belegen, dass ich diese Klasse als Glücksfall empfand, erwähne ich, dass wir uns seit dem Abitur jedes Jahr getroffen haben, in wechselnder Stärke freilich, auch ich war keineswegs immer da, aber doch immer, wenn es ging. Als die Schule 2012 ihr 125-jähriges Bestehen feierte, trug man mir die Festrede an. Über wenige Redeeinladungen habe ich mich mehr gefreut als über diese.[2]

Nun aber zum Unterricht, auf den die Frage ja zielte. Ich hatte insgesamt einen guten Unterricht und zum Teil imponierende Lehrer. Einer von ihnen, ein geistlicher Studienrat, der Latein und katholische Religion unterrichtete, kam 1950 aus russischer Gefangenschaft. Er hätte früher entlassen werden können, war aber aus freien Stücken geblieben, bis der letzte aus seinem Gefangenenlager nach Deutschland zurückkehren konnte. Es gab natürlich wie in jeder Schulklasse Aufsässigkeiten und Schabernack, aber niemand war dem so wenig ausgesetzt wie der Studienrat *Franz Vogt*.

Ich kann nicht sagen, ob ich mein politisches Interesse mit in den Unterricht brachte oder ob ich es dort erwarb. Der politische Unterricht war für mich jedenfalls von großer Bedeutung. Es gab für dieses Fach noch kein Curriculum. Unser Klassenlehrer *Dr. Berthold Wiegand* entwarf es und gewann damit beträchtlichen Einfluss auf die hessischen Lehrpläne. Es ging um Demokratie und Diktatur, staatliche Institutionen, Wahlen und Parteien. Aber es ging noch mehr um Sozialismus und Kapitalismus, soziale Schichten, Arbeitsleben, Stadt und Land. Die vorletzte Klassenfahrt führte, ganz unorthodox, aber bezeichnend, ins Ruhrgebiet.

Derselbe Lehrer erteilte auch Deutsch und Geschichte. Geschichte war nicht nur politische Geschichte. Mir sind vor allem die großen Synopsen in Erinnerung, die er auf

[2] *Dieter Grimm,* Festrede aus Anlass des 125-jährigen Jubiläums des Wilhelmsgymnasiums Kassel, abrufbar unter http://www.wgkassel.de/cms-con/cms/upload/Bildergalerien/125-Jahr-Feier/01_Festakt/Festrede.pdf (abgerufen am 27. Februar 2017).

langen Tafeln entwickelte: Politikgeschichte, Kulturgeschichte, Wirtschafts- und Technikgeschichte. Der Geschichtsunterricht endete auch nicht wie bei vielen anderen Lehrern mit dem Kaiserreich oder der Weimarer Republik. Der Nationalsozialismus war ebenfalls Unterrichtsstoff.

Dem Deutschunterricht verdanke ich meine Grundausrüstung mit dem klassischen Literaturkanon. Aber wir lasen auch *Thomas Mann* und Nachkriegsliteratur. Deutsch-, Musik- und Zeichenlehrer veranstalteten Abende, die auch für Eltern offen waren, in denen eine Epoche aus ihrer Lyrik, Musik und Bildenden Kunst erschlossen wurde. Wir gingen auch, nicht gerade geschlossen als Klasse, aber doch durch den Unterricht motiviert, häufig ins Theater. Meine ersten und nachhaltigen Theatererlebnisse verdanke ich dem, was später verächtlich als Stadttheater bezeichnet wurde. Ich könnte noch viele Schauspielernamen aus der damaligen Zeit nennen, einige traf man später an großen Bühnen wieder. Vor kurzem las ich vom Tod von *Hans Korte*, der lange in Kassel die Bösewichte spielte. Bei ihm hatte ein besonders ehrgeiziger Klassenkamerad Privatstunden genommen, als wir in der Schule und anschließend auch in anderen Kasseler Schulen *Goethe* und *Schiller* aufführten. Literaturunterricht gab es natürlich auch in den Fremdsprachenfächern. Für Mathematik und Naturwissenschaften war ich dagegen nicht begabt, aber einige Mitschüler wurden durch einen pädagogisch völlig untalentierten, aber fachlich überragenden Lehrer, der im Krieg zum Team *Wernher von Brauns* in Peenemünde gehört hatte, zum Mathematik- und Physikstudium motiviert.

W: Was lasen Sie damals?

G: In den frühen Jahren gern Abenteurer-, Seefahrergeschichten und wieder und wieder *Karl May*. So wie die Priester die Soldaten in meinen Zeichnungen verdrängt hatten, mussten nun die Priester den Indianern weichen. Dann mit viel Freude *Erich Kästner*. Es könnte sein, dass hier der Grund meiner frühen Zuneigung zu Berlin gelegt wurde. Oft auch Geschichtliches, sofort fällt mir mein Lieblingsroman im schon erwähnten Bücherschrank meiner Eltern ein, *Kurt Müno*, ‚Zwei Kerle im Heu', eine herzergreifende Geschichte um die Schlacht von Kunersdorf im Siebenjährigen Krieg; sodann *Annemarie Selinko*, ‚Desirée', Verlobte *Napoleons*, Frau des Marschalls *Bernadotte*, schwedische Königin, plus das gesamte napoleonische Personal; auch ein „Schinken" wie *Sienkiewicz*, ‚Quo Vadis?'. In den höheren Klassen war die Lektüre stark von der Schule und den Theaterbesuchen beeinflusst, oft in der Weise, dass kleinere Prosa Interesse an den großen Werken weckte, so bei *Dostojewski*, *Döblin*. Das Theater führte mich zu den zeitgenössischen amerikanischen Dramatikern, *Tennessee Williams* besonders. Es gab mir aber zu denken, dass gegen Ende der Schulzeit, als das Politische sehr in den Vordergrund trat, mein Klassenlehrer zu mir sagte: „Du könntest noch besser werden. Du müsstest mehr lesen."

L: 1949 wird die Bundesrepublik gegründet, da sind Sie zwölf, das ist ja schon ein Alter, in dem man das mitbekommt.

G: So wichtig das Grundgesetz später für mich werden sollte, so wenig kann ich mich an seine Entstehung und die Gründung der Bundesrepublik erinnern. Mir kommt nur ein lokaler Aspekt in den Sinn. Kassel war zusammen mit vier oder fünf anderen Städten im Rennen um die

Bundeshauptstadt. Dass die Staatsgründung bevorstand, wusste ich also. Als Ereignis hat sie sich mir nicht eingeprägt. Dagegen entsinne ich mich gut an den Tag der Währungsreform. Mein Vater nahm mich an die Hand und sagte: „Jetzt kommst Du mit, jetzt gibt es neues Geld, und jetzt wird sich vieles ändern." Er erhielt dann in der Ausgabestelle den uns zustehenden DM-Betrag, und ich weiß noch, dass ich sagte: „Nun sind alle Deutschen gleich reich." Er erwiderte: „Ja, für einen Tag."

Das Interesse an der Politik kam später, wann genau kann ich nicht sagen. Aber bei der zweiten Bundestagswahl 1953 war es bereits ausgeprägt. Ich hörte gern Parlamentsdebatten im Radio und ging zu Wahlkampfveranstaltungen der Parteien. Einmal wurde ich dabei vorübergehend festgenommen. Es muss sich um eine Landtagswahl gehandelt haben. *Adenauer*[3] sprach in einer Montagehalle von Henschel. Vor ihm kamen die örtlichen Kandidaten zu Wort. Währenddessen saß er in der ersten Reihe und blätterte in Akten. Ich machte ja die Schülerzeitung und dachte, das sei eine wunderbare Gelegenheit für ein Interview. Ich war gut positioniert und schritt mit Block und Stift auf ihn zu. Wenige Meter vor dem Ziel wurde ich gepackt und zurückgerissen. Es waren seine Leibwächter, von deren Existenz ich nichts ahnte. Nach einigem Hin und Her, vielleicht muss man es „Verhör" nennen, glaubten sie mir, dass es nur um die Schülerzeitung ging, und ließen mich laufen.

W: Gab es eine politische Vorprägung durch das Elternhaus?

---

[3] Konrad Adenauer (1876–1967), Politiker, 1917–1933 Oberbürgermeister von Köln, Präsident des Parlamentarischen Rates, 1949–1963 Bundeskanzler der Bundesrepublik Deutschland.

G: Meine Eltern waren gefestigt konservativ. Es wurde nie darüber gesprochen, was man wählt. Vermutlich verständigten sich meine Eltern nicht einmal untereinander darüber. Ich zweifle aber nicht, dass sie CDU wählten. Meine Mutter wusste zu berichten, dass die Briefe ihres Vaters in der Weimarer Republik mit dem Satz zu enden pflegten: „Und wähle Zentrum!“

Auch ich stand in der Schulzeit und den frühen Studiensemestern ganz auf Seiten der CDU, doch ohne den Gedanken an einen Eintritt in die Junge Union. Zur Zeit der zweiten Bundestagswahl waren meine und eine weitere Schulklasse auf Borkum. Jede Klasse der Schule kam einmal in den Genuss eines vierwöchigen Borkum-Aufenthalts, wo der Unterricht weiterging, aber ortsbezogen ausgerichtet war, also in Deutsch Meeresliteratur, in Biologie Meeresgetier und so weiter. In der Borkum-Zeitung, einem hektographierten Blättchen, das wir machten, schrieb ich nach der Wahl einen glühenden Pro-Adenauer-Kommentar, der mir die Rüge eintrug, so viel Parteipolitik sei in einer Schülerzeitung fehl am Platz.

Auf Abstand ging ich erstmals 1959, also schon im Studium, als *Adenauer* sich entschloss, Bundespräsident zu werden, dann aber wohl bemerkte, dass ihm dieses Amt nicht die erhofften Einflussmöglichkeiten bot. Den Rückzug begründete er nach meiner Erinnerung mit dem plötzlichen Tod von *Dulles*,[4] der es nötig mache, dass er Kanzler bleibe. Es war ein langsamer Absetzprozess. Diskussionen im Cusaner-Kreis, sowohl in der Frankfurter Gruppe wie auch auf den Ferien-Akademien, und die

[4] John Foster Dulles (1888–1959), Politiker, 1953–1959 Außenminister der USA mit kompromissloser Haltung gegenüber der UdSSR.

Lektüre der ZEIT, die ich neben der FAZ hielt, mögen eine Rolle gespielt haben. Als ich Ende 1965 aus den USA zurückkam, hatte ich mich wohl von der CDU entfernt. Doch bedeutete das keinen Parteienschwenk. Ich schloss mich ja nicht der SPD an. Bei hessischen Landtagswahlen wählte ich sogar weiter CDU, weil ich fand, dass es einem Land nicht gut täte, wenn dort immer dieselbe Partei regierte. 1968 spielte ebenfalls eine Rolle. Für die Barrikaden war ich zu alt, für „Ho Ho Ho Chi Minh" zu tief antikommunistisch geimpft. Aber die *Brandt*-Regierung hatte meine volle Sympathie.

W: Wenn Sie die 50er Jahre jetzt nochmal reflektieren, da gibt es ja das Narrativ des Muffigen, des Verstaubten, die „engen" 50er Jahre; gelegentlich spricht man aber auch mit Leuten, die das nicht so empfunden haben und das eher als rückwärtige Zuschreibungen deuten.

G: Ich möchte die fünfziger Jahre nicht gleich mit diesen Adjektiven belegen. Mir scheint es vielmehr aussagekräftiger, dass die Bundesrepublik in vielem noch sehr der Vorkriegsgesellschaft glich. Sie war nicht weltläufig, nicht multikulturell, nicht großzügig in dem Sinn, dass sie jedem seinen eigenen Lebensentwurf zugestand. Die traditionellen Werte wie Pünktlichkeit, Höflichkeit, Pflichterfüllung, aber auch das Bedürfnis, immer den Schein der Wohlanständigkeit zu wahren, wurden hochgehalten. Die verschiedenen Milieus waren noch weitgehend intakt, die Familie, die Kirchen, die Gewerkschaften, die zahlreichen Vereine bildeten Lebensräume, nicht nur funktionale Einheiten. Das Unterhaltungsangebot war begrenzt und harmlos. Drogen kannte man gar nicht. Neu gegenüber der Vorkriegsgesellschaft war das Fernsehen, aber es bildete in seinen Anfangszeiten aufgrund des öffentlich-rechtlichen Rundfunkmonopols einen kaum zu überschätzenden Integrationsfaktor. Es hielt die Einzelnen unabhängig von Beruf, Ansehen, Einkommen miteinander im Gespräch. Alle hatten am Vorabend dasselbe gesehen.

Sexualität war öffentlich tabuisiert. Die Kinder mussten so lange wie möglich davor bewahrt werden. Meine Eltern hielten in diesen Jahren eine Illustrierte, ich glaube, es war die „Bunte". Wenn es vorkam, dass eine allzu dürftig bekleidete Frau abgebildet wurde, hatten meine Eltern das Blatt herausgerissen, ehe ich die Illustrierte in die Finger bekam. Ich wusste dann, dass ich dringend einen Haarschnitt nötig hatte, denn beim Friseur wurden die Blätter nicht zensiert. Aufklärung war für Eltern und Kinder gleich peinlich. Mir drückte mein Vater nach der Vorrede, dass ich ja nun in ein Alter käme, in dem manche Dinge sich änderten, eine Publikation in die Hand, die nichts aussprach. Vom Sex hörte man unter diesen Umständen unter Jugendlichen auf der Straße. Das Verhältnis der Geschlechter war nicht unbefangen. Alle Kasseler Mittel- und Oberschulen waren damals nach Geschlechtern getrennt. Die Tanzstunde half etwas. Als ich mich in der Schülerzeitung für die Koedukation aussprach, lobte mich ein Lehrer, der einige Jahre später das erste Koedukationsgymnasium in Kassel gründete, andere fanden den Artikel unangebracht. Unter der Oberfläche war natürlich Sexualität präsent, aber das Bewusstsein der Sündhaftigkeit wurde geschürt. Das gleichzeitig abstoßende und anziehende Gegenbild der Wohlanständigkeit trug in diesen Jahren den Namen *Nitribitt*. Als ich mich nach dem Abitur entschloss, mein Studium in Frankfurt zu beginnen, sagten Bekannte meiner Eltern: „Dass ihr den Jungen in diesen Sündenpfuhl ziehen lasst."

W: Und wie fanden Sie die fünfziger Jahre politisch?

G: Am stärksten vom Ost-West-Gegensatz geprägt. Die deutsche Teilung war noch nicht hingenommen. Obwohl meine Familie ausnahmslos in Westdeutschland ansässig war, möchte ich sagen, dass ich unter der deutschen Teilung litt. Ich empfand die Überwindung der Teilung als wichtigstes Politikziel und engagierte mich mit den bescheidenen Mitteln eines Schülers dafür. Im „Kasseler Schülerring" organisierten wir einen Austausch mit Erfurter Schülern. Er fiel in die Zeit, als noch viele DDR-Bürger an die Überlegenheit des Sozialismus glaubten, so jedenfalls erlebte ich es, gerade auch in der Familie, in der ich untergebracht war. Wir nahmen am Schulunterricht teil, wir konnten eine Betriebsversammlung besuchen, ein Ausflug nach Leipzig wurde organisiert, wo ich zum ersten Mal das Reichsgericht sah. Aber es wurde wohl niemand von den Kasseler Teilnehmern für den Sozialismus gewonnen. Das war anders, als ein halbes Jahr später die Erfurter zum Gegenbesuch nach Kassel kamen. Sie fanden das Propagandabild vom Westen in der Wirklichkeit nicht wieder und kamen wohl mit Zweifeln zurück. Jedenfalls scheiterte der schon vorbereitete dritte Besuch am Erfurter Nein. Jahre später stand der Erfurter Parteisekretär, der auf DDR-Seiten alles in der Hand hatte, an unserer Haustür in Kassel und sagte, er habe sich abgesetzt, ob wir ihm wohl beruflich weiterhelfen könnten. Mit viel Aufwand gab ich eine Sondernummer der Schülerzeitung heraus, die sich mit der Teilung Deutschlands, der DDR und dem Sozialismus befasste.

W: Das Interesse lag wahrscheinlich auch nahe, weil Kassel eine Zonenrandlage besaß?

G: Ja, aber das war damals keine Seltenheit. Es gab Vorbilder für eine solche Sondernummer. Die schon erwähnte „Junge Presse“ hatte einen Referenten für gesamtdeutsche Fragen, *Manfred Rexin*,[5] der nach meiner Erinnerung dem SDS angehörte, sich aber scharf gegenüber dem Kommunismus abgrenzte. Für Tagungen von Schülerzeitungsredakteuren standen staatliche Mittel zur Verfügung, wenn sie sich gesamtdeutschen Fragen oder der Wiederaufrüstung der Bundesrepublik widmeten. Wir verstanden es immer, den Tagungsablauf so zu gestalten, dass auch für die journalistischen Fragen, die Fragen welche Rechte Schuldirektoren gegenüber der Schülerzeitung hätten usw., genügend Platz blieb. Mir war freilich die thematische Einseitigkeit nicht geheuer. Deswegen versuchte ich einmal, eine Tagung zur Rolle der Kultur in den Schülerzeitungen und eine zum Thema Nationalsozialismus zu veranstalten. Dafür floss das Geld nicht so leicht. Beim Nationalsozialismus stellte sich ein weiteres Problem. Als die Mittel gesichert waren, zeigte sich, dass es schwer war, Referenten zu gewinnen. Viele, bei denen ich anfragte, antworteten: „Es ist noch zu früh, darüber zu sprechen.“

L: Verschweigenskultur sagte man damals.

G: Die Tagung hat dann stattgefunden und war nach meiner Erinnerung auch gar nicht schlecht. Aber es war eben doch ein ziemlicher Kampf ums Geld und um Redner, die bereit waren, darüber zu reden.

L: Die erste Bundestagswahl war dann ...

---

[5] Manfred Rexin (geb. 1935), Journalist und Zeithistoriker, u.a. in der Berliner Redaktion des ZDF und beim RIAS Berlin.

G: Die erste Bundestagswahl, die ich bewusst erlebte, war die von 1953.

L: Aber erst 1961 durften Sie wählen. Da war die Bundesrepublik schon gut etabliert. So sind Sie eigentlich ein Kind der Bundesrepublik?

G: Ja, ich bin sicherlich ein Kind der Bundesrepublik, aber es war mir immer bewusst, dass sie nur das halbe Deutschland war. Sie musste sich selbst erübrigen.

L: Ihr Geburtsjahr ist 1937, Sie haben zwar noch Kriegserinnerungen, auch NS-Erinnerungen, die eigentliche Persönlichkeitsprägung erfolgte – wenn ich Sie recht verstehe – in der schon recht gut und schnell funktionierenden politisch-ökonomischen Ordnung der Bundesrepublik.

G: Ich war auch nicht mehr in das Kriegsgeschehen einbezogen, wie die Generation der Flakhelfer, *Ernst-Wolfgang Böckenförde*[6] zum Beispiel, der ja auch auf dem Kasseler Wilhelmsgymnasium Abitur gemacht hat, ohne dass wir uns damals schon gekannt hätten. Der Altersabstand war zu groß. Aber es ist richtig: Nachdem die Wirrnisse der allerersten Nachkriegszeit hinter uns lagen, wuchs ich gesozusagen mit der Bundesrepublik auf. Sie war meine Gegenwart. Das Vorangegangene erschien als Gegenbild.

L: Gibt es in der Staatsrechtslehre Kollegen desselben Jahrgangs, mit denen Sie eine Generationsgenossenschaft

[6] Ernst-Wolfgang Böckenförde (geb. 1930), Professor für Öffentliches Recht an den Universitäten Heidelberg, Bielefeld und Freiburg i. Br., 1987–1999 Richter des Zweiten Senats des Bundesverfassungsgerichts.

verspüren? *Isensee*[7] und *Scholz*[8] wurden ebenfalls 1937 geboren.

G: Ich habe mir die Frage nie gestellt. Herr *Schulze-Fielitz* weiß das sicher genauer.[9]

L: Es gibt Kohorten, die sich über gemeinsame Sozialisationserfahrungen definieren. Deswegen frage ich nach: 1937 ist wohl kein solcher Jahrgang?

G: Ich will das nicht ausschließen, möchte es aber nicht auf 1937 einengen.

W: Sie haben eben *Böckenförde* erwähnt. Das ist insofern interessant, weil er in Kassel auf dasselbe Gymnasium ging; aber Sie sagten schon, dass Sie sich nicht persönlich kannten. Bezog sich das auch auf die Familien oder bestand da Kontakt, etwa über die Pfarrgemeinde?

G: Nein. Da sein Vater Forstrat war, vermute ich, dass die Familie in Wilhelmshöhe wohnte. Aber selbst wenn wir in dieselbe Kirche gegangen wären, hätte das wohl nichts geändert. Die Bekanntschaft meiner Eltern ergab sich eher aus der Wohnlage als der Pfarrgemeinde. Aber als wir einander das erste Mal bewusst begegneten – es

---

[7] Josef Isensee (geb. 1937), Professor für Öffentliches Recht an den Universitäten Saarbrücken und Bonn.

[8] Rupert Scholz (geb. 1937), Professor für Öffentliches Recht an der FU Berlin und an der Universität München, 1981–1983 Senator für Justiz in Berlin, 1982–1988 Senator für Bundesangelegenheiten in Berlin, 1985–1988 Mitglied des Berliner Abgeordnetenhauses, 1988/89 Bundesminister für Verteidigung, 1990–2002 Mitglied des Deutschen Bundestags.

[9] Anspielung auf: *Helmuth Schulze-Fielitz,* Staatsrechtslehre als Mikrokosmos: Bausteine zu einer Soziologie der Wissenschaft des Öffentlichen Rechts, 2013. Helmuth Schulze-Fielitz (geb. 1947), Professor für Öffentliches Recht an der Universität der Bundeswehr München und an der Universität Würzburg.

war nach meiner Erinnerung bei einer ZiF-Tagung noch im Schloss Rheda – und feststellten, dass wir derselben Schule entstammten, gab es viel Gelegenheit zum Austausch von Erinnerungen. Zu einem nicht geringen Teil hatten wir dieselben Lehrer gehabt.

W: Kassel scheint eine Juristenschmiede zu sein, erstaunlich viele gute Juristen stammen von dort.

L: Duisburg schlägt Kassel hinsichtlich der Anzahl der Staatsrechtslehrer.

G: Aber nicht hinsichtlich der Anzahl der Bundesverfassungsrichter, die aus einem Gymnasium hervorgegangen sind. Der erste war *Hermann Heußner*,[10] der im Krieg Abitur gemacht hatte und dann sofort eingezogen worden war und unverwechselbaren Kasseläner Dialekt sprach. *Böckenförde* war der zweite, ich der dritte. Ein paar Jahre waren wir gemeinsam am Gericht. Aus dieser Zeit gibt es ein Dreier-Foto, das einmal in unserer Schule gehangen haben soll. In der Rede zum Schuljubiläum wies ich darauf hin, dass wohl drei nötig waren, um einen schrecklichen Juristen aufzuwiegen, der ebenfalls Abiturient des Wilhelmsgymnasiums war: *Roland Freisler.*[11]

W: Kassel war bereits in den 50er Jahren mit der Documenta verbunden. Haben Sie die als Schüler wahrgenommen?

G: Ich hatte eine Dauerkarte für die erste „documenta". Noch heute kann ich angeben, was in einzelnen Räumen

---

[10] Hermann Heußner (1926–1996), Richter, 1964–1979 am Bundessozialgericht, 1979–1989 Richter des Bundesverfassungsgerichts.

[11] Roland Freisler (1893–1945), Rechtsanwalt in Kassel, Staatssekretär im Reichsjustizministerium, Präsident des Volksgerichtshofs.

des Fridericianums[12] hing. Leider kam es mir damals nicht in den Sinn, einen Katalog zu kaufen. Später wurde er nachgedruckt. Den Nachdruck besitze ich.[13] Ich habe nicht alle, aber doch die meisten „documenta" gesehen, aber keine hat solch einen Eindruck bei mir hinterlassen wie die erste. Für die Älteren war es ja ein Nachholprozess. Man sah erstmals in einer Gesamtschau, was von 1933 bis 1945 im Ausland geschehen war und was an deutscher Kunst unterdrückt gewesen war. Für mich war es eine Erstbegegnung mit moderner Kunst.

W: Würden Sie im künstlerisch-musischen Bereich sagen, dass eher die darstellende Kunst Ihr Interesse weckte oder die Musik?

G: Es ist eindeutig mehr die literarische, die darstellende und die bildende Kunst. Damit soll aber nicht gesagt sein, dass ich auf die Musik nichts gäbe. Mein Gymnasium hielt sich viel auf seine musikalische Tradition zugute. Es gab ein großes Schülerorchester, dem ich nicht angehörte, weil ich kein Instrument spielte, und einen Schulchor, in dem ich mitsang. Ich höre auch viel Musik, zuhause, im Konzertsaal, in der Oper, kann sie einordnen, aber ich bin immer auf der Stufe des Musikgenusses stehen geblieben und kein wirklicher Kenner geworden. Ich könnte nicht sagen, warum eine bestimmte Aufführung einer *Beethoven*-Sinfonie über die Maßen gelungen ist, eine andere nicht, oder wo genau die Interpretationsdifferenzen liegen.

L: Irgendwann stand die Frage der Studienwahl an.

---

[12] Klassizistischer Bau am Friedrichsplatz in Kassel, 1779 eines der ersten öffentlichen Museen in Europa; Mittelpunkt der documenta; heute Museum für moderne Kunst.

[13] Documenta. Katalog, 1955, Nachdruck im Prestel-Verlag 1995.

G: Damit hatte ich keine Schwierigkeiten. Vom Interesse her wären verschiedene Fächer in Frage gekommen, vom Berufswunsch nur eins: Jura. Ich war nämlich damals entschlossen, in die Politik zu gehen, und dafür schien mir Jura die beste Voraussetzung zu sein.

L: Aber dann hätten Sie ja einer Partei beitreten müssen?

G: Ja, ich hätte einer Partei beitreten müssen, habe den Schritt aber nicht getan. Damals fand ich, dass das später erfolgen könne. Später gab es keinen so hohen Identifikationsgrad mehr, dass der Eintritt die natürliche Konsequenz gewesen wäre. Der Wunsch, Politiker zu werden, hielt ja auch nicht so lange an. Ich entwickelte keine rein instrumentelle Einstellung zum Jura-Studium. Der Gegenstand gewann einen Eigenwert.

L: Hatten Sie ein idealistisches Politikverständnis?

G: Ich hatte sicher ein unzureichendes Politikverständnis, aber ein idealistisches? Ja, die Politik war mir wichtig, weil man in politischen Funktionen etwas bewirken konnte, und die Wiedervereinigung war für mich etwas, das höchsten Einsatz verdiente. Also eine gesteigerte Schülerzeitungsredakteurs- und Schulsprecher-Perspektive? So stellt sich mir das manchmal im Rückblick dar.

L: Verantwortungsgefühl für die Gemeinschaft?

G: Das ist mir ohne Zweifel eigen gewesen, die Haltung „Lass andere machen" war nicht die meine. Es gab aber auch eine gewisse Lust am politischen Spiel, dem Schlagabtausch, der Taktik, die zum Ziel führt. In der „Jungen Presse" konnte man so was üben.

L: Man interessiert sich für Politik, will vielleicht Politiker werden, geht aber nicht in eine Partei. Das ist doch eine relativ idealistische Gemeinwohlorientierung?

G: Ich war, so glaube ich jedenfalls, genug Demokrat, um mir das Gemeinwohl nicht als substanzhaft vorgegeben oder sich im Kräfteparallelogramm von selbst einpendelnd vorzustellen. Als der Drang, in die Politik zu gehen, sich abschwächte, wäre auch ein Seiteneinstieg über die Ministerialbürokratie denkbar gewesen. Durch günstige Umstände wird man vom Staatssekretär zum Minister, verdankt damit seine Autorität aber nicht ausschließlich der Politik – und vermeidet auch gewisse lästige, obzwar notwendige, Kärrnerarbeiten an der lokalen Basis, für die ich mich nicht besonders geeignet fühlte. Ebenso erschien der diplomatische Dienst eine Zeit lang als Option.

W: Sie berichteten über den Versuchs-Politikunterricht in Hessen – das Leben einer Parteiendemokratie wurde dort offenbar nicht vermittelt?

G: So ist es nach meiner Erinnerung. Das war sehr viel Gesellschaftspolitik und Sozialpolitik. Natürlich wurde auch das Regierungssystem behandelt – wobei Regierungssystem in jenen Jahren Institutionsbeschreibung, Verfahrensbeschreibung usw. war. Und die allgemeine Stimmung, nicht nur im Elternhaus, ging in eine andere Richtung: Es waren ja viele NSDAP-Mitglied gewesen mit der Folge des Reflexes: Parteien – nie wieder.

L: Was kein zwingender Schluss ist.

G: Die Parteien kamen selbstverständlich vor. Wir beobachteten Wahlkämpfe und analysierten Parteiprogramme. Darüber ging es aber wohl nicht hinaus. Später im Jura-Studium machte ich bei *Konrad Hesse*[14] den „Klei-

---

[14] Konrad Hesse (1919–2005), Professor für Staats- und Kirchenrecht an der Universität Freiburg i. Br., 1975–1987 Richter des Ersten Senats des Bundesverfassungsgerichts.

nen öffentlichen Schein". Er stellte eine Hausarbeit zu der Frage, ob sich die Parteien am Gemeinwohl zu orientieren hätten. Ich bejahte das, freilich nicht im Gedanken an ein vorgegebenes materiales Gemeinwohl, sondern zur Abgrenzung von reinen Interessen- oder one issue-Parteien. Bei der Rückgabe der Arbeit sagte *Hesse*: „Dafür hätten Sie bei meinem Vorgänger sicher ein ‚Gut' bekommen. Bei mir ist es aber nur ein ‚Vollbefriedigend'."

W: Er war ja einer der großen Parteientheoretiker.

G: Ich bin längst seiner Meinung. Es muss möglich sein, für jeden Zweck eine Partei zu gründen. Der Wähler fällt die Entscheidung, nicht eine Parteizulassungsbehörde.

II. Studium

L: Sie haben also ganz selbstsicher das Studium der Rechtswissenschaft begonnen. Das war keine existenzielle Entscheidung, sondern es ergab sich ohne Zweifel oder Orientierungsbedürfnis. Sie gingen dann nach Frankfurt – das war in welchem Jahr? 1957?

G: Im Sommersemester 1957 begann ich das Studium in Frankfurt.

L: Die Frankfurter Fakultät war seinerzeit eher wirtschaftsorientiert – so ist mein Eindruck – mit einer ordo-liberalen Grundorientierung, keine linke Fakultät ...

G: Mit Sicherheit nicht. Die Wende trat erst viel später mit der Berufung *Rudolf Wiethölters*[15] ein. Die Linken waren damals in anderen Fakultäten. Aber ich hatte mir ja Frankfurt nicht wegen der besonderen Güte der Juristischen Fakultät ausgesucht. Darüber besaß ich auch gar kein Urteil. An sich ging man von Kassel zum Studium nach Marburg. Das war die alte hessen-kasselische Landesuniversität, und so wurde sie weiter wahrgenommen. Die mathematisch besonders interessierten Schüler gingen vielleicht nach Göttingen. Aber so gern ich meine Schulzeit gehabt hatte, so wenig wollte ich doch im selben Milieu studieren. Andererseits wollte ich in Hessen blei-

[15] Rudolf Wiethölter (geb. 1929), Professor für Bürgerliches Recht, Handelsrecht, Wirtschaftsrecht und Internationales Privatrecht an der Universität Frankfurt a. M.

ben, weil Landeskinder dort keine Studiengebühren zahlen mussten. Für meine Eltern war die Finanzierung des Studiums keine Kleinigkeit. Es blieb also nur Frankfurt. Gießen besaß damals noch keine Volluniversität, wäre aber selbst dann wohl kaum in Frage gekommen. Auf den Entschluss, nach Frankfurt zu gehen, sagte mir ein Lehrer, er wolle mich darauf aufmerksam machen, dass dort zwei „zersetzende“ Professoren lehrten, die sollte ich besser meiden. „Ach, wie heißen die denn?“ fragte ich neugierig. Seine Antwort: „*Horkheimer*[16] und *Adorno*“.[17]

L: Aber die waren ja nicht an der Juristischen Fakultät, da waren *Kronstein*[18] und *Böhm*.[19]

G: Der prominenteste aus dieser Gruppe war wohl *Hallstein*.[20] Aber er war *Adenauers* Staatssekretär und nie in der Universität zu sehen. *Böhm* war Bundestags-Abgeordneter und viel in öffentlichen Missionen unterwegs.

---

[16] Max Horkheimer (1895–1973), Philosoph und Soziologe, 1930–1933 an der Universität Frankfurt a.M., dort Leiter des „Instituts für Sozialforschung“, 1933–1950 Emigration, ab 1950 wieder Professor in Frankfurt a.M.

[17] Theodor W. Adorno (1903–1969), Philosoph, Soziologe und Musiktheoretiker, nach der Emigration ab 1949 Professor an der Universität Frankfurt a.M.

[18] Heinrich Kronstein (1897–1972), Professor für Zivil- und Wirtschaftsrecht an der Georgetown University Washington D.C. und der Universität Frankfurt a.M.

[19] Franz Böhm (1895–1977), Professor für Zivilrecht an den Universitäten Jena und Frankfurt a.M., 1953–1965 Mitglied des Deutschen Bundestags, führender Theoretiker des Ordoliberalismus und des Konzepts der Sozialen Marktwirtschaft.

[20] Walter Hallstein (1901–1982), Professor für Zivil- und Wirtschaftsrecht an den Universitäten Rostock und Frankfurt a.M., 1950 bis 1958 Staatssekretär im Bundeskanzleramt bzw. im Auswärtigen Amt, 1958–1967 erster Präsident der Kommission der EWG, ab 1969 Mitglied des Deutschen Bundestags.

Kronstein pendelte zwischen Frankfurt und Georgetown. Dass man gleichzeitig in USA und Deutschland lehren konnte, beeindruckte mich sehr. Ich habe aber nicht bei ihm gehört. Freunde, die in seinen Veranstaltungen waren, mochten ihn sehr. Als berühmtestes Fakultätsmitglied galt *Coing*.[21] Er lehrte Römisches Recht, Bürgerliches Recht und Rechtsphilosophie. Für Öffentliches Recht waren *Schlochauer*[22] (Völkerrecht), *Mallmann*[23] (Staatsrecht) und *Jaenicke*[24] (Verwaltungsrecht) zuständig. *Schlochauer* konnte sich schrecklich erregen, zum Beispiel, wenn jemand zu spät kam oder vorzeitig ging. Er lief dann unter seinem noch blonden oder schon weißen Kräuselhaar hochrot an und stieß Verwünschungen aus. Bei der Rektorwahl fiel er zweimal durch. *Mallmann* war, soweit ich sehe, nicht habilitiert. Er hatte vor seiner Berufung nach Frankfurt auf die *Ridder*-Nachfolge die JZ geleitet. Er hielt große Stücke auf *Ridder*,[25] namentlich des-

---

[21] Helmut Coing (1912–2000), Professor für Römisches Recht und Bürgerliches Recht an der Universität Frankfurt a. M., 1964–1980 Gründungsdirektor des Max-Planck-Instituts für europäische Rechtsgeschichte in Frankfurt a. M., 1956–1957 Vorsitzender der Westdeutschen Rektorenkonferenz, 1958–1960 Vorsitzender des Wissenschaftsrates, Mitglied und Kanzler des Ordens Pour le Mérite.

[22] Hans-Jürgen Schlochauer (1906–1990), Professor für Völkerrecht, ausländisches und internationales Wirtschaftsrecht an der Universität Frankfurt a. M.

[23] Walter Mallmann (1908–1982), Professor für Öffentliches Recht an den Universitäten Frankfurt a. M. und Gießen, Mitherausgeber des Archiv des öffentlichen Rechts.

[24] Günther Jaenicke (1914–2008), Professor für Öffentliches Recht einschließlich Völker- und Europarecht an der Universität Frankfurt a. M.

[25] Helmut Ridder (1919–2007), Professor für Öffentliches Recht an den Universitäten Frankfurt a. M., Bonn und Gießen.

sen Beitrag zu Artikel 5 im Handbuch der Grundrechte von *Neumann*, *Nipperdey* und *Scheuner.*[26] *Jaenicke* war eigentlich Völkerrechtler, er kam vom Heidelberger Max-Planck-Institut und war der Spezialist für den Festlandsockel. In Frankfurt durfte er aber nicht Völkerrecht lesen, sondern war auf das Verwaltungsrecht festgelegt.

Da mein ursprüngliches Motiv für das Jura-Studium der Wunsch nach einer politischen Karriere war, hörte ich stets auch andere Vorlesungen, namentlich lief ein Studium der Politikwissenschaft immer mit. Das Angebot war freilich begrenzt. In Frankfurt wurde das Fach von *Carlo Schmid*[27] vertreten, der seine Hauptaufgabe aber in Bonn sah. Er kam freitags nachmittags aus Bonn, las dann von 16.00 bis 18.00 Uhr und samstags von 10.00 bis 12.00 Uhr. Er füllte stets den größten Hörsaal. Außerdem hörte ich in den ersten drei Frankfurter Semestern *Oswald von Nell-Breuning,*[28] *Horkheimer* und *Leopold von Wiese.*[29]

W: Nach drei Semestern in Frankfurt sind Sie nach Freiburg gewechselt. Sie haben einmal erzählt, dass Sie weit-

---

[26] *Helmut Ridder*, Meinungsfreiheit, in: Franz L. Neumann/Hans Carl Nipperdey/Ulrich Scheuner (Hrsg.), Die Grundrechte. Handbuch der Theorie und Praxis der Grundrechte, Bd. 2, 1. Aufl. 1954, 2. Aufl. 1968, S. 243 ff.

[27] Carlo Schmid (1896–1979), Professor für Öffentliches Recht an der Universität Tübingen sowie für Politische Wissenschaft an der Universität Frankfurt a. M., Mitglied des Parlamentarischen Rates, 1949–1972 Mitglied des Deutschen Bundestags, mehrfach Vizepräsident des Deutschen Bundestages, 1966–1969 Bundesminister.

[28] Oswald von Nell-Breuning (1890–1991), Jesuit, Nationalökonom und Sozialphilosoph, Nestor der katholischen Soziallehre, Professor an der Jesuiten-Hochschule St. Georgen in Frankfurt am Main, Honorarprofessor an der Universität Frankfurt.

[29] Leopold von Wiese (1876–1969), Soziologe an der Universität Köln, damals vermutlich Gastprofessor in Frankfurt.

läufig mit *Joseph H. Kaiser*[30] verwandt seien, der dort lehrte.

G: Es war so, dass ein Bruder meiner Mutter mit einer Cousine von *Joseph Kaiser* verheiratet war. Als ich von meiner Absicht erzählte, nach Freiburg zu wechseln, sagte sie, dann müsse ich unbedingt den *Joseph* aufsuchen und von ihr grüßen. Ich traf ihn erstmals, als ich vor Semesterbeginn in Freiburg auf Wohnungssuche ging. Er lud mich sogleich zum Abendessen zu sich nach Hause ein, wo er mich über allerlei Bücher examinierte, besonders über *Eschenburgs* „Staat und Gesellschaft in Deutschland",[31] das ich nicht gelesen hatte. Ich hörte dann bei ihm Völkerrecht und fühlte mich verpflichtet, sein staatstheoretisches Seminar zu besuchen, obwohl ich lieber zu *Hesse* gegangen wäre. Bei der Seminaranmeldung fragte er mich, zu welchem Thema ich referieren möchte. Ich wies auf mein Interesse an der Politikwissenschaft hin und erkundigte mich, ob sich daraus ein Thema gewinnen lasse. Er rief dann seinen Assistenten *Hartmut Jaeckel*[32] herbei, der später Politikwissenschaft an der FU lehrte, und sagte in der ihm eigenen süffisanten Art: „Herr Grimm hat große Meriten in der Politikwissenschaft. Wir sollten ihm ein Thema geben, in dem er das vorweisen kann. Wie wäre es mit ‚Die Methode der Politikwissenschaft'?" Ich möchte nicht mehr ansehen, was ich damals vorgetragen habe.

Gegen Semesterende lud *Kaiser* die Seminarteilnehmer zu sich nach Hause ein. Die Atmosphäre war steif und be-

---

30 Joseph H. Kaiser (1921–1998), Professor für Öffentliches Recht und Völkerrecht an der Universität Freiburg i. Br.

31 *Theodor Eschenburg*, Staat und Gesellschaft in Deutschland, 1956 und zahlreiche weitere Auflagen.

32 Hartmut Jaeckel (geb. 1930), Professor für Politikwissenschaft an der Freien Universität Berlin.

klemmend, so dass alle beim Begrüßungsschluck immer weiter zur Wand zurückwichen. Unglücklicherweise stand an dem Stück Wand, dem ich mich rückwärts näherte, eine chinesische Vase. Die stieß ich um. Das überging er mit großer Souveränität, obwohl ich annehmen muss, dass die Vase einiges wert war.

Die Politikwissenschaft vertrat in Freiburg *Arnold Bergstraesser*,[33] eine einflussreiche, heute würde man sagen, gut vernetzte Figur, in den frühen fünfziger Jahren aus Amerika zurückgekehrt. Die Atmosphäre war nicht so steif wie bei *Kaiser*, aber in ihrer Art auch eigentümlich. *Bergstraesser* hatte sehr viele Schüler, die später einen Großteil der zweiten Generation der Politikwissenschaftler in der Bundesrepublik stellten (mir fallen sofort ein *Hans Maier*,[34] *Schwan*,[35] *Schwarz*,[36] *Sontheimer*,[37] *Oberndörfer*,[38] *Kindermann*,[39] *Hättich*[40]). Sie nahmen an dem

[33] Arnold Bergstraesser (1896–1964), Politikwissenschaftler, 1929–1935 Professor an der Universität Heidelberg, in der Emigration u. a. Professor an University of Chicago, 1954 bis zu seinem Tod Professor für Soziologie und Politikwissenschaft an der Universität Freiburg i. Br.

[34] Hans Maier (geb. 1931), Professor für Politikwissenschaft an der Universität München, 1970–1986 bayerischer Kultusminister.

[35] Alexander Schwan (1931–1989), Professor für Geschichte der politischen Ideen an der Freien Universität Berlin.

[36] Hans-Peter Schwarz (geb. 1934), Professor für Politikwissenschaft an den Universitäten Hamburg, Köln und Bonn.

[37] Kurt Sontheimer (1928–2005), Professor für Politikwissenschaft an der Freien Universität Berlin, an der Universität München und in Paris.

[38] Dieter Oberndörfer (geb. 1929), Professor für Politikwissenschaft an der Universität Freiburg i. Br.

[39] Gottfried-Karl Kindermann (geb. 1926), Professor für Internationale Politik an der Universität München.

[40] Manfred Hättich (1925–2003), Professor für Politikwissen-

Seminar teil, hatten aber die Eigenart entwickelt, ihre Ansichten hinter einer Autorität zu verstecken („wie *Tocqueville* bereits gesagt hat...“). Einer hatte immer *Bergstraessers* Aktentasche zu tragen. Wir waren von der antiautoritären Bewegung noch weit entfernt.

W: Wie war das Studium in Freiburg im Vergleich zu Frankfurt?

G: Im Ganzen muss ich sagen, dass ich in Freiburg viel mehr spürte als in Frankfurt, was universitäres Leben war. Ich fand die Vorlesungen anspruchsvoller, *Erik Wolf*[41] ist mir nachdrücklich in Erinnerung, ebenso der etwas skurrile, aber glänzende *Gustav Böhmer*,[42] bei dem ich Erbrecht hörte. Er kam stets, von seiner Frau chauffiert, aus den Höhen des Schwarzwalds herunter, kehrte gern seine Vitalität heraus und beklagte seinen Status als Emeritus („Entpflichtet, heißt es. Entrechtet bin ich, entrechtet!“). Wenn es sehr heiß war, sah man ihn auch schon einmal in kurzer Hose in der Universität, aber sein Glanzstück, einen Handstand im Hörsaal, bekam ich nicht zu sehen. Seine Vorlesung war pädagogisch vorzüglich, machte den Studenten das Gerüst des Erbrechts klar, so dass es mir später immer leicht fiel, Einzelprobleme in die Gesamtkonzeption einzuordnen und daraus die notwendigen Schlüsse zu ziehen.

---

schaft an den Universitäten Mainz und München, 1970–1993 Direktor der Akademie für Politische Bildung Tutzing.

[41] Erik Wolf (1902–1977), Professor für Rechtsphilosophie, Straf- und Kirchenrecht an den Universitäten Kiel, Rostock und Freiburg i. Br.

[42] Gustav Böhmer (1881–1969), Professor für Zivilrecht an den Universitäten Halle, Frankfurt a. M., Marburg und Freiburg i. Br., wo er auch nach seiner Emeritierung (1949) noch regelmäßig Vorlesungen hielt.

Aber auch unabhängig vom Lehrbetrieb war das universitäre Leben reicher. Ich besuchte gern Gastvorträge auswärtiger Gelehrter, wurde dann auch schon einmal zum anschließenden Umtrunk mitgenommen. *Bergstraesser* lud mich zu einem Wochenend-Seminar auf dem Schauinsland ein. In meinem zweiten Freiburger Semester wohnte ich in einem kleinen Studentenheim in der Maximilianstraße 15, das früher, wenn ich es recht erinnere, forstwissenschaftliches Institut gewesen war. Das war eine rechte Freude, etwa dreißig Bewohner, die eigene Unternehmungen auf die Beine stellten und Lust am Diskutieren hatten. Mein Hauptgesprächspartner war *Friedrich Müller*,[43] mit dem ich mich viel unterhielt, der mich aber auch ein wenig ängstigte. Er war über die Maßen ernsthaft und diskutierte am liebsten juristische Probleme und Literaturmeinungen, von denen ich noch nicht einmal gehört hatte. Dabei war er mir an Semestern nicht voraus, sondern ein Jahr jünger. Wir hatten auch danach noch eine Weile Kontakt. Sein Buch über „Normstruktur und Normativität“[44] ist später für mein Verständnis von Verfassungsinterpretation sehr wichtig geworden.

L: Frankfurt, Freiburg und schließlich Freie Universität Berlin …

G: Berlin war ja nur ein Semester, ein patriotisches Semester sozusagen, das man der eingeschnürten Stadt schuldete. Es war das Wintersemester 1959/60, also noch vor dem Mauerbau. Vom Studium her fand ich es nicht

[43] Friedrich Müller (geb. 1938), Professor für Öffentliches Recht, Rechts- und Staatsphilosophie an der Universität Heidelberg.

[44] *Friedrich Müller*, Normstruktur und Normativität. Zum Verhältnis von Recht und Wirklichkeit in der juristischen Hermeneutik, entwickelt an Fragen der Verfassungsinterpretation, 1966.

sehr ersprießlich. Bei *Bettermann*[45] machte ich den „Großen öffentlichen Schein". Bei den Politologen hörte ich hinein. Die FU war damals die einzige Universität mit mehreren politologischen Lehrstühlen. *von der Gablentz*[46] und *Fraenkel*[47] sind mir in Erinnerung. Bei dem Zeitungswissenschaftler *Dovifat*[48] hatte ich eine Vorlesung belegt. Aber im Wesentlichen war es ein Theatersemester und ein Semester billiger Bücherkäufe in Ostberlin. Aber Berlin als Stadt hatte mich wieder gefangen genommen. Vielleicht war es kein Zufall, dass ich am Semesterende den Interzonenzug nach Kassel verpasste und so einen Tag länger in Berlin verbrachte als geplant.

Dann kam der zweite Frankfurter Studienabschnitt, nun im fortgeschrittenen Stadium und mit ausgeprägteren wissenschaftlichen Interessen. Ich besuchte wieder die Schmidsche Vorlesung, dazu nun auch sein Seminar, das er freitags abends von 20.00 bis 22.00 Uhr im Kettenhofweg hielt, ferner die Seminare von *Coing*, *Mallmann* und *Jaenicke*.

---

[45] Karl August Bettermann (1913–2005), Richter in der ordentlichen und in der Verwaltungsgerichtsbarkeit, zuletzt am Bundesverwaltungsgericht, 1956–1970 Professor für Staats- und Verwaltungsrecht an der Freien Universität Berlin, 1970–1978 für Zivilprozessrecht und allgemeine Prozesslehre an der Universität Hamburg.

[46] Otto Heinrich von der Gablentz (1898–1972), Professor für Politikwissenschaft an der Freien Universität Berlin.

[47] Ernst Fraenkel (1898–1975), Jurist und Politikwissenschaftler, nach der Emigration 1953–1967 Professor für Politikwissenschaft an der Freien Universität Berlin.

[48] Emil Dovifat (1890–1969), Professor für Zeitungswissenschaft/Publizistik an der Berliner Universität, später an der Freien Universität Berlin.

W: Sie hatten bereits erwähnt, dass Sie Stipendiat des Cusanuswerks waren.

G: Ja, nach der Rückkehr nach Frankfurt wurde ich für das Cusanuswerk vorgeschlagen und aufgenommen. Das Auswahlgespräch führte der damalige Geschäftsführer des Cusanuswerks, *Hans Tietmeyer*,[49] mit mir. Ich erinnere mich, dass es darum ging, ob Eltern ihre Kinder nicht auf eine Religion festlegen sollten, damit sie bei Mündigkeit autonom und informiert über ihre Religionszugehörigkeit entscheiden könnten. Die Frankfurter Cusaner-Gruppe, Stipendiaten aus allen Fakultäten, traf sich nach meiner Erinnerung alle 14 Tage zur Diskussion aktueller oder grundsätzlicher Fragen, und das waren Diskussionen, wie ich sie in keinem Seminar erlebt hatte, von Engagement befeuert, informiert, kritisch, Horizont erweiternd, mit großer Lust an der intellektuellen Auseinandersetzung. Zwei überragten mit ihrer schneidenden Schärfe alle anderen, *Heinz Riesenhuber*[50] und *Otwin Massing*.[51] Aber es wären viele weitere Namen zu nennen.

Das potenzierte sich noch auf den Ferienakademien des Cusanuswerks, an denen man einmal pro Jahr teilzunehmen hatte, aber es war für mich keine Pflicht, sondern eine Lust. Ich war ja relativ spät Stipendiat geworden und habe deswegen nur zwei Ferienakademien erlebt. Die erste Wo-

---

[49] Hans Tietmeyer (1931–2016), Volkswirt, 1982–1989 Staatssekretär im Bundesfinanzministerium. 1990–1993 Mitglied des Direktoriums der Deutschen Bundesbank, 1993–1999 Präsident der Deutschen Bundesbank.

[50] Heinz Riesenhuber (geb. 1935), Chemiker und Volkswirt, 1976–2017 Mitglied des Deutschen Bundestags, 1982–1993 Bundesminister für Forschung und Technologie.

[51] Otwin Massing (geb. 1934), Professor für Wissenschaft von der Politik an der Universität Hannover.

che war stets der Theologie gewidmet, die beiden folgenden anderen Themen, literarischen, politischen, soziologischen. Ich schreibe dem Cusanuswerk in meiner Biographie eine hohe Bedeutung zu. Es setzte Maßstäbe und man definierte die Ansprüche an sich selbst neu. Ich bin dem Cusanuswerk stets verbunden geblieben. Vielleicht kommen wir noch darauf zu sprechen.

L: Welche Lehrer haben Sie beeindruckt?

G: Die Antwort fällt mir nicht leicht. Natürlich war ich in Frankfurt bei *Horkheimer* und *Adorno. Horkheimers* Vorlesung über die Idee der Freiheit hat mir viel vermittelt. *Adorno* verstand ich nicht. Streckenweise unterhielt ich mich einfach damit zu prüfen, ob er seine Schachtelsätze korrekt zu Ende brachte. Er tat es. *Carlo Schmid* war ein eindrucksvoller Redner. Aber er hatte keine Zeit mehr für wissenschaftliche Forschung. Er zehrte von seiner überwältigenden Bildung und Belesenheit und, wenn es um das politische System der Bundesrepublik ging, von seiner Kenntnis des Bonner Betriebs. Andere Namen sind schon gefallen.

W: Wie Sie erwähnten, haben Sie kontinuierlich Seminare besucht. Zu wem bestand der engste Kontakt?

G: Ab dem vierten Semester habe ich stets Seminare besucht, und zwar mehrere und immer auch politikwissenschaftliche. Der engste Kontakt bestand wohl zu *Mallmann*. Er war nicht aufregend, aber stärker demokratisch geprägt als viele andere. Ich fand ihn auch besonders integer und war deswegen umso mehr erschüttert, als ich im Vorwort seiner Dissertation über *Labands*[52] Gesetzesbe-

[52] Paul Laband (1839–1918), führender Staatsrechtler des Kaiserreichs, Professor an den Universitäten Königsberg und Straßburg.

griff las:[53] Dass *Laband* Unrecht habe, ergebe sich schon daraus, dass er Jude sei. In dem Werk selbst war keine Spur von Antisemitismus zu erkennen. *Labands* Gesetzesbegriff wurde aus den Bedingungen des dualistischen Konstitutionalismus des Kaiserreichs erklärt. Vielleicht war es die Konzession, die er machen musste, damit sein Werk überhaupt gedruckt wurde.

Mallmann war auch einer meiner Prüfer im Staatsexamen. Ich hatte um eine staatsrechtliche Hausarbeit gebeten, was wohl selten vorkam. Die mündliche Prüfung konnte ich ohne Anstrengung meistern. Die einzige wirkliche Schwierigkeit bestand darin, dass der Vorsitzende schielte, so dass man immer im Ungewissen war, wen er ansprach. *Mallmann* erzählte mir später ein Detail aus der mündlichen Prüfung. Einer der Praktiker wandte sich immer nur an meine Mitkandidaten. Ich erwartete, dass er sich eine besondere Subtilität für mich aufbewahrt hätte. Aber nein. Er fragte mich nichts. Und nun die Beratung der Prüfungskommission nach *Mallmann*: Frage des Vorsitzenden an diesen Prüfer: „Wie würden Sie denn Herrn *Grimms* Leistung bei ihrem Prüfungsgespräch bewerten?“ Antwort: „Er hat ja nichts gesagt. Also wird er wie alle anderen gewesen sein, durchschnittlich.“ Darauf *Mallmann*: „Sie haben ihn ja nichts gefragt. Also müssen Sie davon ausgehen, dass er bei Ihnen genauso gut gewesen wäre wie bei uns.“

Ich glaube, dass *Mallmann* traurig war, dass ich nicht bei ihm, sondern bei *Coing* promovieren wollte. Ich sah es seinen Gesichtszügen an, als ich ihn davon unterrichtete. Und in der Tat hätte sich eine Promotion bei ihm angebo-

---

[53] *Walter Mallmann,* Die Sanktion im Gesetzgebungsverfahren, 1938.

ten. Aber ich hatte ja Auslandspläne und benötigte dafür Stipendien. Meine Überlegung war, dass *Coing* bei seinem hohen Bekanntheitsgrad auch außerhalb Deutschlands mir dabei mehr behilflich sein könne.

W: Hätten Sie ein Thema für *Mallmann* gehabt?

G: Am wahrscheinlichsten ist, dass es auf ein rundfunkrechtliches Thema hinausgelaufen wäre. Das war ja *Mallmanns* Stärke, und verschiedene seiner Doktoranden sind später im Justiziariat des Hessischen Rundfunks gelandet. Als ich 1966 aus Harvard nach Frankfurt zurückkam, war *Mallmann* nicht mehr da. Er war, wie auch *Ridder*, an die neu gegründete Gießener Fakultät gegangen. Statt seiner kam *Erhard Denninger*,[54] später der Zweitkorrektor meiner Dissertation.

W: War in Berlin nicht *Martin Draht*[55] eine interessante Figur?

G: Als ich mich in Freiburg bei *Kaiser* gen Berlin verabschiedete, sagte er: „Dann werden Sie ja zum Kollegen *Draht* gehen." Er sagte es in einem Tonfall, der ahnen ließ, dass er nicht viel davon hielt. Ich bin *Draht* an der FU nicht begegnet. Man müsste einmal prüfen, ob er damals überhaupt las.

W: *Lerche*[56] und *Stern*[57] waren noch nicht in Berlin?

---

[54] Erhard Denninger (geb. 1932), Professor für Öffentliches Recht und Rechtsphilosophie an der Universität Frankfurt a.M.

[55] Martin Draht (1902–1976), Professor für Öffentliches Recht an der Universität Jena, der FU Berlin und der TU Darmstadt, 1951–1963 Richter des Bundesverfassungsgerichts.

[56] Peter Lerche (1928–2016), Professor für Öffentliches Recht an der FU Berlin und an der Universität München.

[57] Klaus Stern (geb. 1932), Professor für Öffentliches Recht an der FU Berlin und an der Universität Köln.

G: Nein. Beide waren noch nicht da. *Lerche* konnte ich einmal als Privatdozent in München hören. Ich fuhr gerne mal einfach so, weil ich die günstigen Bahnfahrten über meinen Vater hatte, in andere Universitätsstädte, so auch nach München. Ich hatte mir vorher das Vorlesungsverzeichnis angesehen. Von Freunden wusste ich, dass *Lerche* ein junger, aufsteigender Wissenschaftler sei, den zu hören sich lohne. In Tübingen machte ich es genauso. Die Tübinger und die Münchener Fakultäten waren ja damals hervorragend.

W: Tübingen ja – aber seinerzeit München?

G: Aus der damaligen Studentenperspektive würde ich das auch für München sagen. Das Lehrbuch-Angebot war ja noch schmal, und viele der Autoren von Standardlehrbüchern lehrten in München, *Larenz*,[58] *Mezger*,[59] *Maunz*,[60] *Hueck*,[61] *Rosenberg*.[62]

L: Sie haben viele interessante Leute kennengelernt, aber keinen Lehrer im eigentlichen Sinne?

G: Ich habe von Vielen viel gelernt. Aber ich wüsste nicht, wen ich als meinen Lehrer bezeichnen sollte. Es gab jedoch ein paar Bücher, die prägend wurden. Am stärksten gilt das für *Franz Wieackers* Privatrechtsgeschichte

---

58 Karl Larenz (1903–1993), Professor für Zivilrecht und Rechtsphilosophie in Kiel und München.

59 Edmund Mezger (1883–1962), Professor für Strafrecht an den Universitäten Marburg und München.

60 Theodor Maunz (1901–1993), Professor für Öffentliches Recht an den Universitäten Freiburg i.Br. und München; 1957–1964 bayerischer Kultusminister.

61 Alfred Hueck (1889–1975), Professor für Zivil- und Arbeitsrecht an den Universitäten Jena und München.

62 Leo Rosenberg (1879–1963), Professor für Zivilprozessrecht an den Universitäten Leipzig und München.

der Neuzeit,[63] die ich in Vorbereitung auf das Examen las und in der ich Antworten auf Fragen fand, die ich im Studium vermisst hatte.

L: Über *Mallmann* haben Sie noch am intensivsten gesprochen?

G: Er stand meinen fachlichen Interessen am nächsten, aber ich schätzte ihn auch persönlich, hatte ihn auch um ein Gutachten fürs Cusanuswerk gebeten. Ich fand, dass *Mallmann* sehr zugänglich war – das zu einer Zeit, in der man als Student noch ziemlich anonym blieb. Als ich ihm begegnete, war er durchaus persönlich.

L: Das Zivilrecht prägte Sie damals schon weniger?

G: Die Vorliebe für das öffentliche Recht war wegen des Politikinteresses, das ja auch anhielt, nachdem ich nicht mehr unbedingt Politiker werden wollte, und durch das mitlaufende Studium der Politikwissenschaft schon eindeutig. Vom Strafrecht hatte ich mich schnell entfernt. Im Zivilrecht haben mir lange Begründungsketten einen ästhetischen Genuss bereitet. Einer meiner ersten Aufsätze war sogar zivilrechtlicher Art.[64] Er entstand aus einer Akte, die ich als Referendar am Oberlandesgericht zu bearbeiten hatte. Ich fand, dass keine der im Umlauf befindlichen Theorien das Problem zutreffend erfasst hatte, und entwickelte einen eigenen Lösungsvorschlag. Die NJW nahm den Aufsatz an. Kurz nach Erscheinen wurde er vom BGH zitiert. Als ich nach Karlsruhe kam, sagten mir einige BGH-Richter, die den Aufsatz in Erinnerung hat-

---

[63] *Franz Wieacker*, Privatrechtsgeschichte der Neuzeit, 1. Aufl. 1952, 3. Aufl. 2016.

[64] *Dieter Grimm*, Zur Abgrenzung der Schadensersatzansprüche aus § 635 BGB und aus positiver Vertragsverletzung, NJW 1968, S. 14.

ten, ich sei ja sozusagen einer der ihren. Ob sie das später immer noch annahmen, ist nicht so sicher. Von den Grundlagenfächern stand mir damals die Rechtsphilosophie am nächsten. Ich konnte sie mir sogar als einen weiteren Schwerpunkt vorstellen.

L: Gab es andere Kommilitonen aus der Zeit, die geblieben sind? Mein Freundeskreis stammt überwiegend aus dem Studium.

G: Es blieben Freunde aus dem Studium. Ich nenne vor allem *Nobert Reich*.[65] Im Studentenheim teilten wir ein Zimmer. Unsere Texte lasen wir immer gegenseitig, wir machten uns auf Bücher aufmerksam und diskutierten viel, weit über das Studium hinaus, mit besonderer Intensität in den 68er Jahren, da waren wir beide bereits an dem Frankfurter Max-Planck-Institut für Rechtsgeschichte. Wir waren Altersgenossen, aber mit dem kleinen, doch höchst bedeutsamen Unterschied, dass er nach dem 31. Juli 1937 geboren war, ich davor. Er gehörte zu den ersten Wehrpflichtigen. So war er an Semestern jünger als ich, überholte mich aber in allen Punkten: Examina, USA-Aufenthalt, Promotion, Habilitation, Professur. Er war etwas weniger wählerisch. In den USA wollte ich es nicht unter den vier besten Law Schools tun, er war irgendwo in New Jersey. Seine erste Professur hatte er an der Hamburger Hochschule für Wirtschaft und Politik, ich hätte mich nie bei einer Nicht-Universität beworben. *Norbert Reich* konnte auch schon mal am Abend mit einem Mantel, der nicht seiner war, aus der Kneipe zurückkehren, es war

[65] Nobert Reich (1937–2015), Professor für Zivilrecht an der Hochschule für Wirtschaft und Politik Hamburg sowie an den Universitäten Hamburg und Bremen.

ihm unwichtig, wie er sich anzog. Seine Frau sorgte dafür, dass die Farben stimmten.

Freunde blieben auch aus dem politikwissenschaftlichen Studium. Ich nenne besonders *Peter Haungs*,[66] mit dem ich schon im Bundesvorstand der „Jungen Presse" gewesen war. Er verschaffte mir einen Lehrauftrag für Politikwissenschaft in Trier. Freunde blieben besonders aus dem Cusanuswerk. Vor allen anderen nenne ich *Winfried Hassemer*,[67] ein wahrhaft unabhängiger, kritischer Geist, schnell, spöttisch, witzig. Als er Frankfurts überdrüssig war und Veränderung suchte, setzte ich alles daran, ihn für Bielefeld zu gewinnen. Der Ruf erging, er nahm aber nicht an. Ich war enttäuscht, aber nicht verstimmt. Er passte schon besonders gut nach Frankfurt. Es war ja eine der anregendsten Fakultäten in diesen Jahren. Wir waren dann wieder für einige Jahre in Karlsruhe zusammen. Alle drei namentlich Genannten leben nicht mehr.

---

[66] Peter Haungs (1939–1994), Professor für Politikwissenschaft an der Universität Trier.

[67] Winfried Hassemer (1940–2014), Professor für Strafrecht und Rechtsphilosophie an der Universität Frankfurt a. M., 1996 Richter des Zweiten Senats des Bundesverfassungsgerichts, 2002–2008 dessen Vizepräsident.

III. Paris, Amerika und Promotion

W: Wie ging es nach dem ersten Examen weiter?

G: Ich befand mich ganz unerwartet an einem Scheideweg. *Carlo Schmids* Assistent *Wilhelm Hennis*[68] hatte sich habilitiert. Sein erstes Seminar als Privatdozent über politische Parteien hatte ich besucht. Daraus entstand ein lockerer, aber andauernder Kontakt. Er erhielt dann schnell einen Ruf zuerst nach Hannover, bald darauf nach Hamburg. *Schmid* ließ mich durch seinen zweiten Assistenten *Otwin Massing*, den ich ja aus dem Cusanuswerk kannte, fragen, ob ich Interesse an der Stelle hätte. Interesse hatte ich schon, aber gleichzeitig war mir bewusst, dass ich damit vor der Wahl zwischen Rechtswissenschaft und Politikwissenschaft stand. Mir ging es darum, politikwissenschaftliche Erkenntnisse für die Verfassungsinterpretation fruchtbar zu machen, nicht aber der Rechtswissenschaft den Rücken zu kehren. Auch meine Auslandspläne hätte ich zumindest zurückstellen müssen. So sagte ich ab. *Ingeborg Maus*[69] erhielt dann die Stelle.

Ich ging also wie geplant mit einem Stipendium der französischen Regierung an die *Faculté de droit et des sciences économiques* in Paris. Ich musste versichern, dass

---

[68] Wilhelm Hennis (1923–2012), Professor für Politikwissenschaft an der Pädagogischen Hochschule Hannover sowie an den Universitäten Hamburg und Freiburg i. Br.

[69] Ingeborg Maus (geb. 1937), Professorin für Politikwissenschaft an der Universität Frankfurt a. M.

ich keine politische Tätigkeit in Frankreich entfalten, insbesondere nicht demonstrieren würde, was ich ohne das Gefühl eines erheblichen Verzichts tat. Nach der Rückkehr aus Paris begann die Referendarausbildung, damals noch dreieinhalb Jahre. Ich unterbrach sie zugunsten eines Studiums an der Harvard Law School, vollendete anschließend die Referendarausbildung und legte 1967 die Zweite Juristische Staatsprüfung ab. Direkt danach trat ich als Wissenschaftlicher Referent in das Max-Planck-Institut für Europäische Rechtsgeschichte in Frankfurt ein, wo ich in der Referendarzeit bereits eine Stelle als wissenschaftliche Hilfskraft gehabt hatte. Am Institut wollte ich vor allem meine Dissertation schreiben.

L: Wann genau war Ihr Frankreichaufenthalt?

G: Von November 1962 bis Juli 1963. Ich nahm den Nachtzug nach Paris, traf am 8. November frühmorgens in der Maison de l'Allemagne der Cité universitaire ein und fragte als erstes, wo es Frühstück gebe. Die Antwort lautete: „Au Cambodge". Sie ließ mich ratlos zurück. Aber die Auflösung war ganz einfach: gemeint war das Nachbargebäude, La Maison de Cambodge.

L: Da war Paris noch ruhig und zivilisiert.

G: An Unruhen, gar Straßenkämpfen und Barrikaden war noch nicht zu denken.

L: *Sartre* hielt schon Hof am Boulevard Saint-Germain? Oder war das auch erst später?

G: Ich hätte ihn gern gesehen. Dem Existenzialismus konnte man ja auch in Deutschland nicht ausweichen. Ich war auch häufig auf dem Boulevard Saint-Germain unterwegs, aber wahrscheinlich in den falschen Cafés. Eine andere Größe lernte ich dagegen kennen, *Raymond Aron.*[70] Ein Mitbewohner im Deutschen Haus studierte bei ihm und nahm mich mit in sein Seminar über Kunstsoziologie.

W: Wie waren die Universitäten in Paris?

G: Noch voller und noch anonymer als in Deutschland. Ich hörte zwei rechtphilosophische Vorlesungen bei *Battifol*[71] und *Villey*[72] sowie „Institutions politiques" bei *Duverger.*[73] Verfassungsrecht war kein Unterrichtsfach in Frankreich. Der Organisationsteil der Verfassung ging in den „Institutions" auf. Grundrechte wurden gar nicht behandelt. Das warf durchaus ein Licht auf die Bedeutung der Verfassung in ihrem europäischen Ursprungsland. Außerdem nahm ich an einem Seminar von *Michel Villey* teil. Die Professoren hielten ihre Vorlesungen in Robe. Ein Pedell in Uniform geleitete sie in den Hörsaal und holte sie am Ende der Stunde ab. Diskussionen waren nicht vorgesehen, Kontakte mit den Lehrenden auch nicht. Sie hatten gar kein Büro in der Universität. Das ist bis heute so. Nur das Seminar von *Michel Villey* fiel aus dem üblichen Rahmen. Er war aus Straßburg nach Paris gekommen und noch mit der deutschen Seminartradition vertraut. An seinem Seminar nahmen überwiegend Wissenschaftler teil, Professoren, Maîtres de conférences etc.

---

70 Raymond Aron (1905–1983), Philosoph und Soziologe in der Tradition des Liberalismus (Montesquieu, Tocqueville), Vater von Dominique Schnapper, Soziologin und Mitglied des Conseil constitutionnel.

71 Henri Battifol (1905–1989), Professor für Internationales Privatrecht und Rechtsphilosophie in Paris.

72 Michel Villey (1914–1988), Rechtsphilosoph und Rechtshistoriker an den Universitäten Straßburg und Paris.

73 Maurice Duverger (1917–2014), französischer Jurist und Politikwissenschaftler, Professor in Bordeaux, Poitiers und Paris.

Professoren hielten auch oft die Referate. Ich entsinne mich an eine Sitzung, in der Streit über den Sinn einer Äußerung *Kelsens*[74] entstand. Daraufhin sagte *Charles Eisenmann*:[75] „Fragen wir ihn doch selbst.", verließ den Raum und kam nach einiger Zeit mit der Antwort zurück. Er hatte in Berkeley angerufen. Außer mir nahm ein weiterer Deutscher an *Villeys* Seminar teil, *Friedrich Kübler*,[76] der an seiner Habilitationsschrift arbeitete. Wir sind uns dann in Frankfurt wieder begegnet. Er hat als Zivilrechtler bedeutende rundfunkrechtliche Arbeiten geschrieben.

L: Wie sind Sie auf *Duguit*[77] als Thema Ihrer Doktorarbeit gestoßen?

G: *Coing* hatte es mir vorgeschlagen. Er war damals an der Geschichte des subjektiven Rechts interessiert, mit der sich auch *Villey* beschäftigte. Als *Coing* mich als Doktorand angenommen hatte und nach Themenvorstellungen fragte, bekundete ich mein Interesse an der Rechtsphilosophie (das letzte Seminar bei *Coing* war ein rechtsphilosophisches gewesen) und an Frankreich, wo ich ja das nächste Jahr verbringen wollte. Er schlug mir daraufhin

---

[74] Hans Kelsen (1881–1973), Professor für Staats- und Völkerrecht sowie Rechtstheorie an den Universitäten Wien, Köln, Genf, Prag und Berkeley.

[75] Charles Eisenmann (1903–1980), Professor u.a. in Straßburg und Paris, ist auch als Übersetzer von Kelsens Werk „Reine Rechtslehre" in die französische Sprache bekannt.

[76] Friedrich Kübler (1932–2013), Professor für Bürgerliches Recht, Gesellschafts- und Kapitalmarktrechtrecht an den Universitäten Gießen, Konstanz und Frankfurt a.M.

[77] Léon Duguit (1859–1928), Professor für Verwaltungsrecht in Caen und Bordeaux; Rechtstheoretiker, „one of the most revolutionary legal thinkers of his generation" (Encyclopaedia Britannica).

vor, über *Duguit* zu arbeiten, den er als einen der entschiedensten Gegner des subjektiven Rechts charakterisierte.[78]

In Paris machte ich mich an die Arbeit. In meinem Referat im Villeyschen Seminar stellte ich einen Vergleich zwischen *Duguit* und *Eugen Ehrlich*[79] an. Das Dissertationsthema packte mich jedoch nicht so recht. Ich kam mit viel Material, aber ohne Plan nach Deutschland zurück und begann im Herbst 1963 die Referendarausbildung. Ein Jahr später ging ich dann nach Harvard, und dort spielte Verfassungsrecht natürlich eine ganz andere Rolle. Ich ließ *Duguit* fallen und nahm mir vor, etwas über die ideellen Wurzeln des amerikanischen Konstitutionalismus zu machen. Das wurde dann auch meine Master-Arbeit in Harvard.[80] 1966 setzte ich die Referendarzeit in Frankfurt fort. *Coing* hatte mir dort eine Stelle in dem neugegründeten Max-Planck-Institut für Europäische Rechtsgeschichte[81] angeboten.

Wir bewegten uns nun langsam, aber in Frankfurt besonders spürbar, auf das zu, was heute mit „1968" identi-

---

[78] Vgl. *Léon Duguit*, L'État, le droit objectif et la loi positive, 1901 (Nd. 2003); Souveraineté et liberté, 1921 (Nd. 2002) ; Traité de droit constitutionnel, 3. Aufl. 1927. Die Kurzfassung des Traité, Manuel de droit constitutionnel, 1923 (Nd. 2007), beginnt mit der Unterscheidung von *droit objectif* und *droit subjectif* (§ 1) und einer *Critique de la doctrine individualiste* (§ 4). Über Duguit vgl. *Fabrice Mellerray* (Hrsg.), Autour de Léon Duguit. Colloque commémoratif du 150e anniversaire de la naissance du doyen Léon Duguit, 2011.

[79] Eugen Ehrlich (1862–1922), österreichischer Rechtssoziologe, Professor in Czernowitz.

[80] Auf Deutsch unter dem Titel „Europäisches Naturrecht und Amerikanische Revolution" in Ius commune III (1970), S. 120–151.

[81] Näher: *Frank L. Schäfer*, Visionen und Wissenschaftsmanagement. Die Gründung eines Max-Planck-Instituts für europäische Rechtsgeschichte, in: Zeitschrift für europäisches Privatrecht 2009, S. 517–535.

fiziert wird. Auf einmal erschien mir *Duguit* in einem anderen Licht. Seine Kritik am subjektiven Recht war ja nur ein Nebenprodukt seiner viel umfassenderen Kritik an einem Rechtssystem und einem Rechtsdenken, das er als idealistisch und individualistisch charakterisierte und durch ein aus der Tatsachenbeobachtung gewonnenes realistisches und soziales ersetzen wollte. Der Grundbegriff war die *solidarité sociale*, darüber wollte ich schreiben und habe die Dissertation dann verhältnismäßig schnell abgeschlossen, nachdem ich auf *Coings* Anregung noch in Bordeaux gewesen war, um zu sehen, ob es dort etwa aufschlussreiches Material zu *Duguit* gebe. Ich war bei meinen Arbeiten auf die Publikation über einen Kongress aus Anlass des 100. Geburtstags von *Duguit* im Jahr 1959 gestoßen.[82] Dem Kongress-Band ließ sich entnehmen, dass *Duguit* einen Sohn hatte, der nach wie vor im Elternhaus lebte, und auch die Adresse stand in dem Kapitel „Léon Duguit et sa famille". Ich schrieb also an *M. Michel Duguit*, erhielt aber keine Antwort, zunächst, nach mehreren Monaten traf ein Brief von *Mme. Duguit*, *Duguits* Schwiegertochter, ein. Sie entschuldigte sich für die lange Wartezeit, erklärte, dass ihr Mann gerade um die Zeit, als mein Brief ankam, schwer erkrankt und inzwischen verstorben sei. Ich sei aber sehr willkommen. *Duguits* Arbeitszimmer sei unverändert. Ich könne an seinem Schreibtisch arbeiten, und da das Haus groß genug sei, könne ich während meines Aufenthalts auch dort wohnen, wenn ich wolle. Sie brachte mich überdies mit einem Emeritus der Bordelaiser Fakultät, *Marcel Laborde-La-*

---

[82] Revue juridique et economique du Sud-Ouest, série juridique. Congrès commémoratif du centenaire du Doyen Léon Duguit, 10 (1959), N°s 3–4.

coste,[83] zusammen, der als junger Professor noch *Duguits* Kollege gewesen war. Die Bücher, die für *Duguit* besonders wichtig gewesen seien, erklärte mir *Mme. Duguit*, stünden hinter seinem Schreibtisch, und dafür interessierte ich mich besonders. Es war viel deutsche Literatur darunter, durchgearbeitet und mit Randbemerkungen und Unterstreichungen versehen. *Duguits* Buch „L'État, le droit objectif et la loi positive" von 1901 verstand er selbst als Antwort auf *Jellineks* „Allgemeine Staatslehre" von 1900. Nach dem Ersten Weltkrieg musste *Duguit* sich für seine Wertschätzung der deutschen Juristen verteidigen. Im Jahr 2013 lud mich die Université Paris II ein, über meine Auseinandersetzung mit *Duguit* im Abstand von mehr als 40 Jahren zu referieren.[84] Aus diesem Anlass las ich meine Dissertation zum ersten Mal seit dem Erscheinen wieder vollständig.

W: *Coing* hat das Thema angeregt und die Arbeit dann auch korrigiert?

G: *Coing* gab die Arbeit seinem Stellvertreter *Walter Wilhelm*,[85] der sie vorkorrigieren sollte. *Wilhelm* war mit der französischen Rechtswissenschaft des 19. und frühen 20. Jahrhunderts gut vertraut. Bei *Wilhelm* lag die Arbeit dann, was ich aber nicht wusste. Als ich mich nach einem Jahr entschloss, *Coing* zu fragen, ob er schon Gelegenheit gehabt habe, sich meine Arbeit anzuschauen, erschrak er

---

[83] Marcel Laborde-Lacoste (1890–1978), Professor für Privatrecht an der Universität Bordeaux.

[84] *Dieter Grimm*, Une lecture allemande de Léon Duguit, Revue du droit public, 2016, S. 185.

[85] Walter Wilhelm (1928–2002), Rechtshistoriker, 1980–1987 Direktor des Max-Planck-Instituts für europäische Rechtsgeschichte, Honorarprofessor an der Universität Frankfurt a. M.

sichtlich, holte sich den Text von *Wilhelm* und begutachtete ihn binnen kürzester Zeit.

W: Im Grunde haben Sie eine fertige Arbeit vorgelegt. Sie haben mit ihm vorher gar nicht darüber gesprochen?

G: Nein, das erwartete er auch nicht. Ich sagte ihm nur, dass ich das Thema über das subjektive Recht hinaus erweitert hätte. Die Dissertation sollte im Athenäum-Verlag erscheinen, mit dem ich in Verbindung stand. Es gab dort auch eine passende Reihe, „Studien und Texte zur Theorie und Methodologie des Rechts", herausgegeben von *Josef Esser*.[86] *Esser* gefiel das Manuskript gut, wie er in einem ausführlichen Brief zu verstehen gab. Mich störte an der Reihe aber ihr Äußeres. Sie war in gelb-schwarz gehalten, das Schwarz verblasste jedoch zu einem Dunkelbraun, so dass die Bücher wie Schokoladenpudding mit Vanillesoße wirkten. Nur ein einziger Band wich vorteilhaft davon ab, und zwar derjenige, den *Esser* selbst publiziert hatte, „Vorverständnis und Methodenwahl".[87] Dieser Band war in schwarz-orange gehalten. So bat ich den Verleger, meine Dissertation ebenfalls in orange statt gelb herauszubringen, was er ablehnte, es sei schließlich eine Reihe. Dagegen ließ sich wenig einwenden, mein einziges Argument war die Ausnahme *Esser*, aber ich war nicht *Esser*. So schluckte ich also den Schokoladenpudding. Als das Buch fertig da lag, war es orange.[88]

[86] Josef Esser (1910–1999), Professor für Bürgerliches Recht an den Universitäten Greifswald, Innsbruck, Mainz und Tübingen.

[87] *Josef Esser*, Vorverständnis und Methodenwahl in der Rechtsfindung, 1970.

[88] *Dieter Grimm*, Solidarität als Rechtsprinzip. Die Rechts- und Staatslehre Léon Duguits in ihrer Zeit, Athenäum Verlag Frankfurt/Main, 1973.

L: *Coing* und *Villey* sind ja beide Naturrechtler, deswegen haben sie sich bestimmt gut verstanden.[89] Das Naturrecht war natürlich eine Möglichkeit, eine europäische Verständigung zu finden. Spielte das einc Rolle für Sie? Haben Sie das so wahrgenommen? Naturrecht als Möglichkeit der Neugründung Europas?

G: Ich glaube nicht, dass ich damals die europäische Integration mit dem Naturrecht in Zusammenhang gebracht habe. Aber mir hatte schon in den früheren Phasen des Studiums, die ja nicht so weit vom Zusammenbruch entfernt waren, eingeleuchtet, dass eine Rechtsordnung ethische Grundlagen benötigt. Ich wuchs juristisch in der Überzeugung vom Ungenügen des Positivismus und seinem Anteil an der Perversion der Rechtsordnung auf. Das war aber nicht gleichbedeutend mit einem Bekenntnis zum Naturrecht. Ich war mir durch *Erik Wolfs* Freiburger Vorlesung und sein Buch „Das Problem der Naturrechtslehre“,[90] in dem er neun Begriffe von Natur und neun Begriffe von Recht ausbreitete, was 81 Kombinationsmöglichkeiten ergab, der Vieldeutigkeit des Naturrechts bewusst. Auch fand ich, dass wesentliche naturrechtliche Postulate im Grundgesetz ihren Niederschlag gefunden hatten, so dass ein Durchgriff auf das Naturrecht zur Lö-

[89] *Michel Villey* (s. Fn. 71) rezensierte z.B. Coings „Grundzüge der Rechtsphilosophie“ (1950). Er rühmte das Buch als Zeichen der Überwindung des Relativismus, Skeptizismus und Nihilismus, bemängelte an ihm jedoch einen extremen Individualismus „enraciné dans la tradition protestante“ und konstatierte, das Buch enthalte nichts wirklich Neues. Als Einführung in die traditionelle politische Philosophie sei es Studenten aber sehr zu empfehlen. Die Besprechung ist abgedruckt in: *ders.*, Leçons d'histoire de la philosophie du droit, 1962 (Nd. 2002), S. 304–310.

[90] *Erik Wolf*, Das Problem der Naturrechtslehre. Versuch einer Orientierung, 2. Aufl. 1959.

sung von akuten Rechtsproblemen überflüssig war. Auch *Coing* dachte bei der Gründung des Max-Planck-Instituts wohl mehr an das *ius commune* als Ausgangspunkt für eine neue Harmonisierung des Privatrechts nach seiner nationalstaatlichen Zersplitterung als an das Naturrecht.[91]

W: Nach ihrer Zeit in Frankreich ging es für Sie zunächst zurück nach Hessen. Können Sie uns etwas zu Ihrer Referendarszeit sagen?

G: Ich begann die Referendarausbildung im Herbst 1963 am Amtsgericht Hofgeismar im Landkreis Kassel. Es war keine schlechte Einführung in die Praxis. Das Gericht bestand aus einem Oberamtsrichter und zwei Amtsgerichtsräten. Der ältere von beiden war ein im Gerichtssaal gefürchteter Choleriker. Das wurde seiner Kriegsverletzung zugutegehalten, und man beschränkte ihn so weit wie möglich auf die freiwillige Gerichtsbarkeit. Der jüngere ist mir wegen der Lebensweisheit in Erinnerung, die er mir mitgab. Bei Gelegenheit einer längeren Unterhaltung fragte er mich: „Sind Sie verheiratet?“ Ich verneinte. Er daraufhin: „Gut!“ Ich: „Wieso?“ „Sehen Sie mich an“, erwiderte er. „Ich hatte mal große Pläne. Dann habe ich früh geheiratet und Kinder gekriegt. Nun bin ich Amtsrichter in Hofgeismar. Aus Ihnen kann mal was werden. Verbauen Sie sich das nicht durch frühzeitige Heirat.“ Am nächsten Tag rief er mich nochmals zu sich und sagte: „Ich habe mir das überlegt. Wahrscheinlich wird was aus Ihnen. Dann werden Sie nur noch wegen Ihrer Position geheiratet. Jetzt werden Sie noch aus Liebe geheiratet.“

An den Oberamtsrichter *Freiherr von Schlotheim* erinnere ich mich dagegen als einen vorbildlichen Richter, korrekt, aber ohne die Starrheit oder Kühle, die mit Kor-

[91] Siehe oben Fn. 81.

rektheit verbunden sein kann, vielmehr ein Mann voller Anteilnahme (er war auch kirchlich engagiert, Vorsitzender der Synode der Evangelischen Kirche von Kurhessen-Waldeck), der Gerichtsverhandlungen würdig führte und den Beteiligten mit Achtung begegnete, jemand mit einem Sinn für Stil und Sprache. Als einmal ein Referendar in einer Verhandlungspause im Gerichtssaal sein Butterbrot auspackte und zu kauen begann, fasste er seine Missbilligung in den Satz: „Herr Kollege, ich habe auch noch nicht gefrühstückt." Der Referendar missverstand den Sinn und fragte: „Soll ich Ihnen was abgeben?" Ich erinnere mich vor allem an zwei Vorfälle, die ihn charakterisieren. In einer Verkehrsstrafsache begründete er sein Schuldurteil damit, dass der Angeklagte mit überhöhter Geschwindigkeit in eine Linkskurve gefahren und dadurch auf die Gegenfahrbahn geraten sei. Der Oberamtsrichter war selbst kein Autofahrer. Ich sollte das Urteil schreiben und sagte ihm, wenn man mit überhöhter Geschwindigkeit in eine Kurve fahre, werde man aus ihr hinausgetragen. Er konnte das nicht bestreiten und sagte mir: „Ich habe das so verkündet. Wir können es nicht ändern. Aber machen Sie den Fehler im Urteilsentwurf deutlich sichtbar, damit der Angeklagte in die Berufung gehen kann." In einem anderen Fall hatte ein Anwalt eine Vollmacht vorgelegt, die ich für gefälscht hielt. Die Vollmacht stammte zwar von der Partei, lautete aber auf ein früheres Verfahren. Mit einer anderen Handschrift war hinzugefügt worden „und auch für das Verfahren XYZ". Ich eilte in großer Erregung zum Oberamtsrichter. Er sah sich die Vollmacht an und sagte dann: „Wahrscheinlich haben Sie recht. Aber sicher ist es nicht. Nun schauen Sie, wir haben vier Anwälte im Amtsgerichtsbezirk, wir kennen sie seit langem, sie tun ihr Bestes, sind keine Betrüger.

Der Anwalt hat den Klienten schon mehrfach vertreten, er sitzt in Amerika, jetzt kommt diese Sache, es laufen Fristen, es kann Wochen dauern, bis er die neue Vollmacht hat. Ich finde, wir sehen darüber hinweg."

Als nächstes ging es zum Landgericht Kassel. Ich war dort, wie man mir sagte, seit 20 Jahren der erste Referendar mit einem „Gut" im Staatsexamen. Das führte dazu, dass mich der Landgerichtspräsident schon am zweiten Arbeitstag meinem Ausbilder, einem Assessor, wieder entzog und einem erfahrenen Landgerichtsrat zuteilte. Auf den Landgerichtspräsidenten war ich nicht gut zu sprechen. Mein Erlebnis ist vielleicht nicht ganz unsymptomatisch für die Zeit. Er hatte ein sehr langgestrecktes Zimmer mit zwei Türen, einer gleich neben seinem Schreibtisch und einer am anderen Zimmerende. Besucher traten durch diese Tür ein. Als ich mich vorstellte, erhob er sich bei meinem Eintreten und streckte mir die Hand über den Schreibtisch hinweg entgegen. Ich beschleunigte meinen Schritt und wollte, beim Schreibtisch angekommen, seine Hand ergreifen. In diesem Augenblick zog er sie zurück und sagte: „Wissen Sie nicht, dass man den Herrn Landgerichtspräsidenten nicht über den Schreibtisch hinweg begrüßt?" Ich erwiderte: „Sie standen da mit ausgestreckter Hand und ich wollte Sie möglichst wenig warten lassen." Ein paar Tage später betrat er den Fahrstuhl, in dem ich gerade stand, und sagte sogleich: „Wissen Sie nicht, dass man die Hand aus der Hosentasche nimmt, wenn der Herr Landgerichtspräsident den Fahrstuhl betritt?" Ich sagte, ich dachte, ich sei zur *juristischen* Ausbildung hier. Etwas Ähnliches war mir schon bei dem Praktikum begegnet, das man als Student bei Gericht ableisten musste. Die Tür des Richters, bei dem ich mich vorstellen sollte, war zu. Ich wartete also. Dann kam jemand den Gang entlang und fragte, auf wen ich warte. „Ich warte auf Herrn Wagener." Die Antwort: „Nein, Sie warten mit Sicherheit nicht auf Herrn Wagener. Sie warten allenfalls auf den Herrn Landgerichtsrat Dr. Wagener." Dabei legte er die Betonung auf das erste „e".

L: Das Referendariat haben Sie dann für Harvard unterbrochen. Amerika musste also auch noch sein?

G: Ich wollte es von vornherein nicht bei Frankreich belassen. Amerika war die Führungsmacht der westlichen Welt, seine Universitäten galten als herausragend, und zudem versprach ich mir etwas davon, eine ganz andersartige Rechtsordnung, das *common law*, kennenzulernen. So bewarb ich mich bei vier Universitäten, die nach allem, was ich in Erfahrung bringen konnte, die besten waren: Harvard, Yale, Columbia und Berkeley.

L: Was gab den Ausschlag für Harvard?

G: Der Ruhm von Harvard. Ich bekam Zusagen von allen vier Universitäten und wählte diejenige aus, die das höchste Ansehen genoss. Ich fuhr aber auch einige Male von Cambridge nach New Haven. Eine Theaterwissenschaftlerin, die ich bei der Überfahrt auf dem Schiff kennengelernt hatte, studierte dort. Ich gewann den Eindruck, dass Yale wegen meiner interdisziplinären Interessen ebenfalls kein schlechter Platz für mich gewesen wäre. Aber das darf nicht als nachträgliches Bedauern über die Entscheidung zugunsten von Harvard betrachtet werden.

L: In Yale wird man zum Politiker ausgebildet, in Harvard zum Wirtschaftsanwalt ...

G: ... und in Yale zum Professor.

W: War nicht auch *Karl Carstens*[92] ganz früh in Yale?

G: Carstens war wohl schon sehr bald nach dem Krieg da, *Gerhard Casper*[93] war da, *Fritz Scharpf*,[94] meine spätere Kollegin im Bundesverfassungsgericht *Helga Seibert*[95]...

L: Welche Eindrücke hatten Sie von den Universitäten in den USA?

G: So etwas wie Harvard hatte ich weder in Deutschland noch in Frankreich erlebt. Das gilt in vielerlei Hinsicht, allein schon äußerlich: eine Universität, die ein ganzes Stadtviertel einnahm, ein Stadion, mehrere Museen, einen Radiosender, Zeitungen, eine eigene Polizei besaß. Aber es war mehr als das. Harvard gab mir erstmals das Gefühl, dass der Student etwas galt, dass die Professoren sich um die Studenten kümmerten, zugänglich waren, sie arbeiteten gewöhnlich bei offener Tür, das hieß, man durfte eintreten. Zum ersten Mal fühlte ich mich auch gefordert. Auf jede Unterrichtsstunde musste man sich durch umfängliche Lektüre vorbereiten. In den Hörsälen hatte man feste Plätze, die Professoren kamen mit Sitzplänen, man wurde aufgerufen. Für die Prüfungen, die jeder Lehrveranstaltung folgten, galt damals – heute ist das anders –

---

[92] Karl Carstens (1914–1992), Professor für Staats- und Völkerrecht an der Universität Köln, 1979–1984 Bundespräsident.

[93] Gerhard Casper (geb. 1937), deutsch-amerikanischer Jurist, Hochschullehrer und Wissenschaftsmanager, Professor an der University of Chicago, 1992–2000 Präsident der Stanford University.

[94] Fritz W. Scharpf (geb. 1935), Jurist und Politikwissenschaftler, Professor für Politikwissenschaft an den Universität Konstanz, 1973–1986 am WZB Berlin, 1986–2003 Direktor des MPI für Gesellschaftsforschung in Köln.

[95] Helga Seibert (1939–1999), Ministerialbeamtin, 1989–1998 Richterin des Bundesverfassungsgerichts.

eine Notenskala von 0 bis 100, theoretisch, praktisch spielten sich die Leistungen im Bereich von 65 bis 85 ab. Ein Scheitern war so gut wie ausgeschlossen, aber von der Punktzahl hing etwas ab: ob man in die Redaktion der Law Review berufen wurde, bei welchen Stellen man Chancen hatte, sich zu bewerben, wie hoch das Eingangsgehalt war und so weiter. Ich beobachtete mit Interesse, wie man sich schlagen würde in einem Umfeld, in dem die mitgebrachten deutschen Meriten nichts zählten und der Leistungswille aller ausgesprochen hoch war. Ich schnitt nicht übel ab.

L: Gab es Persönlichkeiten in Amerika, die sie besonders beeindruckt oder bei denen Sie besonders viele Kurse belegt haben?

G: In Harvard hatte ich die besten Lehrer meiner Studienzeit. Im ersten Halbjahr gab es für alle LL.M.-Studenten aus *civil law*-Ländern einen obligatorischen Kurs „Introduction to American Law“, jeden Morgen, ehe der eigentliche Lehrbetrieb begann. Er wurde von *John P. Dawson*[96] unterrichtet, einem begeisterten und warmherzigen Lehrer, für einen solchen Kurs bestens qualifiziert, weil er rechtsvergleichend arbeitete und sich gut im deutschen, französischen und italienischen Rechtssystem auskannte. Sein wichtigstes Buch „The Oracles of the Law“[97] wurde auch in Europa geschätzt. Später, als ich längst wieder in Frankfurt war, erhielt er dort einen Ehrendoktor. Wenn es nicht um Zivilrecht, sondern um andere Rechtsgebiete ging, brachte *Dawson* die Größen der Law School in den Kurs, so dass wir auch einen guten Überblick über die Fa-

---

[96] John P. Dawson (1902–1985), Professor an der University of Michigan und an der Harvard Law School.

[97] *John P. Dawson*, The Oracles of the Law, 1968.

kultät gewannen. Der Kurs hatte übrigens den Nebeneffekt, dass die europäischen Studenten, ergänzt um einige Südamerikaner und einige Japaner, sich bald wie eine Schulklasse kannten und verstanden. Es gibt bis heute ein jährliches Treffen dieser Gruppe, 2015, im fünfzigsten Jahr seit *graduation* fand es erstmals nicht in Europa, sondern in Cambridge statt.

Der nächste Lehrer, dem ich ein gutes Andenken bewahre, ist *Paul Freund*,[98] der Doyen unter den Verfassungsrechtlern, ein höchst gebildeter, belesener Mann, University Professor (ein Titel, der ganz wenigen Großen vorbehalten war und die Berechtigung zur Lehre in jeder beliebigen Fakultät in Harvard einschloss). Er betrat den Hörsaal regelmäßig mit einem Stoß Bücher und verließ ihn meistens, ohne dass sie aufgeschlagen worden wären. Man lernte die großen *landmark cases* des Supreme Court, analysierte die Begründung, erfuhr etwas über den Kontext, aus dem sie zu verstehen waren, und man wurde mit den bedeutenden Richtern des Supreme Court bekanntgemacht.

Die glänzendste Veranstaltung aber war „Legal Process“ bei *Al Sacks*.[99]

L: Das hätte ich jetzt gleich gefragt, waren Sie bei der „Legal Process School“?

G: Der Kurs war eine Besonderheit von Harvard, erdacht und stets fortentwickelt von *Sacks* und *Henry Hart*.[100] Die Materialien gab es nur hektographiert, man

[98] Paul A. Freund (1908–1992), Verfassungsrechtler, Professor an der Harvard Law School.

[99] Albert Sacks (1920–1991), Professor an der Harvard Law School, 1971–1981 war er deren Dekan.

[100] Henry Hart (1904–1969) und Albert Sacks (1920–1991) veran-

erwarb zwei umfangreiche Ordner, die durchzuarbeiten waren. Die beiden Autoren, die den Kurs abwechselnd unterrichteten, wurden immer wieder bedrängt, die Materialien in ein *textbook* zu verwandeln und hatten auch in der Tat 1956 einen Verlagsvertrag abgeschlossen, aber nie ein Manuskript eingereicht, weil sie das Werk noch nicht für vollendet hielten. Als es schließlich 1994 posthum erschien, erwarb ich es sofort.

Der Kurs handelte von den Funktionen des Rechts, den Prozessen, in denen es entsteht und durchgesetzt wird, den Akteuren, die dabei eine Rolle spielen, öffentliche und private, die Rolle der Institutionen und das *legal reasoning*. Man bekam ein Gespür für den Rahmen, in dem sich rechtliche Prozesse vollzogen, und in dem sich das abspielte, was den Gegenstand der meisten anderen Kurse bildete, das *case law* und *statutory law*. *Sacks* unterrichtete brillant, er war unglaublich schnell und pointiert in seinen Reaktionen auf die studentischen Interventionen. Ich wusste damals nicht genau, wogegen sich „the legal process" richtete und wofür er stand. Aber ich wusste, dass ich so etwas in meinem deutschen Studium vermisst hatte. Sollte ich einmal Professor werden, dachte ich, würde ich gerne einen ähnlichen Kurs unterrichten. (Etwas davon ist später in den allgemeinen Teil des Funkkollegs Recht, für den ich neben dem öffentlichen Recht verantwortlich war,

---

stalteten einen legendär gewordenen Kurs „The Legal Process". Die Kursmaterialien zirkulierten jahrzehntelang hektografiert in den USA. Posthum wurden sie 1994 von *William Eskridge* und *Philip Frickey* herausgegeben. Zur „Legal Process School" gehörten auch Herbert Wechsler und Lon Fuller, aus ihr entwuchsen Alexander Bickel und John H. Ely. Näher dazu: *Neil Duxbury*, Patterns of American Jurisprudence, 1995, S. 251–266.

und auch in die Vorlesung „Einführung in die Rechtswissenschaft" eingegangen.)

Der Zugang zum amerikanischen Recht stand in starkem Kontrast zum kontinentalen. Fälle bildeten den Gegenstand des Unterrichts, auf die genaue Wahrnehmung des Sachverhalts wurde großer Wert gelegt, das war für das „distinguishing" wichtig: Eignete sich ein Urteil als Präzedenzfall für ein aktuelles Problem oder nicht? Die Bearbeitung von Fällen in den Examina unterschied sich ebenfalls vollkommen von dem, was in Deutschland erwartet wurde. Man musste kein Lösungsschema abarbeiten, es gab kein Lösungsschema. Es war die Kernproblematik des Falles zu identifizieren und dann die Lösung aus den möglichen Präzedenzfällen zu erarbeiten. Von einem „System" habe ich nie etwas gehört. Als die ausländischen Studenten einmal ihre *host families* einluden und ich die Begrüßungsrede halten sollte, ging ich darauf neben anderen Unterschieden zwischen USA und unseren Heimatländern ein und sagte, dass wir zuerst ein System lernten und dann exemplarisch zu Fällen gelangten, während die Amerikaner Fälle lernten, ohne am Ende zu einem System zu gelangen. Nach meiner Überzeugung war es leichter, vom System her kommend sich mit dem Fallrecht vertraut zu machen als umgekehrt. Als ich nach dem Abschluss des Studiums noch für eine gewisse Zeit in einer amerikanischen Anwaltspraxis arbeitete, bestätigte sich dieser Eindruck. Es war auch klar, dass das Leitbild der Juristenausbildung viel weniger der Richter als der Anwalt war. Üblicherweise gingen die amerikanischen Richter ja aus dem Anwaltsstand hervor und wechselten die Rollen erst im fortgeschrittenen Alter. Die meisten Amerikaner fanden es absonderlich, dass man in Deutschland bereits mit 26 Jahren Richter sein konnte.

Ich schrieb meine Masterarbeit über „European Natural Law and the American Revolution".[101] Das Thema war noch dem Vorsatz geschuldet, Rechtsphilosophie und Verfassungsrecht zu kombinieren. De facto besiegelte aber der Aufenthalt in Harvard den Abschied von der Rechtsphilosophie.

W: Woran merkt man das?

G: Daran hatte gerade der Kurs in Rechtsphilosophie bei *Lon Fuller*[102] Anteil, den ich belegte. Ich gewann den Eindruck, dass die Probleme, um die es dort ging, zu weit von den politischen und sozialen Fragen entfernt waren, welche im Verfassungsrecht, aber auch im Privatrecht auftraten. Der Kurs über politische Theorien, den ich außerhalb der Law School bei *Louis Hartz*[103] hörte, kam meinen Interessen viel näher. Dass die Rolle, welche die Philosophie hätte spielen sollen, von der Geschichte eingenommen werden würde, deutete sich damals schon an, kam mir aber erst später zu Bewusstsein.

W: Sie hatten sicherlich ein Stipendium?

G: Ein Stipendium des Cusanuswerks. Meine Eltern wären nicht in der Lage gewesen, die Studiengebühren und die Reise- und Aufenthaltskosten aufzubringen.

W: Wie viele Deutsche waren in ihrem LL.M.-Jahrgang?

G: Wir waren zu dritt. Einer wurde bayerischer Notar, einer ging nach einer kurzen Etappe bei der Kanzlei *Gleiss*

---

[101] Siehe oben Fn. 80.

[102] Lon Fuller (1902–1978), Rechtsphilosoph, Naturrechtler und Kritiker des Rechtspositivismus, Professor an der Harvard Law School.

[103] Louis Hartz (1919–1986), Professor an der Harvard University, Autor von: The Liberal Tradition in America (1955).

Lutz in die Finanzverwaltung. Aus der Gruppe der LL.M.-Studenten sind aber auch etliche Professoren hervorgegangen; zwei Kommilitonen wurden Präsidenten des obersten Gerichts ihres Landes. Den Südamerikanern war meist ein rasanter Aufstieg sicher. Ein Kommilitone, der den Grad nicht erreicht hatte, wurde später Präsident der UN-Generalversammlung, ein anderer war Botschafter seines Landes in Bonn.

Matthias Roßbach: Welche Bedeutung in Ihrer Biographie hat die Zeit in den USA im Rückblick?

G: Dem Jahr in Harvard, besser den anderthalb Jahren in den USA, messe ich hohe Bedeutung in meiner Biographie zu. Es war eine Zeit der Bewusstwerdung, der Selbstvergewisserung, eine Zeit der besseren Erfassung des Eigenen im Lichte des Fremden, eine Zeit vollgestopft mit neuen Eindrücken. Von dem Land USA habe ich ja noch gar nicht gesprochen. 1964 war ein Wahljahr, *Johnson* gegen *Goldwater*, so dass auch die Politik eine gesteigerte Präsenz besaß. Es war ein Jahr, das mich für Amerika eingenommen hatte, ohne dass ich eine gewisse kritische Distanz aufgegeben hätte. Das galt auch für das Rechtliche. Mir wurde später von Gegnern der Rechtsprechung des Bundesverfassungsgerichts zur Meinungsfreiheit oft vorgeworfen, ich sei amerikanisiert und wolle in Deutschland amerikanische Verhältnisse einführen. Aber gerade für die Meinungsfreiheit galt das nicht. *New York Times v. Sullivan*,[104] während meines Studiums in Harvard ent-

[104] Die Entscheidung des U.S. Supreme Court in der Rechtssache New York Times v. Sullivan, 376 U.S. 254 (1964), ist eine Leitentscheidung zur Auslegung der Meinungs- und Pressefreiheit der amerikanischen Bundesverfassung (First Amendment). Sie besagt im Kern, dass eine Person des öffentlichen Lebens eine Zeitung nur

schieden, enthält wunderbare Sätze über die Bedeutung der Meinungs- und Pressefreiheit, aber die Schlussfolgerungen habe ich gerade nicht übernommen. Ich wusste am Ende meines Aufenthalts auch, dass ich Amerika wählen würde, sollte ich je zur Emigration gezwungen sein, ohne diesen Zwang aber lieber in Deutschland bliebe. Am Ende des USA-Aufenthalts, in der Anwaltskanzlei, gewann diese Einsicht sogar reale Bedeutung.

R: Wie kam es nach dem LL.M.-Jahr zu der anwaltlichen Tätigkeit?

G: Mir fiel der Abschied aus den USA aus verschiedenen Gründen schwer. Einige meiner europäischen Kommilitonen bemühten sich um eine Stage bei amerikanischen Anwaltskanzleien. Sie wurden später Partner in den europäischen Büros dieser Kanzleien. Ich erkundigte mich also bei amerikanischen Freunden, welches die beste Anwaltspraxis in Boston sei. Die Antwort lautete einhellig: *Ropes & Gray*.[105] Ich machte mich also auf den Weg und klingelte bei *Ropes & Gray*. Der Empfangsdame sagte ich, ich sei ein deutscher Student, der gerade in Harvard einen LL.M. erwerbe und anschließend gern für eine gewisse Zeit bei *Ropes & Gray* arbeiten würde. Man merkte ihr an, dass sie auf ein solches Verlangen nicht vorbereitet war. Sie bat mich aber, Platz zu nehmen, und kam nach einiger Zeit mit einem Herrn wieder, der sich als *Maxwell*, Office-Manager, vorstellte. Auch für ihn war mein Begehren sicht-

dann erfolgreich wegen „defamation“ verklagen kann, wenn sie beweist, dass die Zeitung die Aussage mit „actual malice“ getätigt hat. Die Debatte öffentlicher Angelegenheiten müsse „uninhibited, robust, and wide-open“ sein.

[105] Ropes & Gray ist eine 1865 in Boston von zwei Harvard-Alumni gegründete Anwaltskanzlei. Sie hat mittlerweile mehrere Standorte in den USA, Europa und Asien.

lich ein präzedenzloser Fall. Er wies mir wieder den Sessel an, in dem ich schon vorher gewartet hatte, und kam nach einiger Zeit mit der Nachricht zurück: „Mister Quarrels wants to meet you." Auf die Frage, wer das sei, sagte er: einer der *senior partners*. Mister *Quarrels* war ein hochgewachsener, soignierter Herr und ließ sich berichten. Nach einer Weile sagte er: „Und wie soll ich nun wissen, dass alles, was Sie mir erzählen, stimmt?" Ich war etwas irritiert und erwiderte, er könne mir nur vertrauen oder nicht vertrauen. Er schüttelte den Kopf und sagte: „Sie missverstehen mich. Ich wollte ja nur wissen, wen ich Ihretwegen in Harvard anrufen kann." Ich nannte ihm die Namen von zwei meiner Professoren. Er bat mich, einen Moment auf dem Flur zu warten, kam aber schnell heraus und verkündete: „You are hired. When would you like to start?" Als ich den amerikanischen Freunden am Abend von meinem Erfolg berichtete, wurde mir an ihrer völligen Fassungslosigkeit klar, mit welcher Naivität ich losmarschiert war.

Ropes & Gray hatte damals 70 Anwälte (als ich die Kanzlei später, schon als Verfassungsrichter, einmal besuchte, waren es bereits 700). Ich arbeitete verschiedenen Anwälten bei ihren Fällen zu, bewunderte vor allem die Teamarbeit, fast immer unter Einschluss eines Steuerrechtlers. Ich freute mich auch auf das wöchentliche Kanzlei-Mittagessen, bei dem stets ein Anwalt ein Problem ausbreitete, an dem er gerade arbeitete, und um Kommentare der anderen bat. Ich kam ganz gut zurecht mit der Tätigkeit, was sich darin bestätigte, dass *Ropes & Gray* mir anbot zu bleiben. Sie wollten mich für ein paar Monate mit Bezahlung freistellen, damit ich mich auf das *bar exam* vorbereiten könnte, und dann einstellen. Das war nun wieder ein Scheideweg. Ich wäre gern noch länger bei *Ropes & Gray* geblieben, aber nicht auf Dauer in den USA. Und da ich noch nicht das Zweite Staatsexamen hatte, wäre die Annahme des Angebots wohl mit einer definitiven Entscheidung für die USA verbunden gewesen. Also kehrte ich Ende 1965 nach Deutschland zurück, nunmehr mit dem Gedanken an eine Anwaltstätigkeit spielend, falls es gelänge, in Deutschland eine ähnlich arbeitende Kanzlei aufzuziehen.

W: Was wurde aus dem Gedankenspiel, Anwalt zu werden?

G: Die Anwaltsstation verbrachte ich bei *Mueller Weitzel Weisner* in Frankfurt (heute der Frankfurter Zweig von *Hengeler Mueller*), einer Kanzlei, die ähnlich arbeitete wie *Ropes & Gray*, allerdings in erheblich verkleinertem Maßstab, es gab die drei Namen gebenden Partner und zwei jüngere Anwälte. Auch *Mueller Weitzel Weisner* hätten mich nach dem Zweiten Examen gern eingestellt, aber dann nahm doch die Möglichkeit einer wissenschaftlichen Karriere schon Gestalt an. Ich schloss auch eine Position in der Ministerialbürokratie nicht aus, unternahm aber keine Schritte. Ein Angebot von *Bernhard Vogel*,[106] damals Kultusminister in Rheinland-Pfalz, das über meinen schon erwähnten Freund *Peter Haungs* zustande kam, der seinerseits mit *Vogel* am Lehrstuhl von *Dolf Sternberger*[107] in Heidelberg gewesen war, schlug ich aus.

R: Hat es Sie in der Folgezeit nach Harvard zurückgezogen?

---

[106] Bernhard Vogel (geb. 1932), Politiker, Minister und 1976–1988 Ministerpräsident von Rheinland-Pfalz; 1992–2003 Ministerpräsident von Thüringen.

[107] Dolf Sternberger (1907–1989), Professor für Politikwissenschaft an der Universität Heidelberg.

G: Ich war im folgenden Jahr 1966 noch einmal für vier Wochen in den USA. *Carlo Schmid* sollte eine Festschrift bekommen, und mein Mitcusaner *Otwin Massing*, der an der Vorbereitung beteiligt war, fragte mich, ob ich einen Beitrag über den *Legislative Reference Service* des amerikanischen Kongresses schreiben könne, die Friedrich-Ebert-Stiftung würde die Kosten einer Washington-Reise tragen. Danach war ich aber an die zwanzig Jahre nicht mehr dort. Ich hatte in diesem Zeitraum jedoch einen wiederkehrenden Traum: Mal war ich Student in Harvard und bemerkte auf dem Weg zum Hörsaal, dass ich zwei verschiedene Socken anhatte. Bis ich die passenden gefunden und überhastet anzuziehen versucht hatte, verging viel Zeit. Als ich den Hörsaal schließlich erreichte, war die Vorlesung zu Ende. Manchmal war ich als Professor in Harvard und bemerkte auf dem Weg zum Hörsaal, dass ich meine Vorlesungsnotizen vergessen hatte. Dasselbe Ergebnis: Bis sie gefunden waren, hatten die Studenten die Geduld verloren und den Hörsaal verlassen. Ich interpretiere den Traum als Sehnsuchtstraum. Nach dem nächsten Harvard-Besuch kehrte er nie wieder. Aber ich kann das erhebende Gefühl nicht leugnen, das mir noch viele Jahre später die Gastprofessur an dieser Universität gab, die in meiner Biographie eine so große Rolle spielt. *Frank Michelman*,[108] ganz junger Professor bereits in meinem Studienjahr, ist ein wichtiger Gesprächspartner geworden. Schon vor der Gastprofessur waren wir uns näher gekommen, weil wir beide in der Transformationszeit in Südafrika engagiert waren.

---

108 Frank Michelman (geb. 1936), Professor an der Harvard Law School.

IV. Max-Planck-Institut und Habilitation

L: Nach der Zeit in den USA haben Sie das Referendariat beendet und sind dann zu *Coing* an das Max-Planck-Institut gegangen?

G: Als ich aus Harvard zurückkam, ging ich als Hilfskraft an das Institut und dann nach dem zweiten Examen als Referent. Als sich mein Aufenthalt in Harvard dem Ende näherte, schrieb ich *Coing* einen Brief aus Amerika, kündigte meine Rückkehr an und fragte nach einer Assistentenstelle. Er antwortete, dass er etwas Besseres habe, er gründe gerade das Max-Planck-Institut für Rechtsgeschichte: „Sie sind da willkommen, wenn Sie möchten".

L: Also Sie sind die Erstbesetzung im Max-Planck-Institut in Frankfurt?

G: Erstbesetzung, wenn man meine Zeit als Hilfskraft mitrechnet.

L: Und dort bildeten Sie die öffentlich-rechtliche Komponente?

G: Zusammen mit *Heinz Mohnhaupt.*[109] Er war schon promoviert und trat am selben Tag ein, als ich meine Hilfskraftstelle antrat. *Mohnhaupt* befasste sich vorwiegend mit der frühen Neuzeit, während ich mich auf das 19. Jahrhundert konzentrierte. *Coing* war alleiniger Di-

[109] Heinz Mohnhaupt (geb. 1935), Rechtshistoriker am Max-Planck-Institut für Europäische Rechtsgeschichte.

rektor. Ihm folgten *Dieter Simon*[110] und *Coings* Stellvertreter *Walter Wilhelm*, ein Mann von höchster Begabung, der eine glänzende Dissertation geschrieben,[111] es dann aber nicht mehr geschafft hat, sich zu überbieten. Er war hochgeachtet im Institut, ein beliebter Gesprächspartner, hat vielen Leuten bei ihren Arbeiten geholfen, sie auf Ideen gebracht etc., selbst aber leider so gut wie nichts mehr veröffentlicht. *Simon* schätzte ihn sehr und wollte ihn als Ko-Direktor haben. So kam es auch, aber es wurde schnell klar, dass *Simon* letztlich der einzige Direktor war; *Wilhelm* ist dann aus gesundheitlichen Gründen vorzeitig ausgeschieden; für ihn kam *Michael Stolleis*.[112]

L: Das Jahr 1968 haben Sie dann also am MPI erlebt.

G: Frankfurt war ja eines der Zentren der Studentenbewegung, und das MPI lag in Universitätsnähe, im Frankfurter Westend, das besonders häufig Ziel von Demonstrationen war, weil Immobilien-Unternehmer das weithin intakte Wohngebiet zu zerstören drohten. Man konnte den Aktionen der protestierenden Studenten gar nicht entgehen, sie begegneten einem in Demonstrationen, Happenings, Sit-ins, Fassadenbeschriftungen („Nehmt

[110] Dieter Simon (geb. 1935), Professor für Zivilrecht und Römisches Recht an der Universität Frankfurt a. M., 1980–2003 Direktor des Max-Planck-Instituts für Europäische Rechtsgeschichte ebd., 1989–1992 Vorsitzender des Wissenschaftsrats, 1995–2005 Präsident der Berlin-Brandenburgischen Akademie der Wissenschaften.

[111] *Walter Wilhelm*, Zur juristischen Methodenlehre im 19. Jahrhundert. Die Herkunft der Methode Paul Labands aus der Privatrechtswissenschaft, 1958.

[112] Michael Stolleis (geb. 1941), Professor für Öffentliches Recht und Rechtsgeschichte an der Universität Frankfurt a. M., 1991–2009 Direktor des Max-Planck-Instituts für Europäische Rechtsgeschichte, Mitglied des Ordens Pour le Mérite.

Euch die Freiheit der Wissenschaft – forscht, was ihr wollt“, stand lange an einem Universitätsgebäude), auf Hörsaalwänden, die in Protest- oder Ankündigungsflächen verwandelt wurden („Heute 16.00 Uhr Demo – kommt massenhaft“ – niemand konnte mehr sagen, welchen Tag das betraf, aber das machte nichts, es galt ja fast jeden Tag). Man musste sich dazu einstellen. Ich hegte einige Sympathie für die Anfangsforderungen, die hochschulpolitischen wie auch die gesellschaftspolitischen, weniger für die Formen und Mittel, mit denen Sie verfolgt wurden, obwohl einige witzige darunter waren.

R: Hat Ihre Sympathie für die hochschul- und gesellschaftspolitischen Forderungen auch dazu geführt, dass Sie sich selbst an Aktionen beteiligt haben?

G: Persönlich geriet ich in zwei Anschlussaktionen, die die studentischen Forderungen nach Transparenz und Mitbestimmung aufnahmen. Die eine entwickelte sich im Cusanuswerk, die andere in der Max-Planck-Gesellschaft.

Im Cusanuswerk gärte es seit dem Tod von *Benno Ohnesorg*[113] bei den Anti-Schah-Demonstrationen 1967 in Berlin. Zahlreiche Cusanergruppen verlangten Einfluss auf die Stipendiatenauswahl und die Bildungsarbeit des Cusanuswerks. Ich selbst war zu dieser Zeit längst kein Student mehr, hatte aber noch Funktionen im Cusanuswerk, vor allem als Sprecher der Alt-Cusaner. Ich war gebeten worden, die Generalversammlung der studierenden Cusaner beim Jahrestreffen 1968 zu leiten, wo die Reformforderungen diskutiert und beschlossen werden

[113] Benno Ohnesorg (1940–1967), Westberliner Student, während einer Demonstration gegen den Schah-Besuch in Berlin von einem Polizisten erschossen, was zur Radikalisierung der Studentenbewegung führte.

sollten. Es gelang mir, das ziemlich wilde Durcheinander in die Bahnen gut begründbarer Reformforderungen zu lenken und gleichzeitig die widerstrebende Leitung des Cusanuswerks zu überzeugen, dass sie sich auf die Forderungen einlassen sollte. So geriet ich an die Spitze der Reformkommission, die binnen eines halben Jahres eine „Ordnung des Cusanuswerks" ausarbeitete, die von der Deutschen Bischofskonferenz in Kraft gesetzt wurde und bis heute gilt. Der Kern war ein pluralistisch zusammengesetzter Beirat mit studentischer Beteiligung, dem die Formulierung der Auswahlkriterien und die Festlegung der Grundlinien der Förder- und Bildungsarbeit obliegen und der bei der Berufung der Leitung des Cusanuswerks mitspricht. Ich wurde dann zum ersten Vorsitzenden dieses Beirats gewählt. *Hans Tietmeyer*, kein Freund der Neuerungen, wurde stellvertretender Vorsitzender. Als der erste Leiter des Cusanuswerks, *Prälat Bernhard Hanssler*,[114] 1969 überraschend zurücktrat, gab es sogar Bestrebungen, mich zu seinem Nachfolger zu machen, was mich wieder einmal vor eine schwierige Entscheidungssituation stellte, die ich mit einem Kompromiss aufzulösen suchte: Leitung des Cusanuswerks für eine dreijährige Übergangszeit und dann Fortsetzung der wissenschaftlichen Karriere mit einer angemessenen finanziellen Entschädigung für die Karriereverzögerung. An den finanziellen Aufwendungen scheiterte der Plan, der Verband der Diözesen Deutschlands wollte sie nicht aufbringen. Ich kann nicht sagen, dass ich über diesen Ausgang unglücklich war.

[114] Bernhard Hanssler (1907–2005), Prälat, Akademikerseelsorger in der Diözese Rottenburg-Stuttgart, Begründer des Cusanuswerks.

Gleichzeitig rumorte es in einer Vielzahl von Max-Planck-Instituten. In der MPG galt nach wie vor das sogenannte Harnack-Prinzip: Der überragende Gelehrte erhält alle nötigen Mittel zur Verfolgung seiner Forschungsziele. Zu den Mitteln zählten auch die wissenschaftlichen Mitarbeiter. Im Gefolge von 1968 kam es auch hier zu Mitbestimmungs-Forderungen. Sie waren keineswegs unumstritten in den Instituten. Auch im rechtshistorischen MPI spalteten die Forderungen die Mitarbeiterschaft. Es kam zu institutsübergreifenden Aktionen. Eine Delegiertenversammlung der wissenschaftlichen Mitarbeiter trat ins Leben, und auch hier geriet ich, wohl durch ein gewisses Geschick beim Leiten von Versammlungen, an die Spitze der Gruppe, welche die Reformforderungen vertreten und mit dem Präsidenten der MPG erörtern sollte. Wie beim Cusanuswerk gelang es auch hier, ein Mitbestimmungsmodell zu verwirklichen, das ebenfalls bis heute praktiziert wird.

Ganz anders als beim Cusanuswerk hätte das Engagement in der MPG mich aber beinahe meine Stelle gekostet. Während der Generalversammlung der MPG in Berlin im Jahr 1971 veranstalteten wir eine Pressekonferenz, und da die Presse am Konflikt stärker interessiert ist als an der Harmonie, fand unsere Pressekonferenz einige Beachtung. Bei der nächsten Institutsversammlung in Frankfurt kam *Coing* darauf zu sprechen und sagte, in Berlin sei etwas Ungeheuerliches passiert: Mitarbeiter von Max-Planck-Instituten hätten sich erdreistet, während der Generalversammlung eine gegen die MPG gerichtete Pressekonferenz zu veranstalten, und, wie er erfahren habe, sei daran auch ein Mitarbeiter seines Instituts beteiligt gewesen. „Mit diesem Mitarbeiter ist eine vertrauensvolle Zusammenarbeit nicht mehr möglich.“ Ich war also auf die

Kündigung gefasst. Da rief mich *Hellmut Becker*,[115] damals Direktor des MPI für Bildungsforschung in Berlin, den ich nicht persönlich kannte, an und sagte, er höre, dass ich bei *Coing* rausflöge. „Wenn es dazu kommt, können Sie am nächsten Tag bei mir anfangen." Es kam jedoch nicht dazu, *Coing* scheute persönliche Konfrontationen. Er entband mich nur von meiner Position als sein persönlicher Assistent, aber mit der Begründung, dass ich mehr Zeit für meine Habilitation haben solle.

L: Eigentlich konnte das mit *Coing* nicht gut gehen: *Coing* als Privatrechtler, Sie wollten ins Öffentliche Recht, *Coing* war zudem Naturrechtler.[116]

G: *Coing* war in der Tat Privatrechtler, Erbrecht war sein Spezialgebiet im geltenden Recht; die Rechtsgeschichte, die er betrieb, war Privatrechtsgeschichte, und das Projekt des MPI, an dem sämtliche Mitarbeiter beteiligt waren, war ein „Handbuch der Quellen und Literatur der neueren europäischen Privatrechtsgeschichte".[117] Es sollte die Grundlage für die vergleichenden Forschungen bilden, die zu einer Wiederherstellung der Rechtseinheit in Europa beitragen konnten. *Coing* war aber offen genug zu erkennen, dass der aufkommende Konstitutionalismus Rückwirkungen auf das Privatrecht haben müsse, und das

---

115 Hellmut Becker (1913–1993), Jurist und Bildungswissenschaftler, Gründer und Direktor des Max-Planck-Instituts für Bildungsforschung in Berlin; Sohn des Orientalisten und preußischen Kultusministers *C.H. Becker.*

116 Näher *Lena Foljanty,* Recht oder Gesetz. Juristische Identität und Autorität in den Naturrechtsdebatten der Nachkriegszeit, 2013, S. 175–187.

117 *Helmut Coing* (Hrsg.), Handbuch der Quellen und Literatur der neueren europäischen Privatrechtsgeschichte, 3 Bde. 8 Tlbde., 1973–1988.

zu erforschen, wurde meine Institutsaufgabe. Erst viel später, 2014, als *Coings* Lebensbericht[118] posthum veröffentlicht wurde, erfuhr ich, dass er anfangs selbst mit dem öffentlichen Recht geliebäugelt hatte, sich aber nicht für das öffentliche Recht des Nationalsozialismus hergeben wollte.

Schwerer als die Fächerdifferenz wog aber wohl die Methodendifferenz. Als sich in der Geschichtswissenschaft die Wende zur Gesellschaftsgeschichte vollzog – Gesellschaftsgeschichte nicht verstanden als eine Bereichsgeschichte wie, sagen wir, die Militärgeschichte oder die Wirtschaftsgeschichte, sondern als Methode der Geschichtsschreibung, mit der historische Entwicklungen aus ihrer Einbettung in soziale Strukturen und Prozesse verstanden und gedeutet wurden –, ließ das auch die Rechtsgeschichte nicht unberührt. Im Frankfurter MPI begannen Methodendiskussionen zwischen denen, die weiter dem traditionellen Verständnis von Rechtsgeschichte folgten, das Recht aus der Binnenperspektive betrachteten und eine unkontextualisierte Geschichte der Rechtsideen oder der juristischen Dogmen betrieben, und denen, die ein adäquates Verständnis rechtlicher Phänomene und Entwicklungen nur von einem kontextualisierten Vorgehen erwarteten. Die Trennlinie verlief nicht unähnlich derjenigen, die in der Reformdiskussion die Verfechter des Harnack-Prinzips und die Mitbestimmungs-Befürworter trennte. Ich selbst war auch hier recht eindeutig auf der gesellschaftsgeschichtlichen Seite positioniert. Als auf Bielefelder Initiative die Zeitschrift „Ge-

118 *Helmut Coing*, Für Wissenschaft und Künste. Lebensbericht eines europäischen Rechtsgelehrten, hrsg. von Michael F. Feldkamp, 2014.

schichte und Gesellschaft" als Alternative zur „Historischen Zeitschrift" gegründet wurde, schrieb ich an *Hans-Ulrich Wehler*,[119] dass zu den Determinanten geschichtlicher Entwicklungen, die eine sozialhistorisch vorgehende Geschichtswissenschaft berücksichtigen müsse, auch das Recht gehöre, so dass es in der Konzeption (und vielleicht auch im Herausgeber-Gremium) der Zeitschrift seinen Platz haben müsse. Eine Antwort erhielt ich damals nicht. *Wehler* selbst blendete das Recht aus seiner auf die Erfassung der gesellschaftlichen Totalität angelegten Gesellschaftsgeschichte weitgehend aus, was ich ihm später, als wir uns schon gut kannten, in dem Kolloquium zu seinem 65. Geburtstag 1996 im ZiF vorhielt.[120] *Wehler* reagierte darauf, honorig wie er war, im Vorwort zum vierten Band seiner „Deutschen Gesellschaftsgeschichte",[121] erkannte die Kritik als berechtigt an, erklärte aber, dass er sich den rechtlichen Aspekten der Gesellschaftsgeschichte nicht gewachsen gefühlt habe.

R: Als ein Beitrag zum Methodendiskurs und vielleicht auch als Produkt der Diskussionen am MPI entstand Ihr Aufsatz „Methode als Machtfaktor", der nach dem Ende Ihrer Frankfurter Zeit erschien.[122] Welche Reaktionen ha-

[119] Hans-Ulrich Wehler (1931–2014), Professor für Allgemeine Geschichte mit besonderer Berücksichtigung der Geschichte des 19. und 20. Jh. an der Universität Bielefeld.

[120] *Dieter Grimm,* Die Bedeutung des Rechts in der Gesellschaftsgeschichte. Eine Anfrage, in: P. Nolte u. a. (Hrsg.), Perspektiven der Gesellschaftsgeschichte, 2000, S. 47–57.

[121] *Hans-Ulrich Wehler,* Deutsche Gesellschaftsgeschichte, Bd. 4: Vom Beginn des Ersten Weltkriegs bis zur Gründung der beiden deutschen Staaten 1914–1949, 2003.

[122] *Dieter Grimm,* Methode als Machtfaktor, in: Festschrift für Helmut Coing, Band 1, 1982, S. 469 (wieder abgedruckt in *Dieter Grimm,* Recht und Staat der bürgerlichen Gesellschaft, 1987, S. 347).

ben Sie darauf bekommen? Sie beginnen ja auch dort mit privatrechtlichen Methoden und gehen dann ins öffentliche Recht.

G: Der Aufsatz erschien in der Festschrift zu *Coings* 70. Geburtstag 1982. Ich kann mich nicht entsinnen, dass er damals Reaktionen hervorrief. Erst in jüngerer Zeit wird er häufiger zitiert. Zur Entstehungszeit blieb es still.

W: Weil er politisch auch ein gewisser Sprengstoff war ...

L: Und wenn man Ihre persönliche Geschichte mit *Coing* kennt, hatte der Titel auch noch einen doppelten Boden ...

G: Mag sein. Aber *Coings* Stellvertreter, *Walter Wilhelm*, hatte in seiner Dissertation bei *Coing* ja schon ein ähnliches Thema behandelt, die Herkunft der Methode *Labands* aus der Privatrechtswissenschaft.[123]

R: Mit der Methodendiskussion sind wir schon mitten im Problem der Interdisziplinarität, mit dem Sie sich in Ihrer Zeit am MPI ja auch beschäftigt haben.

G: Die Forderung nach Interdisziplinarität war älter als die 68er Bewegung. Sie stand im Zusammenhang mit den Diskussionen der frühen sechziger Jahre über Bildungs- und Hochschulreform. Sie gewann durch 1968 an Schubkraft. In den Reformbestrebungen für die Juristenausbildung wurde sie aufgegriffen. Die meisten Pläne für die Gründung neuer Universitäten formulierten Interdisziplinarität als Ziel. Ich selbst war bereits durch mein Doppelstudium auf interdisziplinäres Arbeiten vorbereitet und versuchte es sowohl für die Rechtsgeschichte als auch für das öffentliche Recht fruchtbar zu machen. Die Forderung war aber sehr umstritten. Viele verstanden sie als

[123] Siehe oben Fn. 111.

Versuch, die Autonomie des Rechts und der Rechtswissenschaft zu beseitigen und Recht und Juristen in den Dienst von Gesellschaftsveränderungen zu stellen und damit sogar den Rechtsstaat zu gefährden. Ich selbst hatte diese Sorge nicht, wenngleich es solche Bestrebungen tatsächlich gab. In meiner Frankfurter Antrittsvorlesung[124] ging ich darauf ein. Mir schien Interdisziplinarität im Gegenteil die Relevanz von Recht und Rechtswissenschaft zu erhöhen, sowohl was die Anschlussfähigkeit für andere Disziplinen als auch die Kapazität des Rechts zur Lösung neuartiger Probleme betraf.

Nun kam mir entgegen, dass ich in diesen Jahren einen kleinen Nebenjob hatte. Der bis dahin wenig hervorgetretene Verlag Gehlen in Bad Homburg hatte einen neuen Verlagsleiter bekommen, *Dietrich Pinkerneil,* der große Pläne, besonders im Bereich der Rechtswissenschaft, hatte. Er suchte deswegen einen Berater und fragte *Wolfgang Kilian,*[125] damals Assistent an der Frankfurter Fakultät, der sich die Sache aber nicht zutraute. Er sagte *Pinkerneil*, wenn es jemanden gebe, der das könne, sei ich es. Ich hatte also Ideen für juristische Publikationen zu produzieren und gleichzeitig dazu passende Autoren vorzuschlagen. Gehlen wurde *Pinkerneil* schnell zu eng und er gründete den Athenäum-Verlag in Frankfurt. Die Beratertätigkeit gab mir die Möglichkeit, auch selbst etwas ins Verlagsprogramm zu bringen. Mit *Norbert Reich* rief ich eine Schriftenreihe ins Leben, die die von der Rechtswissenschaft vernachlässigte Rechtspolitik stärker akzentuieren sollte.

---

[124] *Dieter Grimm,* Reformalisierung des Rechtsstaats als Demokratiepostulat?, JuS 1980, S. 704, wieder abgedruckt in: O. Eberl (Hrsg.), Transnationalisierung der Volkssouveränität, 2011, S. 19.

[125] Wolfgang Kilian (geb. 1939), Professor für Zivilrecht und Rechtsinformatik an der Universität Hannover.

Bedeutende Gesetzgebungsvorhaben wie die Eherechtsreform, die GmbH-Reform etc. wurden interdisziplinär diskutiert.

Mein eigenes und mir besonders wichtiges Projekt war aber „Rechtswissenschaft und Nachbarwissenschaften". Es ging mir darum, das Misstrauen gegen Interdisziplinarität abzubauen und zu zeigen, dass und wie Interdisziplinarität zum Nutzen des Rechts praktiziert werden könnte. Zu den verschiedenen Rechtsgebieten sollten sich jeweils ein Jurist und ein Vertreter der Nachbardisziplin äußern. Ich selbst verfasste die Beiträge über „Staatsrechtslehre und Politikwissenschaft" mit *Kurt Sontheimer* als Koautor und „Rechtswissenschaft und Geschichte" mit *Hans Fenske*[126] als Koautor. Der erste Band erschien nach langer und schwieriger Vorbereitungszeit 1973 bei Athenäum. Als der zweite Band fertig war, war auch der Athenäum-Verlag fertig, will sagen, er ging in Konkurs. C.H. Beck übernahm dann das Projekt und brachte beide Bände 1976 in der sogenannten „Schwarzen Reihe" heraus.[127] Mit diesem Unterfangen hatte ich einen Namen. Über „Rechtswissenschaft und Nachbarwissenschaften" wurde viel gesprochen.

R: Sie hatten also am MPI neben den Institutsaufgaben auch genügend Zeit für eigene Projekte?

G: Ja, obwohl es sicher nicht ausdrücklich so eingerichtet war. Aber *Coing*, der selber ein ungeheuer disziplinierter Arbeiter war, lag es doch nicht, andere anzutreiben. Es obwaltete eine gewisse Gemächlichkeit, nicht im

---

[126] Hans Fenske (geb. 1936), Professor für Neuere und Neueste Geschichte an der Universität Freiburg i. Br.

[127] Dieter Grimm (Hrsg.), Rechtswissenschaft und Nachbarwissenschaften, 2 Bde., 1. Bd. 1. Aufl. 1973, 2. Aufl. 1976, 2. Bd. 1976.

Sinn des Faulenzens, mit Ausnahme der einen oder anderen Fehlbesetzung waren alle Mitarbeiter durchaus ehrgeizig. Aber das Handbuchprojekt zog und zog sich. Die Beiträge der Mitarbeiter wurden länger und länger, die vielen Kapitel, die an ausländische Gelehrte vergeben waren, trafen zögerlich ein. Das ließ viel Spielraum bei der Disposition über die eigene Zeiteinteilung.

Insgesamt war ich viel zu lange am Institut, und das hing mit dieser Situation zusammen. Als vorläufiges Ziel hatte ich mir ja nur die Promotion gesetzt. Aber die war kurz vor Ende des Sommersemesters 1971 unter Dach und Fach. Frau *Staff*, das erste weibliche Mitglied der Staatsrechtslehrer-Vereinigung,[128] *Jaenicke* und *Coing* prüften eine Gruppe von Doktoranden im Rigorosum. An die Prüfung bei *Ilse Staff* erinnere ich mich, weil wir über das kurz zuvor erschienene Buch „Staat der Industriegesellschaft" von *Forsthoff* – eine Art Lieblingsgegner in meinen frühen Schriften – sprachen.[129]

Nun musste eine Berufsentscheidung getroffen werden. Meines Vaters sehnlichster Wunsch war es, dass ich die Familientradition fortsetzte und zur Bahn ging. Da wäre ich Bundesbahnrat und vielleicht sogar einmal Präsident einer Bundesbahndirektion geworden. Ich war zu dieser Zeit aber bereits zu einer akademischen Karriere entschlossen, ohne genau sagen zu können, wann dieser Entschluss gereift war. Meinem Vater nutzte auch der letzte Trumpf nichts, der lebenslange Freifahrtschein Erster

[128] Ilse Staff (geb. 1928), Professorin für Öffentliches Recht an der Universität Frankfurt.

[129] *Ernst Forsthoff*, Der Staat der Industriegesellschaft, 1971. Ernst Forsthoff (1902–1974). Professor für Öffentliches Recht an den Universitäten Frankfurt a.M., Hamburg, Königsberg, Wien und Heidelberg.

Klasse, mit dem er mich ködern wollte. Es war mir aber eine Genugtuung, dass ich ihm einen solchen Freifahrtschein präsentieren konnte, nachdem ich zum Verfassungsrichter gewählt worden war. Ich blieb also am Institut, jetzt mit dem Ziel der Habilitation, auch das aber länger als gedacht. Zeitweise ließ ich die Habilitation schleifen, weil ich annahm, sie werde als Voraussetzung für eine Berufung abgeschafft.

Andererseits verdanke ich der langen Zeit am MPI viel, nicht nur Freundschaften, die bis heute anhalten, etwa mit *Heinz Mohnhaupt* und *Klaus Luig*,[130] sondern auch die Muße, nicht nur zweckorientiert arbeiten zu müssen, sondern ein relativ breites Wissensfundament anlegen zu können. Nicht zu vergessen auch die vielen internationalen Kontakte, die das MPI ermöglichte. Es war ja nicht nur die Ausrichtung des Instituts international und brachte viele ausländische Gelehrte ins Haus, dazu einen hochrangigen internationalen Beirat. Auch die Rechtsgeschichte als Fach, namentlich der romanistische Zweig, war weit offener als damals das öffentliche Recht. Es gab viele interessante Tagungen im Ausland. Auf dem Weltkongress für Rechtsvergleichung 1970 in Pescara, der auch eine rechtshistorische Sektion hatte (ich trug aber in der verfassungsrechtlichen Abteilung vor), lernte ich meine Frau kennen, die in Wien Assistentin am Institut für zivilgerichtliches Verfahren war.[131] Wir heirateten dann 1972 in der Hoffnung, nach

---

[130] Klaus Luig (geb. 1935), Professor für Rechtsgeschichte an den Universitäten Passau und Köln.

[131] Ena-Marlis Bajons (geb. 1943), Professorin für Zivilprozessrecht und Rechtsvergleichung an der Universität Wien und nach der Emeritierung an der Universität Trient.

der Habilitation schnell an ein und derselben Universität zu landen.

L: Worum ging es in Ihrer Habilitation?

G: Mir lag daran, meine Aufgabe im MPI möglichst mit der Habilitationsschrift zu verbinden. Für das schon erwähnte Handbuch der Quellen und Literatur der neueren europäischen Privatrechtsgeschichte[132] hatte ich einen Abschnitt über „Verfassung und Privatrecht" zu schreiben. Dieses Thema machte ich mit *Coings* Einverständnis auch zu meinem Habilitationsprojekt. Die Themenwahl war aber keineswegs rein pragmatisch motiviert. Ich fand die Fragestellung reizvoll. Sie war gewissermaßen intradisziplinär, aber angesichts der scharfen Grenze, die zwischen dem Privatrecht und dem öffentlichen Recht verlief, selten gestellt. Es gab *Leisners*[133] Habilitationsschrift über „Grundrechte und Privatrecht" von 1960 und einige Schriften zur Abgrenzung von Privatrecht und öffentlichem Recht, während mein Interesse gerade der Wechselwirkung galt. Handbuchbeitrag und Habilitationsschrift waren aber keineswegs identisch. Im Handbuch mussten ganz Europa und das ganze 19. Jahrhundert behandelt werden, und das in einer eher referierenden als analysierenden Art. Ich drängte also die Kernfragen in eine kurze Einleitung zusammen, in der es unter anderem hieß: „Insofern wie Verfassungen den Anspruch erhoben, die normative Grundlage und Grenze der gesamten Staatstätigkeit zu sein, an der sich insbesondere auch die Rechtsetzung zu orientieren hatte, werden sie zugleich zum Datum für die Privatrechtsgeschichte. Diese erhält dadurch eine neue Dimension. Zwar lässt sich das Privat-

---

[132] Siehe oben Fn. 117.

[133] *Walter Leisner*, Grundrechte und Privatrecht, 1960.

recht zu keiner Zeit isoliert von der sozialen Wirklichkeit und den politischen Ordnungsvorstellungen verstehen. Mit den Verfassungen tritt aber ein Faktor hinzu, der innerhalb des Rechtssystems selbst vermittels seiner Höherrangigkeit prägend auf das Privatrecht einwirkt." Dann folgen auf gut 150 Seiten die Darstellung der Entwicklung in den verschiedenen europäischen Staaten mitsamt einer Verfassungschronologie für Europa und einem gut 40-seitigen Quellenteil. Das war damals Neuland. Einen solchen Vergleich gab es nicht, und auch das Verhältnis von Verfassung und Privatrecht war kein Gegenstand der rechtsgeschichtlichen Literatur.

Die Habilitationsschrift ist demgegenüber der Frage gewidmet, die im Handbuch nur als Einleitung erscheint, und wird paradigmatisch für Frankreich, Deutschland und Österreich untersucht; England und Amerika kommen gelegentlich zu Vergleichszwecken ins Bild. Das Vorhaben erforderte umfängliche Quellenlektüre, ich las zum Beispiel die gesamten Verfassungsdebatten der Französischen Revolution in der Revolutionsepoche sowie die Quellen zu den Vorarbeiten an den Privatrechtskodifikationen. Ich erinnere mich an die Quellenlektüre, so mühsam sie bisweilen war, mit Vergnügen. Der Hauch des historischen Geschehens weht einen an, wenn man den Debatten folgt und die Akteure vor dem geistigen Auge Gestalt annehmen sieht. Ich begrenzte die Habilitationsschrift auf den Zeitraum vom Ursprung des Verfassungsstaats bis zur Restauration, also die Jahre 1776 bis 1820. Für die weitere Entwicklung im 19. Jahrhundert war ein zweiter Band vorgesehen, der aber auf der Strecke blieb, und das ist der Grund, warum die Habilitationsschrift bisher nicht veröffentlicht wurde.[134]

L: „Verfassung und Privatrecht" ist ein weites Feld. Haben Sie sich auf bestimmte Teilbereiche konzentrieren können? Also stärker Vertragsrecht oder stärker Deliktsrecht?

G: Nein, es ging mir um das Grundverhältnis der beiden und um spezielle Rechtsgebiete nur exemplarisch in diesem Rahmen. Es ging um die Umstellung der Rechtsordnung von einem vorgegebenen materialen Gemeinwohl auf ein prozedurales, aus der gesellschaftlichen Selbstregulierung sich ergebendes Gemeinwohl, die damit verbundene verfassungsinduzierte Umstellung der Rechtsordnung von objektiven Pflichten auf subjektive Rechte, von einem vorgegebenen Tugendideal auf Privatautonomie, um die damit verbundene Umkehrung der Rangfolge von öffentlichem und privatem Recht. Das Bürgertum konzipierte seine Ordnung vom Privatrecht her, das öffentliche Recht übernimmt nur die Sicherung des Privaten. Die Verfassung, obwohl höherrangig, besitzt diesen Rang lediglich im Interesse des desto sichereren Schutzes des Privatrechts, das, was ich die „Privatrechtsakzessorietät der Verfassung" genannt habe.

Dabei war natürlich auch zu bedenken, dass sich in Deutschland und Österreich der Verfassungsstaat nur mit Verzögerung und in verminderter Form durchsetzte, aber

---

[134] Vgl. aber *Dieter Grimm*, Deutsche Verfassungsgeschichte 1776–1866, 1988. Als gedrängte Zusammenfassung kann auch gelten *Dieter Grimm*, Grundrechte und Privatrecht in der bürgerlichen Sozialordnung, in: G. Birtsch (Hrsg.), Grund- und Freiheitsrechte im Wandel der Gesellschaft und Geschichte, 1981, S. 359–375, auch in *Dieter Grimm*, Recht und Staat der bürgerlichen Gesellschaft, 1987, S. 192–211.

gleichwohl ein bürgerliches Privatrecht entstand, in Österreich schon frühzeitig durch das ABGB, in Deutschland eher durch Einzelreformen, so dass sich die Frage stellte, ob und inwieweit das Privatrecht Funktionen übernehmen konnte, die in Frankreich der Verfassung zufielen. Frankreich bleibt aber das Musterland mit seiner im *Code Civil* gipfelnden Erneuerung der gesamten Rechtsordnung.

W: Der *Code Civil* ist eine Frucht französischer Verfassungsänderung, der Revolution. Im Grunde ist es doch so, dass die französischen Revolutionsverfassungen über den *Code Civil* in den französischen Gebieten Deutschlands Veränderungen bringen.

G: Es ist interessant zu beobachten, wie sich das vollzieht. Wo deutsche Territorien im Lauf der Revolution französisch wurden, galt ohnehin der *Code Civil,* und die Bevölkerung verteidigte ihn hartnäckig nach dem Ende der französischen Herrschaft. Von den Rheinbund-Staaten wurde die Einführung eines modernen bürgerlichen Privatrechts erwartet, doch übernahm nur Baden den *Code Napoleon*, das aber auf eine merkwürdige Weise. Die Einführung eines modernen bürgerlichen Gesetzbuchs stieß dort ja auf eine Feudalgesellschaft, die erst halb abgelöst war. Daher findet man im badischen *Code Civil* im Kleindruck diejenigen Bestandteile des badischen Rechts, die noch galten, obwohl sie dem Privatrechtsgesetzbuch widersprachen. Einen anderen Weg beschritt Österreich, das ohne napoleonischen Druck 1811 eine moderne Privatrechtskodifikation erhielt, aber ebenfalls, ohne dass zuvor das Feudalsystem abgeschafft worden war. Deswegen bestimmte das ABGB, dass es nur insoweit Anwendung finde, als altes Recht nicht entgegenstehe.[135] Das ABGB war also bei seinem Inkrafttreten in großen Teilen eine Verheißung für die Zukunft, die sich erst wesentlich später verwirklichte, als mit der Verfassung von 1867 die Reste des Feudalsystems im Wesentlichen überwunden wurden und Grundrechte in Kraft traten.

L: Der *Code Civil* ist zugleich ein politisches Gesetzbuch, weil er die Gleichheits- und Freiheitsidee mit den Mitteln des Privatrechts umsetzt. Das amerikanische Privatrecht ist auch ein politisches, weil es die zentralen Verteilungs- und Zurechnungskriterien selber beantwortet und dafür nicht auf die Verfassung vertraut. Unser deutsches Privatrechtsverständnis erzeugt demgegenüber ein unpolitisches Recht, die Selbstorganisation der Gesellschaft – vertreten durch das Bürgertum –, während sich das öffentliche Recht mit den ganzen unangenehmen politischen Dingen beschäftigen muss und zugleich alles Eingreifende als politisch gilt und schon deswegen ins öffentliche Recht gezogen wird. Das ist weder in der französischen noch in der britischen noch in der amerikanischen Tradition der Fall. Wir denken immer, das Zivilrecht müsse unpolitisch sein. Je mehr man rechtsvergleichend nach außen blickt, desto skeptischer wird man in der Wahrnehmung, dass die deutsche Verteilung von Privat und Öffentlich, von Unpolitisch und Politisch so sein müsse, und ich empfinde heute eigentlich das deutsche Modell als den eher untypischen Fall unter den westlichen Rechtssystemen.

---

[135] § 11 ABGB: Nur jene Statuten einzelner Provinzen und Landesbezirke haben Gesetzeskraft, welche nach der Kundmachung dieses Gesetzbuches von dem Landesfürsten ausdrücklich bestätigt werden.

G: Aber in der Zeit, als das bürgerliche Privatrechtsverständnis sich in Deutschland durchsetzte, im frühen 19. Jahrhundert also, war es gerade ein politischer Akt, das Privatrecht als unpolitisches Recht auszugeben, damit die Politik, die den Liberalismus noch nicht auf ihre Fahnen geschrieben hatte, vom Privatrecht ferngehalten werden konnte. Das Kalkül konnte aufgehen, weil die Privatrechtswissenschaft des 19. Jahrhunderts das Partikularrecht konsequent ignorierte und das gemeine Recht im liberalen Sinn systematisierte und fortentwickelte.

Nebenbei gesagt: Ich habe meine Skrupel überwunden und bin entschlossen, die Habilitationsschrift doch noch zu publizieren, aber so, wie sie 1978 abgeschlossen wurde.

L: Wir freuen uns schon auf das Buch. Worum ging es in Ihrem Habilitationskolloquium und wie ging es danach weiter?

G: Da ich die Habilitationsschrift im MPI geschrieben hatte, lag es nahe, ja es war eigentlich ausgemacht, dass *Coing* als Erstgutachter fungierte. Als ich ihm die Arbeit überreichte, sagte er: „Sie wollen ja ins Öffentliche Recht. Da ist doch der junge Kollege *Stolleis*. Ist es nicht sinnvoller, dass er das Erstgutachten schreibt und ich das Zweitgutachten übernehme?" Das Argument war fürsorglich verpackt, aber ich bin ziemlich sicher, dass er nicht gern mit mir in Zusammenhang gebracht werden wollte. *Stolleis* lieferte das Erstgutachten. *Coings* Zweitgutachten kenne ich bis heute nicht. Für das Habilitationskolloquium entschuldigte er sich mit dringenden Verpflichtungen und dem Bemerken, auch sein Lehrer *Genzmer*[136] sei bei seiner Habilitation nicht anwesend ge-

---

[136] Erich Genzmer (1893–1970), Professor für Rechtsgeschichte an den Universitäten Königsberg, Frankfurt a. M. und Hamburg.

wesen. Das Kolloquium fand Mitte Februar 1979 statt. Da ich wenig Verwaltungsrechtliches aufzuweisen hatte, war es klar, dass ich einen verwaltungsrechtlichen Vortrag halten würde. Es ging um „Betroffenheit als verwaltungsrechtliche Kategorie". Diesen Vortrag habe ich ebenfalls nicht veröffentlicht, aber diesmal nicht, weil ich ihn ausweiten wollte, sondern weil ich ihn nicht für ein Meisterwerk hielt. Er entstand unter erheblichem Druck, an dem das in Bielefeld laufende Berufungsverfahren nicht unbeteiligt war. Man lud mich zu einem Probevortrag nach Bielefeld wenige Tage vor dem Habilitationsvortrag in Frankfurt ein. Auf meine Erwiderung, dass ich an dem unmittelbar bevorstehenden Habilitationsvortrag arbeite, hieß es: „Wollen Sie nach Bielefeld berufen werden oder nicht?" Dieser Vortrag, ein staatsrechtlicher, war auch nach meinem eigenen Eindruck gelungen, er ging später in meinen Beitrag über politische Parteien in dem Handbuch von *Benda/Maihofer/Vogel*[137] ein. Unmittelbar nachdem mir die Frankfurter Fakultät die *venia legendi* für die Fächer deutsches und ausländisches Öffentliches Recht, Rechts- und Verfassungsgeschichte der Neuzeit und Rechtstheorie (dazu kam auf Betreiben von *Kurt Shell*[138] im Wege der Anschlusshabilitation im Fachbereich Gesellschaftswissenschaften noch die *venia legendi* für Politikwissenschaft) erteilt hatte, musste ich in Bielefeld anrufen. Noch am selben Abend wurde dort die Liste beschlossen, in der ich auf Platz 1 stand.

---

[137] *Dieter Grimm*, Politische Parteien, in: Ernst Benda/Werner Maihofer/Hans-Jochen Vogel (Hrsg.), Handbuch des Verfassungsrechts der Bundesrepublik Deutschland, 2. Aufl. 1994, § 14 (S. 599 ff.).

[138] Kurt Shell (geb. 1920), Professor für Politikwissenschaft an der Universität Frankfurt.

V. Bielefeld

W: War die Stelle in Bielefeld die Böckenförde-Nachfolge?

G: Ja, *Böckenförde* hatte Bielefeld bereits 1977 verlassen. Der erste Versuch, die Stelle wieder zu besetzen, war fehlgeschlagen. Wenn meine Erinnerung nicht trügt, hatte der Erstplatzierte den Ruf abgelehnt, und an die weiteren war kein Ruf ergangen, weil die Fakultät sie nicht wirklich wollte. Sie wartete lieber auf jemanden, der in den Grundlagenfächern gut ausgewiesen war.

L: Weil die Fakultät schon eine interdisziplinäre Orientierung hatte? Denn eine normale Juristische Fakultät sucht doch eigentlich immer den perfekten Kollegen für die Große Übung – und der waren Sie ja jetzt nicht.

G: Das war ich in der Tat nicht. Aber *Böckenförde* war es auch nicht gewesen. Im geltenden Recht stand für uns beide das Verfassungsrecht im Vordergrund. In den Grundlagenfächern teilten wir das Interesse an der Geschichte, unterschieden uns aber im zweiten Fach, bei *Böckenförde* war es die Philosophie, bei mir die Politikwissenschaft und damit eine stärker empirisch geprägte Disziplin.

Dass die Fakultät sich Mitglieder mit dieser Ausrichtung leistete, lag sicher an ihrer Zusammensetzung. Bielefeld war unter den Universitätsgründungen der sechziger und siebziger Jahre diejenige, welche mit einer Vielzahl bereits arrivierter Wissenschaftler begann. Das erklärt sich wiederum aus der Entstehungsgeschichte der Universität. Bielefeld war als Reform-Universität geplant. Zu dem Plan gehörte, dass Lehrsemester und Forschungssemester sich abwechseln sollten. Das machte eine junge Universität auch für ältere Professoren attraktiv. Und die Interdisziplinarität spielte in dem Plan, der im Wesentlichen von *Schelsky*[139] stammte, eine große Rolle. Das wirkte sich auch auf die Berufungen aus. Die Aufgeschlossenheit für Interdisziplinarität war vergleichsweise hoch, und hoch war auch die Qualität der Juristischen Fakultät. Man denke nur an die große Zahl der Max-Planck-Direktoren, die zuvor in Bielefeld gelehrt hatten, *Mestmäcker,*[140] *Frowein,*[141] *Eser.*[142] Und an Fakultätsmitgliedern, die vorwiegend dogmatisch arbeiteten, fehlte es ja nicht,

[139] Helmut Schelsky (1912–1984), Professor für Soziologie an den Universitäten Hamburg, Münster und Bielefeld.

[140] Ernst-Joachim Mestmäcker (geb. 1926), Professor für Wirtschaftsrecht an den Universitäten Saarbrücken, Münster, Bielefeld und Hamburg, 1967–1969 Gründungsrektor der Universität Bielefeld, 1979–1994 Direktor des Max-Planck-Institut für ausländisches und internationales Privatrecht, Hamburg, Mitglied des Ordens Pour le Mérite.

[141] Jochen Abr. Frowein (geb. 1934), Professor für Staats- und Völkerrecht an den Universitäten Bochum, Bielefeld und Heidelberg, 1981–2002 Direktor des Max-Planck-Instituts für ausländisches öffentliches Recht und Völkerrecht, Heidelberg, 1973–1993 Mitglied der Europäischen Kommission für Menschenrechte, Straßburg (ein dem Rechtsschutz vor dem EGMR damals vorgeschaltetes, 1998 abgeschafftes Organ des Europarats).

[142] Albin Eser (geb. 1935), Professor für Strafrecht an den Universitäten Bielefeld, Tübingen und Freiburg, 1928–2003 Direktor des Max-Planck-Instituts für ausländisches und internationales Strafrecht, Freiburg i. Br.

anfangs *Blümel*[143] und *Brohm*,[144] dann als ich kam, *Papier*,[145] *Steiner*[146] und *Skouris*,[147] später *Oldiges*[148] und *Krebs*.[149]

W: Das heißt, dass Sie koinzident mit dem Habilitationsverfahren sofort eine Stelle bekamen. Vertretungen, Bewerbungsphasen gab es nicht. Damals war es ja wahrscheinlich noch problematischer als heute, sich vor Abschluss des Verfahrens zu bewerben.

G: Es war in der Tat prekärer als heute. Dennoch hatte ich mich ein paarmal beworben, und zwar gerade bei neugegründeten Fakultäten, die die einstufige Juristenausbildung ausprobierten und dabei Wert auf Interdisziplinarität legten. Besonders gut ist mir die Bewerbung in Hannover in Erinnerung, nämlich durch ihr kurioses

---

[143] Willi Blümel (1929–2015), Professor für Öffentliches Recht an der Freien Universität Berlin, der Universität Bielefeld und an der Deutschen Hochschule für Verwaltungswissenschaften in Speyer.

[144] Winfried Brohm (1932–2012), Professor für Öffentliches Recht an den Universitäten Bielefeld und Konstanz.

[145] Hans-Jürgen Papier (geb. 1943), Professor für Öffentliches Recht an den Universitäten Bielefeld und München, 1998–2010 Vizepräsident des Bundesverfassungsgerichts und Vorsitzender des Ersten Senats, 2002–2010 Präsident des Bundesverfassungsgerichts.

[146] Udo Steiner (geb. 1939), Professor für Öffentliches Recht an den Universitäten Erlangen, Göttingen, Bielefeld und Regensburg, 1995–2007 Richter des Ersten Senats des Bundesverfassungsgerichts.

[147] Vassilios Skouris (geb. 1948), Professor für Öffentliches Recht an den Universitäten Bielefeld (1979–1983) und Thessaloniki, 2003–2015 Präsident des Europäischen Gerichtshofs.

[148] Martin Oldiges (1940–2016), Professor für Öffentliches Recht an den Universitäten Bielefeld (1980–1993) und Leipzig.

[149] Walter Krebs (geb. 1946), Professor für Öffentliches Recht an den Universitäten Bielefeld, Münster und an der Freien Universität Berlin.

Ende. Dort gelangte ich auf Platz zwei der Liste. Doch wurde diese der Errichtungskommission ohne Begründung zurückgegeben, nach Recherchen der Süddeutschen Zeitung, weil nach Ansicht der FDP alle drei Platzierten „orthodoxe Kommunisten" waren. Auch in Bielefeld hatte ich eine Bewerbung eingereicht, war also schon im Rennen, als die erste Liste für die Böckenförde-Nachfolge scheiterte.

Ich besaß auch bereits einige Lehrerfahrung. Mein schon erwähnter Freund *Peter Haungs*, der Politikwissenschaft in Trier lehrte, bot mir an, dort einen Lehrauftrag wahrzunehmen. *Coing*, der, abgestoßen von den 68er Ereignissen in Frankfurt, jeden Kontakt zwischen dem MPI und der Universität mied, hatte nichts dagegen. Trier war weit genug weg von Frankfurt. Für einige Jahre reiste ich also jeden Mittwochmittag nach Trier, hielt dort Vorlesungen oder Seminare, meist über das Regierungssystem der Bundesrepublik oder Staatstheorie, und kehrte abends mit dem letzten Zug nach Frankfurt zurück. Ein Semester lang vertrat ich auch einen politikwissenschaftlichen Lehrstuhl in Trier, und trotz *Coings* Aversion gegen die Frankfurter Universität kam es sogar zu einer Vertretung in Frankfurt, nämlich des rechtsgeschichtlichen Lehrstuhls von *Dieter Simon*. Manche meiner MPI-Kollegen waren dadurch irritiert, weil sie glaubten, sie seien näher an der Rechtsgeschichte als ich. Aber wahrscheinlich war ich der Simonschen Rechtgeschichte etwas näher als manche meiner Kollegen am Institut.

Im Februar 1979 war es dann aber so, wie Sie sagten: Der Abschluss des Habilitationsverfahrens in Frankfurt und der Beschluss der Berufungsliste in Bielefeld erfolgten am selben Tag.

R: Wie hat Ihnen das Leben in Bielefeld gefallen?

G: Die Stadt gefiel mir nicht besonders. Ich wohnte dann auch nicht in Bielefeld selbst, sondern in Halle, einem kleinen unverfälscht westfälischen Städtchen auf der anderen Seite des Teutoburger Waldes, aber keine zwanzig Minuten von der Universität entfernt. Die Universität kam dagegen meinen Neigungen sehr entgegen. Ich erwähnte ja schon die Bedeutung der Interdisziplinarität für das Grundkonzept. Das kam auch äußerlich in der Architektur zum Ausdruck. Die Universität bestand aus einem einzigen, freilich riesigen Gebäude, das Begegnungen begünstigte. Das Erdgeschoss nahm die „Große Halle des Volkes" auf, an der sämtliche Hörsäle lagen, dazu das Audimax am einen Ende, ein Schwimmbad am anderen, ferner befanden sich dort die Mensa, ein weiteres Restaurant, ein Postamt, eine Bank, Läden und so weiter. Es war so gut wie sicher, dass man Kollegen anderer Fakultäten begegnete, wenn man in die Halle ging. Durch den gesamten ersten Stock zog sich die Universitätsbibliothek, die Fachbibliotheken jeweils unterhalb der entsprechenden Fakultät, aber ohne Abgrenzungen gegeneinander. Auf Institutsbibliotheken hatte man ausdrücklich verzichtet. Die Universitätsbibliothek war 24 Stunden geöffnet.

W: Ich habe einmal in den Ferien – heimatnah – eine Hausarbeit im Strafrecht dort geschrieben – die Buchausstattung war exzellent.

G: Bielefeld war eine Universität der kurzen Wege und der mühelosen Übergänge zwischen den Disziplinen. Zusätzlich gab das Zentrum für Interdisziplinäre Forschung der Universität ein spezifisches Gepräge. Auch die einstufige Ausbildung war mir willkommen. Ich fand das Unterrichten im zweiten Studienabschnitt relevanter, nachdem die Studenten schon ein paar Praxisstationen hinter sich hatten und über Anschauung verfügten.

R: Wie anregend war Bielefeld wissenschaftlich?

G: Vieles von dem was ich gemacht habe, wäre ohne das Bielefelder Ambiente nicht oder nicht so entstanden. Trotz des beträchtlich gestiegenen Arbeitsaufwands und Termindrucks brachte mir die Universität eine Freisetzung von Energie und angesammeltem Potential. Das begann sogleich mit einer neuen Aufgabe, dem Funkkolleg Recht. Funkkollegs als Bildungsangebot im Medienverbund gab es seit den 60er Jahren; zunächst nur im Hessischen Rundfunk, später in Zusammenarbeit mehrerer Rundfunkanstalten. Organisiert vom HR hatte auch bereits ein „Funk-Kolleg Rechtswissenschaft" stattgefunden, verfasst von *Rudolf Wiethölter* und ausgestrahlt im Winter 1967/68. Es zielte „auf eine exemplarische, kritische Beschreibung moderner Rechtsprobleme und des Problems ‚Recht' in einer politischen Gesellschaft". Es bewegte die Rechtswissenschaft stark und machte *Wiethölter* vielerorts zur *persona non grata*, freilich nicht in Frankfurt selbst. Nun wollte sich der Südwestfunk erneut an ein Funkkolleg Recht machen und gewann als Leiter des wissenschaftlichen Teams *Manfred Löwisch*[150] aus Freiburg, einen Zivilrechtler mit Schwerpunkt im Wirtschafts- und Arbeitsrecht. Für das klassische Zivilrecht warb *Löwisch Gerhard Otte*[151] aus Bielefeld an, und dieser

[150] Manfred Löwisch (geb. 1937), Professor für Bürgerliches Recht, Wirtschaftsrecht, Arbeits- und Sozialrecht an der Universität Freiburg i. Br.

[151] Gerhard Otte (geb. 1935), Professor für Deutsche Rechtsgeschichte, Bürgerliches Recht und Juristische Methodenlehre an der Universität Bielefeld.

wiederum fragte mich, ob ich das Öffentliche Recht betreuen wolle. Mich reizte die Aufgabe, und mich reizte die große Zahl von eingeschriebenen Hörern, die man erwarten durfte. Wieviel Arbeit in dem Vorhaben steckte, ahnte ich noch nicht.

Im Unterschied zu *Wiethölters* Funkkolleg war dieses stärker auf Information über das Recht und Verständnis rechtlicher Prozesse angelegt. Ich fand aber, dass ein solches Funkkolleg sich auch der Aufgabe stellen müsse, auf einige Grundfragen einzugehen, die Laien an das Recht haben, zum Beispiel, warum es möglich ist, dass man recht hat, aber nicht recht bekommt; warum ein und dieselbe Vorschrift in gleichgelagerten Fällen von einem Gericht so, von einem anderen anders verstanden wird, wie sich Recht und Gerechtigkeit zueinander verhalten. Die beiden anderen waren einverstanden, dass ein solcher Grundlagenteil hinzugefügt werden sollte. Aber das hieß, dass ich nun zwei Bereiche zu betreuen hatte, die Grundlagen und das Öffentliche Recht. „Betreuen" bedeutete, den Plan machen, Autoren gewinnen, einen Sendetext schreiben, das Begleitmaterial zusammenstellen, Prüfungsfragen formulieren etc. Meine frühe Bielefelder Zeit war auf diese Weise stark vom Funkkolleg bestimmt. Es vereitelte den Plan, sogleich nach dem Umzug nach Bielefeld den zweiten Band von „Verfassung und Privatrecht" zu schreiben. Nach aufwändigem Vorlauf wurde das Funkkolleg 1982/83 ausgestrahlt. Die Sendetexte erschienen später in drei Fischer-Taschenbüchern,[152] das Begleitmaterial erschien bei UTB in insgesamt fünf Bänden.[153]

[152] *Dieter Grimm/Manfred Löwisch/Gerhard Otte* (Hrsg.), Funk-Kolleg Recht, 3 Bde., 1985.

[153] *Dieter Grimm* (Hrsg.), Einführung in das Recht. Aufgaben, Methoden, Wirkungen, 1985, 3. Aufl. 1997; *Dieter Grimm* (Hrsg.),

Nun aber zu dem Umfeld, in dem ich mich jetzt bewegte. Zu dem stimulierenden Ambiente zähle ich vor allem den interdisziplinären Kreis, den *Reinhart Koselleck*[154] ins Leben gerufen hatte und der bereits fest etabliert war, als ich im zehnten Jahr an die Bielefelder Universität kam. Der Kreis tagte einmal monatlich im Haus eines Mitglieds, während ein anderes Mitglied dort aus „work in progress" referierte. Die Historiker bildeten den Kern der Gruppe. Bielefeld war ja damals das Mekka der modernen Geschichtswissenschaft mit dem Dreigestirn *Koselleck*, *Wehler*, *Kocka*.[155] Aber auch andere Historiker gehörten dazu, dann, nur beispielhaft, der Soziologe *Luhmann*,[156] der Politologe *Offe*,[157] der Literaturwissenschaftler *Voßkamp*,[158] nur wenige Naturwissenschaftler. Ich wurde als Böckenförde-Nachfolger ziemlich schnell kooptiert, nach meiner Erinnerung als einziger Jurist. Ich

Einführung in das öffentliche Recht: Verfassungs- und Verwaltungsrecht, 1985; *Claus Roxin/Gunther Arzt/Klaus Tiedemann*, Einführung in das Straf- und Strafprozeßrecht, 1983, 6. Aufl. 2013 (Übersetzung ins Spanische); *Gerhard Otte* (Hrsg.), Einführung in das bürgerliche Recht, 1986; *Manfred Löwisch* (Hrsg.), Einführung in das Wirtschafts-, Arbeits- und Sozialversicherungsrecht, 1985.

[154] Reinhart Koselleck (1923–2006), Professor für Geschichte an den Universitäten Bochum und Bielefeld.

[155] Jürgen Kocka (geb. 1941), Professor für Geschichte an der Universität Bielefeld (1973–1988) und an der Freien Universität Berlin.

[156] Niklas Luhmann (1927–1998), Jurist, Verwaltungswissenschaftler, Soziologe, nach Tätigkeiten in der Verwaltung 1968–1993 Professor an der Universität Bielefeld.

[157] Claus Offe (geb. 1940), Politologe und Soziologe an den Universitäten Bielefeld, Bremen und an der Humboldt Universität zu Berlin sowie an der Hertie School of Governance.

[158] Wilhelm Voßkamp (geb. 1936), Professor für Germanistik an den Universitäten Bielefeld und Köln, 1978–1982 geschäftsführender Direktor des ZiF an der Universität Bielefeld.

habe von diesen Diskussionen viel profitiert, die Kontakte beschränkten sich aber nicht auf die Abende, an denen sich der Kreis traf. Sie setzten sich auch im Universitätsalltag fort.

R: Welche Themen aus den anderen Disziplinen haben Sie in Bielefeld besonders interessiert? Wie hat Ihre Arbeit von dem interdisziplinären Austausch profitiert?

G: Für die Bielefelder Historiker mit ihrem gesellschaftswissenschaftlichen Ansatz stand in diesen Jahren das Thema „Bürgertum, bürgerliche Gesellschaft" im Vordergrund. *Jürgen Kocka* leitete eine Forschungsgruppe am Zentrum für interdisziplinäre Forschung, in die ich einbezogen war. Es gab einen SFB „Bürgertum", in dem ich Teilprojekte hatte, und Bürgertum war auch ein Thema des stark von Bielefeld beeinflussten Arbeitskreises „Moderne Sozialgeschichte", der damals als Spitze der geschichtswissenschaftlichen Forschung in Deutschland angesehen war, zweimal im Jahr in der Reimers-Stiftung in Bad Homburg tagte und in den ich auf Bielefelder Initiative eingeladen wurde.[159] Ich erinnere mich mit besonderer Achtung an *Rainer Lepsius*,[160] Ihren Vater, Herr *Lepsius*, der als Soziologe dem Kreis angehörte und sein methodologisches Gewissen bildete, scharf in der Analyse, unnachsichtig in der Kritik.

Die Bürgertumsprojekte kamen meinen rechtshistorischen Forschungen entgegen. Sie haben dadurch an Begriffsschärfe und Kontextbewusstsein enorm gewonnen.

[159] Vgl. zu diesem Arbeitskreis: *Ulrich Engelhardt*, Konzepte der „Sozialgeschichte" im Arbeitskreis für moderne Sozialgeschichte, 2007.

[160] M. Rainer Lepsius (1928–2014), Professor für Soziologie an den Universitäten Mannheim und Heidelberg.

Zur Vorbereitung der ZiF-Forschungsgruppe fand im Dezember 1985 eine Tagung statt, mit der die Tragfähigkeit der Kategorie „Bürgerlichkeit" für weitere Forschungen getestet werden sollte. Ich trug auf der Tagung über „Bürgerlichkeit im Recht" vor, der Vortrag erschien zuerst in dem Tagungsband, er leitet auch meine Aufsatzsammlung „Recht und Staat der bürgerlichen Gesellschaft" von 1987 ein.[161] Auch wenn er von Seiten der Historiker viel Kritik erfuhr – sie stießen sich wohl an der Abstraktionshöhe und Quellenarmut –, rechne ich ihn zu meinen wichtigen Publikationen. Mein Beitrag zur ZiF-Forschungsgruppe selbst war eine vergleichende Arbeit über „Die Grundrechte im Entstehungszusammenhang der bürgerlichen Gesellschaft". England, USA, Frankreich, Deutschland unter Einschluss Österreichs sowie Polen waren die Vergleichsländer.[162] Das Einleitungskapitel zu meiner „Deutschen Verfassungsgeschichte 1776–1866"[163] wäre ohne die andauernde Diskussion mit den Historikerkollegen in der Universität, im ZiF und im SFB sowie beim Arbeitskreis nicht möglich gewesen. Ja, ohne Bielefeld wäre es wohl gar nicht zu der Verfassungsgeschichte gekommen. *Hans-Ulrich Wehler* gab in diesen Jahren bei Suhrkamp die „Neue Historische Bibliothek" heraus und warb mich für eine deutsche Verfassungsgeschichte an. Wir einigten uns auf zwei Bände. Der erste wurde gerade vor meiner Wahl zum

[161] *Dieter Grimm*, Bürgerlichkeit im Recht, in: Jürgen Kocka (Hrsg.), Bürger und Bürgerlichkeit im 19. Jahrhundert, 1987, S. 149 ff, sowie in *Dieter Grimm*, Recht und Staat der bürgerlichen Gesellschaft, 1987, S. 11 ff.

[162] *Dieter Grimm*, Die Grundrechte im Entstehungszusammenhang der bürgerlichen Gesellschaft, in: Jürgen Kocka (Hrsg.), Bürgertum im 19. Jahrhundert, Bd. 1, 1988, S. 340 ff.

[163] *Dieter Grimm*, Deutsche Verfassungsgeschichte 1776–1866, 1988 (3. Aufl. 1995).

Bundesverfassungsrichter fertig und erschien 1988, danach noch in zwei weiteren Auflagen. Zum zweiten Band kam es aufgrund der Karlsruher Beschäftigung nicht mehr.

R: Mit welchem Konzept sind Sie an Ihre Verfassungsgeschichte herangegangen? Es sollte sicherlich von vornherein kein zweiter *Huber*[164] werden.

G: Das war schon aus Gründen des Umfangs ausgeschlossen. *Huber* hat 7 Bände geschrieben, jeder um die 1000 Seiten. Es ist ein phänomenales Werk. Ich möchte es nicht missen. Ich hatte zwei Bände à 270 Seiten im Taschenbuch-Format zur Verfügung. Aber auch sonst wollte ich nicht „hubern". *Huber* gibt ja doch oft der Versuchung nach, dem Leser zu erklären, wie die damaligen Verfassungen in Konfliktsituationen juristisch richtig zu interpretieren gewesen wären, betrachtet also den historischen Stoff dogmatisch. Das sehe ich nicht als Aufgabe einer Verfassungsgeschichte an. Außerdem kam mir die gesellschaftliche Dimension der Verfassung zu kurz, es ist schon eine sehr staatszentrierte Verfassungsgeschichte. Mir ging es auch um die gesellschaftliche Seite der Verfassung, die Bedingungen, unter denen dieses geschichtliche Novum entstehen und sich ausbreiten konnte; auch nicht nur um die Ideen, die hinter der Verfassung standen, sondern um die Verbindung der Ideen mit den Interessen von Trägergruppen in bestimmten Handlungssituationen; um die Strukturen, auf denen Verfassungen beruhen, die sie dann aber auch ihrerseits wieder beeinflussen. Sozusagen ein Testlauf war der Plenarvortrag auf dem von *Dieter Simon* organisierten Frankfurter Rechtshistorikertag von

[164] *Ernst Rudolf Huber*, Deutsche Verfassungsgeschichte, 7 Bände und Registerband, 1960–1990.

1986.[165] Von stärker traditionell arbeitenden Rechtshistorikern kam Kritik – wo denn für alles, was ich da behaupte, die Quellen seien? Meine Erwiderung: Verfassungsentwürfe, Verfassungsdebatten, Verfassungstexte lesen, Akteure identifizieren, Kontextbedingungen analysieren und – so weit wie möglich – vergleichen, weil erst dadurch Eigenheiten erkennbar werden.

W: Hatten die Studierenden in Bielefeld an den theoretischen Fragestellungen, an den Grundlagen Interesse? Der frühzeitige Kontakt zum Praktischen kann ja beides bewirken: Die Relevanz der Theorie auf einer zweiten Stufe verdeutlichen oder dazu führen, dass man sie nicht mehr zu brauchen meint.

G: Es war in Bielefeld so, wie an den meisten juristischen Fakultäten. Die größere Zahl der Studenten hatte kein ernsthaftes Interesse an Grundlagenfragen und nahm die entsprechenden Veranstaltungen in Kauf, soweit sie gefordert waren. Allerdings gab es, wohl dem ost-westfälischen Naturell geschuldet, ein gewisses Pflichtbewusstsein. Man blieb den Grundlagenveranstaltungen nicht einfach fern. Das war eine Chance für die Lehrenden. Man durfte stets auf eine kleinere Gruppe rechnen, die an Grundlagenfragen sogar ein gesteigertes Interesse hatte. Ich konnte mich jedenfalls nie über Mangel an Studenten beklagen, wenn ich Veranstaltungen anbot, die nicht dogmatischer Art waren. Auch die interdisziplinären Seminare, etwa mit *Ingrid Gilcher-Holtey*,[166] die im Arbeitskreis Proto-

---

[165] *Dieter Grimm*, Entstehungs- und Wirkungsbedingungen des modernen Konstitutionalismus, in: Dieter Simon (Hrsg.), Akten des 26. Deutschen Rechtshistorikertages, 1987, S. 45 ff., auch in: *Dieter Grimm*, Die Zukunft der Verfassung, 1981 (3. Aufl. 2002), S. 31 ff.

[166] Ingrid Gilcher-Holtey (geb. 1952), Professorin für Geschichte

koll geführt hatte und nach ihrer Freiburger Habilitation nach Bielefeld berufen wurde, sowie mit *Niklas Luhmann*, fanden beträchtlichen Zuspruch.

L: Gab es mit *Luhmann* intensivere Kontakte, die über Freundlichkeiten hinausgingen, wenn man gemeinsame Seminare machte?

G: Ich hatte längst, ehe ich nach Bielefeld kam, viel von *Luhmann* gelesen. *Luhmanns* Grundeinsicht von der funktionalen Differenzierung der Gesellschaft mit ihren Folgeerscheinungen spezialisierter Funktionssysteme, die nach einer ihnen eigenen Logik funktionieren und nur in dieser wahrnehmungsfähig für Signale aus der Umwelt sind, mit allen Konsequenzen, die das für die soziale Integration hat, hatte mich sehr beeindruckt. Man kann das ja manchen meiner eigenen Arbeiten ansehen. Allerdings wurde ich kein eingeschworener Luhmannianer. Insbesondere bereitete mir *Luhmanns* Annahme Schwierigkeiten, dass auch das politische System lediglich ein Funktionssystem unter anderen sei, das derselben Logik wie diese unterlag. Die Funktion des Staates, die Egoismen der Subsysteme im gesamtgesellschaftlichen Interesse zu zügeln, und die nur ihm eigenen Mittel der Funktionserfüllung schienen mir dabei nicht adäquat abgebildet. Mit *Luhmann* an derselben Universität zu sein, fand ich aber sehr anziehend. Anders als *Koselleck*, den ich ja ebenfalls mit größtem Gewinn gelesen hatte, bevor ich ihm in Bielefeld begegnete, ging *Luhmann* nicht von sich aus auf andere zu. Er war aber alles andere als abweisend, wenn man selber an ihn herantrat. Auf den Gedanken eines gemeinsamen Seminars ließ er sich ohne Zögern ein.

---

mit besonderer Berücksichtigung der Zeitgeschichte an der Universität Bielefeld.

L: Waren Sie der einzige oder hat er regelmäßig gemeinsame Seminare gemacht?

G: Ich informierte mich immer gern im Vorlesungsverzeichnis darüber, was die von mir geschätzten Kollegen lehrten. An andere interdisziplinäre Seminare *Luhmanns* kann ich mich nicht erinnern. Aber das mag täuschen.

Bei der Erinnerung an die Seminare muss ich mich hüten, ins Plaudern zu kommen. Denn *Luhmann* bietet durchaus Stoff dafür. Ich denke nur an die Anfänge unserer gemeinsamen Lehrtätigkeit. *Luhmann* hielt sein Seminar dreistündig. Da ich ihm keine Preisgabe seiner Gewohnheiten zumuten wollte, ließ ich mich darauf ein. Wir tagten also von 18.00 bis 21.00 Uhr. Der Seminarraum lag gegenüber meinem Büro. Die erste Sitzung stand bevor. Es war 18.15 Uhr und *Luhmann* war noch nicht erschienen. Ich rief ihn an, aber vergeblich. So ging ich in den Seminarraum, um die Studenten um Geduld zu bitten, Herr *Luhmann* werde sicher gleich kommen. Die Studenten saßen stumm und vorn saß stumm *Luhmann*. Ich sagte: „Oh, Sie sind schon da. Ich dachte, Sie kämen bei mir vorbei." Er darauf: „Ich dachte, das Seminar finde hier statt." Nach den drei Stunden war ich durstig und schlug vor, beim Griechen (das war das Restaurant in der „Großen Halle des Volkes") ein Bier zu trinken. *Luhmann* daraufhin: „Ein Bier? Jetzt? Ich muss ja nach Hause, weiterarbeiten." Da er höflich war und mich offenbar nicht enttäuschen wollte, fragte er aber noch, ob es vielleicht auch ganz kleine Biere gebe. So tranken wir dann ein Bier, ich ein großes, er ein kleines, und ich aß auch noch etwas dazu. Vorsichtig geworden, bemerkte ich in der nächsten Woche nur: „Herr *Luhmann*, ich trinke jetzt noch ein Bier." Er: Da es ja auch kleine Biere gebe, komme er mit.

Beim dritten Mal sagte er: „Ich sehe, dass Sie hier gleich etwas essen. Das ist ja sehr praktisch. Ich muss mir immer erst etwas machen, wenn ich nach Hause komme." Von nun an tranken wir nicht nur ein Bier, sondern aßen auch etwas, und als ich einmal sagen musste, heute gehe es nicht, auf mich warte Besuch zu Hause, war er spürbar enttäuscht. Als ich ihn kennenlernte, war seine Frau bereits tot. Ich vermute, dass sie ihm viel von den kleinen Lasten des täglichen Lebens abgenommen hat. Er stand dem Alltäglichen etwas fremd, aber auch bedürfnislos gegenüber. Er trug ja auch immer dasselbe.

L: Er kam einmal zu vier Vorträgen nach München. Wir Doktoranden und Habilitanden erwarteten im großen Hörsaal großes Theater, das er aber nicht gewillt war stattfinden zu lassen. Er erklärte Grundbegriffe der Systemtheorie mit einer Routine, die den Hörsaal dann auch schnell leerte. Beim ersten Mal gab es große Platzprobleme, beim zweiten Mal weniger, beim dritten Mal bekam man problemlos einen Platz und beim vierten Mal bin ich auch nicht mehr hingegangen. Es war viel interessanter ihn zu lesen.

G: Im Seminar mutete er den Jura-Studenten viel Kontingenz zu. Sein pädagogisches Prinzip bestand darin, scheinbare Selbstverständlichkeiten, an denen die Jurisprudenz ja nicht arm ist, in Frage zu stellen. Warum ist es eigentlich so, wie es ist, obwohl es doch auch ganz anders sein könnte? Das ertrugen die Juristen nicht unbegrenzt und drohten aggressiv zu werden. Man musste ihnen zeigen, dass solche Fragen auch Chancen boten. Als ich das Thema für mein Staatsrechtslehrer-Referat bekam und damit anfangs nicht glücklich war,[167] hoffte ich auf Inspi-

[167] *Dieter Grimm*, Kulturauftrag im staatlichen Gemeinwesen,

ration bei *Luhmann*. In der Bibliothek Literatur suchend, sah ich ihn vorbeieilen und fragte ihn schnell: „Was sagen Sie zur Kultur?“ Er erwiderte: „Ich meide sie.“

L: Im Studium haben Sie sich parallel für Politikwissenschaft interessiert. Im MPI wird die Geschichte zu Ihrem täglichen Begleiter und jetzt kommen Sie nach Bielefeld und werden in ein doch stärker soziologisches Milieu gestoßen. Das ist nun schon die dritte Nachbardisziplin, mit der Sie sich intensiver beschäftigen.

G: Es ist aber auch die letzte. Und sie hat ja Schnittmengen mit der Politologie. Auch diese Fächer waren in Bielefeld durchaus stark. Neben *Luhmann* war es besonders *Franz Xaver Kaufmann*,[168] mit dem ich Kontakt hatte – auch er rechtsnah als jemand, der sich sehr mit dem Wohlfahrtsstaat beschäftigte. In der Politikwissenschaft ragten *Claus Offe* und *Helmut Willke*[169] hervor, der in Tübingen mit einer grundrechtstheoretischen Arbeit promoviert worden war, dann aber soziologisch weiterarbeitete, ebenfalls nicht rechtsfern, sondern mit einem Schwerpunkt in der Staatssoziologie.

L: Mitte der 1990er Jahre, das ist jetzt nun schon ein bisschen später, entstanden zwei Sammelbände, an denen Sie mitgewirkt haben, über Staatsaufgaben und die Überfor-

---

VVDStRL 42 (1984), S. 46–82 (erneut abgedruckt als: Kulturauftrag des Staates, in: *Dieter Grimm*, Recht und Staat der bürgerlichen Gesellschaft, 1987, S. 104–137).

[168] Franz Xaver Kaufmann (geb. 1932), Professor für Sozialpolitik und Soziologie an der Universität Bielefeld (1969–1997).

[169] Helmut Willke (geb. 1945), Jurist und Soziologe, seit 1983 Professor für Planungs- und Entscheidungstheorie an der Fakultät für Soziologie der Universität Bielefeld, 2002 Professor für Staatstheorie und Global Governance ebd., seit 2008 Zeppelin Universität Friedrichshafen.

derung des Staates. Im Subtext habe ich beide recht systemtheoretisch inspiriert empfunden.

G: Auch diese von mir herausgegebenen Bände haben einen Bielefelder Hintergrund. Ich wurde recht schnell zu einem der Ko-Direktoren des ZiF[170] und organisierte, der Erwartung gemäß, eine einjährige Forschungsgruppe zum Thema „Staatsaufgaben". Der Gegenstand war nicht zufällig gewählt. Die in der Politikwissenschaft damals gängige Ersetzung des Staates durch das „Politische System" überzeugte mich nicht. Sie war zum Teil der Renaissance marxistischen Denkens geschuldet, noch mehr aber wohl der empirischen Beobachtung, dass das Politische mit dem Staatsbegriff nicht mehr hinreichend zu erfassen war. Für den Juristen war freilich evidenter als offenbar für Sozialwissenschaftler, dass innerhalb des politischen Systems der Staat weiterhin ein identifizierbarer und relevanter Akteur war, mehr als nur der Zurechnungspunkt verschiedener individueller und kollektiver Handlungen. Was genau den Staat ausmachte und wie er sich seit *Jellinek* geändert hatte, beanspruchte mein Interesse.

Da geschah es, dass *Marigret Meyer-Tabellion*, die Frau unseres Kollegen *Hans Meyer*,[171] die gerade das juristische Programm des Metzner-Verlages mit ihrer unnachahm-

---

[170] An das Zentrum für interdisziplinäre Forschung der Universität Bielefeld (ZiF) werden Wissenschaftler eingeladen, die für die Dauer einer zuvor thematisch konzipierten Forschungsgruppe am ZiF leben und forschen. Das ZiF war 1968 das erste „Institute for Advanced Study" in Deutschland und integraler Bestandteil des Gründungskonzepts der Universität Bielefeld.

[171] Hans Meyer (geb. 1933), Professor für Öffentliches Recht an den Universitäten Frankfurt a. M. und an der Humboldt-Universität zu Berlin, von 1996 bis 2000 deren Präsident.

lichen Vitalität belebte, mich während einer Staatsrechtslehrertagung ansprach und fragte, ob ich nicht im Rahmen ihres Programms eine „Staatslehre“ schreiben wolle. „Woher kennen Sie meine geheimsten Gedanken?“, lautete meine Gegenfrage. So lag es nahe, die ZiF-Forschungsgruppe dem Staat zu widmen. Die Eingrenzung nahm ich auf „Staatsaufgaben“ vor, zum einen weil Staatsaufgaben längere Zeit als nicht wissenschaftswürdig angesehen worden waren, zum anderen weil die Frage wegen des kontinuierlichen Wachstums der Staatsaufgaben und der gleichzeitig wachsenden Schwierigkeiten, sie zu erfüllen, höchst relevant geworden war. Überdies waren die Folgeerscheinungen im Recht unverkennbar: Ein Großteil der neuen Staatsaufgaben entzog sich der Steuerung durch imperatives Recht. Das Projekt der Forschungsgruppe und die Liste einzuladenden Forscher entstand in enger Zusammenarbeit mit den schon genannten Sozialwissenschaftlern *Offe*, *Willke*, *Kaufmann*, dazu kam noch der Soziologe *Johannes Berger*,[172] *Luhmann* war an solchen kollektiven Aktivitäten nicht interessiert.

Die Forschungsgruppe trat im akademischen Jahr 1988/89 zusammen. Zu dieser Zeit war ich bereits in Karlsruhe. Während der Planungen war das nicht absehbar gewesen. Ich erwog mit den übrigen ZiF-Direktoren und den Mitstreitern bei der Planung, die Veranstaltung abzusagen. Doch waren alle Einladungen ausgesprochen, es handelte sich immerhin um eine Gruppe von fast 25 Gelehrten von einigem Rang. Auch waren die Bielefelder Kollegen bereit, vermehrte Verantwortung zu übernehmen. Dennoch hat die Forschungsgruppe unter meiner

[172] Johannes Berger (geb. 1939), Professor für Soziologie an den Universitäten Bielefeld und Mannheim.

Doppelbeschäftigung gelitten. Ich wohnte bereits in Karlsruhe, montags war Staatsaufgabentag, an dem ich stets teilnahm, aber ich konnte mich bei weitem nicht so engagieren, wie ich mir das vorgenommen hatte. Der eine oder andere Teilnehmer nahm meine Abwesenheit zu Anlass, die Anwesenheitspflicht sehr frei zu interpretieren. Vier Forschungsgruppenmitgliedern gelang es nicht, zu dem Ergebnis-Band[173] einen Beitrag beizusteuern.

Betrachtet man den Band heute, so enthält er eine Reihe nützlicher Erkenntnisse. Es fällt aber auf, dass die Internationalisierung und ihre Rückwirkung auf den Staat noch kaum Beachtung fand. Sie sollte bald ganz in den Vordergrund der Beschäftigung mit dem Staat rücken. Das beeinträchtigte die Wirkung des Bandes in den beteiligten Disziplinen. Kürzlich erhielt ich jedoch ein Buch von *Andreas Anter* und *Wilhelm Bleek* über Staatskonzepte in der deutschen Politikwissenschaft,[174] in dem der Band erstaunlich positiv gewürdigt wird. Die zweite Publikation aus der Arbeit der Forschungsgruppe „Wachsende Staatsaufgaben – sinkende Steuerungsfähigkeit des Rechts“ [175] fand dagegen gerade im juristischen Bereich, namentlich der Verwaltungsrechtswissenschaft, erhebliche Beachtung.

Ebenso wie die Fortsetzung der Verfassungsgeschichte fiel auch die Arbeit an einer Staatslehre den Karlsruher Tätigkeiten zum Opfer. Als diese nach zwölf Jahren zu Ende waren, hätte ein ganz anderes Buch geschrieben werden müssen. Internationalisierung, Globalisierung

---

173 *Dieter Grimm* (Hrsg.), Staatsaufgaben, 1994.

174 *Andreas Anter/Wilhelm Bleek*, Staatskonzepte. Die Theorien der bundesdeutschen Politikwissenschaft, 2013, S. 98ff.

175 *Dieter Grimm* (Hrsg.), Wachsende Staatsaufgaben – sinkende Steuerungsfähigkeit des Rechts, 1990.

hatten die alten Vorstellungen überholt. Mir war das bald klar geworden, aber als ich wieder frei für neue Unternehmungen war, hatten sich so viele zu diesem Thema geäußert, dass ich nicht sicher war, ob ich noch etwas Neues dazu beitragen könnte.

L: Die Krisenrhetorik des Staates ist mit diesen Bänden eingeleitet worden. Bis 2010 führte man einen Dauerdiskurs nach dem Motto vom X-Staat zum Y-Staat. Auch der erfolgreiche SFB in Bremen, Transformation des Staates, geht auf die Grundsemantik einer systemtheoretischen Perspektive zurück, die damals in Bielefeld eingeleitet wurde.

G: Die Krisenrhetorik ist älter. Schon in den siebziger Jahren machte das Wort „Unregierbarkeit“ die Runde. Dem wollte ich mich nicht anschließen. Auch die ZiF-Forschungsgruppe war nicht so gestimmt. Es ging vielmehr um eine Analyse der veränderten Bedingungen für das Regieren.

W: Sie haben drei der bekanntesten Bielefelder Historiker genannt. Gab es jemanden, mit dem Sie besonders eng kooperierten? *Koselleck* ist von der begrifflichen Herangehensweise für Juristen immer gut anschlussfähig.

G: Ich kann von den dreien bei aller Unterschiedlichkeit keinen herausheben. *Koselleck* warb mich für den Artikel „Verfassung“ in dem von ihm sowie *Brunner* und *Conze* herausgegebenen Lexikon der Historischen Grundbegriffe an,[176] was *Wehler*, der sich von der Begriffsgeschich-

[176] *Dieter Grimm*, Verfassung (II.). Konstitution, Grundgesetze, in: Geschichtliche Grundbegriffe, Band 6, 1990, S. 863–899 (erneut abgedruckt als: Der Verfassungsbegriff in historischer Entwicklung, in: *Dieter Grimm*, Die Zukunft der Verfassung, 1991, S. 101–155).

te nicht viel versprach, zu dem Kommentar veranlasste: „Warum tun Sie sich diese Fron an?" Ich fand die Aufgabe, dem historischen Wandel über den Wandel des Begriffsverständnisses auf die Spur zu kommen, aber interessant genug, fühlte mich jedoch nicht kompetent, die Begriffsentwicklung vor der Entstehung der modernen Verfassung zu untersuchen, und schlug meinen MPI-Kollegen *Heinz Mohnhaupt* als Koautor vor. Obwohl mein Teil der weitaus kleinere war, war es eine immense Arbeit, an der meine damaligen Assistenten *Gertrude Lübbe-Wolff*[177] und *Alfons Hueber*[178] sowie zwei studentische Hilfskräfte ganz erheblichen Anteil hatten. Der Artikel erschien später auch als Buch,[179] *Mohnhaupts* Teil erweitert, meiner in der ursprünglichen Form. Es gibt eine italienische und eine portugiesische Übersetzung. Mein Teil liegt nun auch auf Englisch vor.

Koselleck starb 2006. *Kocka* ging 1988 nach Berlin, als ich dort eintraf, war er noch Permanent Fellow des Wissenschaftskollegs; 2001, als ich das Kolleg übernahm, wurde er WZB-Präsident. Unsere Kontakte waren stets eng, ebenso wie die mit *Wehler*, der nach der Emeritierung zeitweilig in Berlin lebte.

W: Hatten Sie einen festen Vorlesungskanon oder variierte das?

G: Ich las ziemlich regelmäßig Verfassungsrecht, Staatsorganisation ebenso wie Grundrechte. Häufig las ich Ver-

---

[177] Gertrude Lübbe-Wolff (geb. 1953), Professorin für Öffentliches Recht an der Universität Bielefeld, 2002–2014 Richterin des Zweiten Senats des Bundesverfassungsgerichts.

[178] Alfons Hueber (geb. 1949), Jurist, heute Notar in Chemnitz.

[179] *Dieter Grimm/Heinz Mohnhaupt*, Verfassung. Zur Geschichte des Begriffs von der Antike bis zur Gegenwart, 1. Aufl. 1995, 2. Aufl. 2002.

fassungsgeschichte, gern auch die Einführung in die Rechtswissenschaft für Anfänger, einmal VwGO. Dazu kamen Spezialveranstaltungen in der Schwerpunktphase, wie zum Beispiel Gesetzgebungslehre. Meine Seminare hatten immer wechselnde Themen, es gab Seminare zu Grundlagenfragen ebenso wie zu dogmatischen Problemen. Sie begannen meist mit einer Wochenendtagung im Umkreis von Bielefeld und setzten sich dann über das Semester fort. Aber ich habe damals vergleichsweise wenig Dogmatisches publiziert, und zwar nicht, weil ich es nicht gekonnt hätte, sondern weil an Dogmatik kein Mangel herrschte, während meine Fragestellungen seltener verfolgt wurden. Aber ich habe die Dogmatik nie verachtet. In den dogmatischen Vorlesungen habe ich viel Wert auf Verstehen, nicht nur Wissen, gelegt, aber immer auch auf methodengeleitetes Vorgehen und sauberes Begründen insistiert. Das hat sich später im Gericht fortgesetzt.

L: Ich bin jetzt zu einer provokanten These aufgelegt. Es fällt auf, dass Sie sich im Grunde – ich hoffe Sie nehmen mir das nicht übel – nie vertieft mit Verwaltungsrecht beschäftigt haben. Das Öffentliche Recht zeichnet sich dadurch aus, dass es Normenhierarchien in den Blick nimmt. Der Verfassungsrechtler braucht untergesetzliches Recht, da sonst die Verfassung als solche gar nicht sichtbar wird. Begreifbar wird sie erst im Kontrast zum einfachen Recht und das ist für den Öffentlichrechtler typischerweise das Verwaltungsrecht. Für Sie war das einfache Recht jedoch über Jahrzehnte das Privatrecht. Das verschafft Ihnen, würde ich sagen, in der Zunft fast eine singuläre Grundprägung. Sie haben eine Perspektive auf die Verfassung, bei der sich das einfache Recht weniger mit den Staat-Bürger-Beziehungen, sondern mit den Selbstorganisationsprozessen in der Gesellschaft beschäftigt. Ist das eine richtige Beobachtung? Würden Sie für sich selber sagen, das hat Sie vielleicht auch in die Lage versetzt, manche Dinge anders zu sehen als der Mainstream, das hat Sie in der Diskussion vorangebracht, anschlussfähiger gemacht? Empfinden Sie diesen biographischen Werdegang als Vorteil oder Auszeichnung?

G: Die Beobachtung ist richtig. Wenn Sie mein Schriftenverzeichnis durchsehen, werden Sie vielleicht auf zweieinhalb verwaltungsrechtliche Titel stoßen. Für manche war meine Wahl nach Karlsruhe daher eine Überraschung, so auch für den Karlsruhe-Korrespondenten der Welt, *Henning Frank*. Wie er mir später einmal erzählte, fragte er nach meiner Wahl in seiner Ratlosigkeit Herrn *Ossenbühl*,[180] wer dieser Frischgewählte sei. Dessen Antwort: „Ein reiner Verfassungsrechtler". Das war für *Ossenbühl* sicher kein rein positives Urteil. Es gab eine Chance, das zu ändern. *Wolfgang Hoffmann-Riem*[181] hatte die Idee zu seiner neuen Verwaltungsrechtswissenschaft ja schon recht frühzeitig gefasst. Wir kannten uns aus verschiedenen interdisziplinären Projekten. Er fragte mich, ob ich das verwaltungsrechtliche Projekt mit ihm gemeinsam anpacken wolle. Ich war zu dieser Zeit bereits in Karlsruhe und sah nicht, wo ich die Zeit für ein solches Unterfangen hernehmen sollte.

---

[180] Fritz Ossenbühl (geb. 1934), Professor für Öffentliches Recht an der Universität Bonn.

[181] Wolfgang Hoffmann-Riem (geb. 1940), Professor für Öffentliches Recht und Verwaltungswissenschaft an der Universität Hamburg, 1995–1997 Justizsenator in Hamburg, 1999–2008 Richter des Ersten Senats des Bundesverfassungsgerichts.

Dass das Privatrecht bei mir eine größere Rolle spielte als das Verwaltungsrecht, hängt damit zusammen, dass ich an das privatrechtshistorisch orientierte Frankfurter MPI kam. Wäre ich Assistent bei einem der Frankfurter Öffentlichrechtler geworden, hätte das wahrscheinlich anders ausgesehen. Ich habe aber die Vernachlässigung des Verwaltungsrechts immer als Mangel empfunden. Gleichzeitig war mir bewusst, dass ich im Verwaltungsrecht nicht den gleichen Standard erreichen könnte wie im Verfassungsrecht, wenn ich an den interdisziplinären Interessen festhielte.

W: Einer Ihrer wenigen verwaltungsrechtlichen Aufsätze – jener über den Enteignungsbegriff[182] – ist ja dann gerade wiederum Verwaltungsrecht mit Zugriff auf das Privatrecht.

L: Ich würde ergänzen, es ist nicht so wichtig, ob man als einfaches Recht Verwaltungsrecht oder Privatrecht heranzieht – man muss nur auch das einfache Recht im Blick haben. Heute aber werden die Öffentlichrechtler alle aufs Verwaltungsrecht verpflichtet, während es in Ihrer Generation, Herr Grimm, schon einige gab, die eine nicht-verwaltungsrechtliche Perspektive einnahmen. *Häberle*[183] und *Böckenförde* haben auch kein Verwaltungsrecht gemacht. Das ist eine Sozialisation des Verfassungsrechtlers, die wir heute kaum noch vorfinden. Was aber folgt daraus

---

[182] *Dieter Grimm,* Die Entwicklung des Enteignungsrechts unter dem Einfluß der Industrialisierung, in: Helmut Coing/Walter Wilhelm (Hrsg.), Wissenschaft und Kodifikation des Privatrechts im 19. Jahrhundert, Bd. 4, 1979, S. 121 ff. (wieder abgedruckt in: *Dieter Grimm*, Recht und Staat der bürgerlichen Gesellschaft, 1987, S. 264–287).

[183] Peter Häberle (geb. 1934), Professor für Öffentliches Recht an den Universitäten Marburg, Augsburg und Bayreuth.

für die Beschreibung der Verfassung? Ich könnte mir vorstellen, dass daraus sogar ein Vorteil für die Beschreibung der Verfassung erwächst. Diejenigen, die permanent mit Verwaltungsrecht konfrontiert werden, haben vielleicht einen zu stark grundrechtlichen Zugang zur Verfassung, weil sie die Verfassung als subjektives Gegenrecht gegenüber den Eingriffen der Verwaltung benötigen. Dagegen sind Sie stärker an Funktionszusammenhängen und gesellschaftlichen Machtfragen interessiert.

G: Da kommt noch einmal *Luhmann* zur Tür herein. *Luhmann* hat mich für die Bedeutung relativer Autonomie der gesellschaftlichen Subsysteme empfänglich gemacht. Bei diesen Systemen handelt es sich ja zum großen Teil um privatrechtlich geordnete Subsysteme. Das veränderte unter anderem den Blick auf die Grundrechte. Es schien mir bald zu einseitig, sie nur als Freiheit des Individuums vom Staat zu verstehen. Sie hatten auch die Aufgabe, die Autonomie der Subsysteme einschließlich ihrer je eigenen Funktionslogik zu garantieren, die von Seiten des Staates nicht weniger bedroht war als von mächtigen anderen Subsystemen. Der Schutz vor dieser Bedrohung konnte allein vom Staat kommen. Die objektivrechtliche Dimension der Grundrechte, namentlich die Schutzpflicht, ergab sich daraus zwangsläufig. Ich habe ihre Notwendigkeit daher begründet und verteidigt. Der Aufsatz, in dem das frühzeitig und ausführlich geschah, ging aus einem Vortrag in der Schweiz hervor, wo gerade die Drittwirkung der Grundrechte heftigen Angriffen von privatrechtlicher Seite ausgesetzt war. Er erschien in einer Schweizer Zeitschrift und blieb deshalb in Deutschland nahezu unbemerkt. Für Ihre Annahme, dass ich stärker an Funktionszusammenhängen und gesellschaftlichen

Machtfragen interessiert sei, kann „Rückkehr zum liberalen Grundrechtsverständnis?“[184] aber als Beleg gelten. Ich bin allerdings nicht *Luhmanns* rein objektivrechtlicher Deutung der Grundrechte gefolgt, bei der das Individuum letztlich zum Agenten der Systemdifferenzierung schrumpft. Ich halte es vielmehr mit dem Gericht, das die Grundrechte erst in der Zusammenschau von subjektiver und objektiver Dimension ihre volle Kraft entfalten.

L: Das *Böckenfördesche* Verständnis von der Verfassung ist dagegen eher ein individualistisches, würde ich sagen, und davon grenzen Sie sich durchaus ab. Das ist in Ihrer Sozialisation dann ganz stimmig – von *Duguit* angefangen, dem Kritiker des subjektiven Rechts.

G: Auch nach meinem eigenen Eindruck gibt es in meinen Arbeiten wenig Brüche oder gar Kehrtwendungen. Es gibt auch keine besondere Neigung, wissenschaftlichen Moden zu folgen, wohl aber die Bereitschaft, ganz aktuelle Fragen aufzugreifen. In Lehrveranstaltungen habe ich es geradezu als Pflicht empfunden, in solchen Situationen wissenschaftlich Orientierung zu geben. Ich muss aber auch sagen, dass vieles, was sich im Rückblick als stimmig darstellt, keinem Plan entsprang. So merkte ich erst, als ich den Band „Recht und Staat der bürgerlichen Gesellschaft“[185] zusammenstellte, wie sich die Dinge hinter meinem Rücken zu einem Gesamtkonzept gefügt hatten.

---

[184] *Dieter Grimm*, Rückkehr zum liberalen Grundrechtsverständnis?, in: recht, Zeitschrift für juristische Ausbildung und Praxis, 1988, S. 41–50 (erneut abgedruckt in: *Dieter Grimm*, Die Zukunft der Verfassung, 1991, S. 221–240).

[185] *Dieter Grimm*, Recht und Staat der bürgerlichen Gesellschaft, 1987.

VI. Karlsruhe: Von der Wissenschaft zur Praxis

1. Zuständigkeit für die Kommunikationsgrundrechte

L: Sie hatten nun das Glück, dass Sie Ihr Grundrechtsverständnis im Bereich von Art. 5 GG im Bundesverfassungsgericht auch umsetzen konnten. Es gibt stärker individualrechtlich geprägte Grundrechte und stärker funktionsrechtlich geprägte. Sie nun bekamen im Ersten Senat die Zuständigkeit für das vielleicht „funktionsrechtlichste“ Grundrecht, wofür Sie dann auch besonders gut vorgeprägt waren.

G: Auch das Verfassungsrecht war durch fünf Fernseh-Urteile gut dafür vorgeprägt. Ich musste ja nicht revolutionär tätig werden.

L: Zwar haben Sie das Privatfernsehen nicht abgewehrt, aber doch die Angriffe auf die Rundfunkrechtsordnung von Seiten der Privatfernsehlobby im Einklang mit der CDU/CSU/FDP-Bundesregierung und ihren Landesregierungen. Sie haben die Rechtsprechung gefestigt und gewissermaßen verteidigt.

G: Dem möchte ich nicht widersprechen. Aber ich habe sie vielleicht auch noch in ein paar Richtungen vorangetrieben, die bis dahin nicht Gegenstand von Verfahren gewesen waren. Das Gebühren-Urteil[186] ist ein Beispiel, auch die Entscheidung zur Kurzberichterstattung,[187] mit der eine Kommerzialisierung von Ereignissen und Veranstaltungen verhindert wird, die für die Gesellschaft insgesamt von Bedeutung sind. Allerdings habe ich immer widersprochen, wenn es hieß, ich sei ein Freund des öffentlich-rechtlichen Rundfunks. Ich bin ein Freund der Verfassung und dessen, was diese zum Informations- und Kommunikationsbedarf einer demokratischen Gesellschaft zu sagen hat.

L: Sie hätten ja auch sagen können: Nein, es herrscht jetzt eine Wettbewerbsorientierung im Rundfunkrecht und das Fernsehen wird im Sinne des freien Unternehmertums aufgebrochen und dann wird sich schon durchsetzen, was beim Publikum Zuspruch findet und sich auch kommerziell finanzieren lässt. Wäre das nicht eine demokratischere Zugangsweise, in der der Zuschauer wie ein Wähler im Zugriff auf die Programme autonom entscheidet und über diesen Wettbewerb das Programm beeinflussen kann?

G: Wunderbares Plädoyer. Diese Argumentation ist mir natürlich vertraut. Sie war ja das Credo der privaten Veranstalter und derer, die sie politisch und wissenschaftlich, auch rechtswissenschaftlich, unterstützten. Ich hatte daran erhebliche Zweifel und war deswegen schon in meinem

---

[186] BVerfG, Urteil des Ersten Senats vom 22. Februar 1994, Az.: 1 BvL 30/88, BVerfGE 90, 60; für die Gebührenfinanzierung des öffentlich-rechtlichen Rundfunks soll der Grundsatz der Programmneutralität gelten; daher kann der parlamentarische Prozess darüber nicht entscheiden, sondern der Finanzbedarf ist neutral zu ermitteln.

[187] BVerfG, Urteil des Ersten Senats vom 17. Februar 1998, Az.: 1 BvF 1/91, BVerfGE 97, 228.

Staatsrechtslehrer-Vortrag von 1983 über den „Kulturauftrag im staatlichen Gemeinwesen“[188] nach historischen und systematischen Überlegungen im dritten Teil exemplarisch auf den Rundfunk eingegangen. Ich hatte Kultur als „ideelle Reproduktion der Gesellschaft“ charakterisiert und daraus die Angewiesenheit des Staates auf kulturelle Voraussetzungen abgeleitet, die ihrerseits aber wieder staatlicher Unterstützung bedürfen. In den Anfängen des dualen Systems kam es nun darauf an, den Rundfunk nicht nur als kommerzielle, sondern auch als kulturelle Veranstaltung zu verstehen, was dann wiederum Konsequenzen für die Ausgestaltung der Rundfunkordnung hatte, die damals gerade anstand. Im Kern ging es mir um die Widerlegung der Annahme, dass der werbefinanzierte Rundfunk der demokratischere, nämlich an den Wünschen des „mündigen Bürgers“ ausgerichtete Rundfunk sei. Zwischen den Rundfunk und den Bürger schieben sich im kommerziellen Sektor ja die Bedürfnisse der Werbewirtschaft, die mit den Interessen der Bürger nicht identisch sind. Vor allem aber ist Mündigkeit keine Gegebenheit, die mit der Volljährigkeit eintritt, sondern eine ständig stützungsbedürftige Voraussetzung. Dem Rundfunk kommt dabei eine wichtige Funktion zu, deren Erfüllung jedoch in einem reinen Marktmodell nicht zu erwarten ist. Gegen den später immer wieder erhobenen Vorwurf des Paternalismus wehrte ich mich schon damals mit dem Hinweis, dass sich die staatliche Regulierung nur auf die Angebotsseite, nicht auf die Nutzerseite beziehe.

L: Woher kam die Kulturorientierung? Spielt der Schülerzeitungsredakteur eine Rolle?

---

[188] Siehe oben Fn. 167.

G: Das kann es nicht sein. Auch unter meinen Gegnern gab es ehemalige Schülerzeitungsredakteure. Der Verfassungsrechtsprechung lagen ja ganz ähnliche Annahmen zugrunde, allerdings ohne die kulturtheoretische Fundierung.

L: Aber jetzt erzählen Sie nicht, dass allein die Rechtsprechung Sie bestärkt hat. Wenn Sie mit ihr nicht einverstanden gewesen wären, dann hätten Sie sie doch auch geändert.

G: Ich war mit der Rechtsprechung, wie sie sich vom 12. bis zum 57. Band entwickelt hatte, in der Tat einverstanden. Sie entsprach meinen Demokratievorstellungen, in der die Fähigkeit einer Gesellschaft, sich diskursiv über ihre Lage, über ihre Handlungsoptionen und ihre Aspirationen zu verständigen, eine große Rolle spielt. Vom Mediensystem hängt dabei viel ab. Damals war es herausgefordert, weil das öffentlich-rechtliche Rundfunkmonopol sich nicht mehr durch die Frequenzknappheit rechtfertigen ließ. Später drängte die Digitalisierung auf eine Neubestimmung der Rundfunkfreiheit. Heute ist es das Internet, auf dessen Probleme eine verfassungsrechtliche Antwort noch aussteht.

W: Für mich bleibt – bei teilweise abweichender Grundposition – der letzte Teil Ihres Staatsrechtslehrer-Vortrags die intelligenteste und prägnanteste Zusammenfassung dieser Linie des Bundesverfassungsgerichts. War das ein entscheidender Faktor für Ihre Berufung nach Karlsruhe? Im Grunde waren Sie staatsrechtlich bis zu diesem Zeitpunkt zunächst eher ein Außenseiter. Bei diesem Text nun müsste die Politik, die ein bestimmtes Modell schützen möchte, auf Sie aufmerksam werden. Es ging in Karlsruhe eben um die Stelle von *Hesse* – und nicht um irgendeine

Stelle. Die Gegenstände der Berichterstattung werden im Ersten Senat ja immer weiter vererbt.

G: Ich weiß nicht, warum bei der Hesse-Nachfolge das Auge auf mich fiel. Ich habe auch keine Nachforschungen darüber angestellt. Das Vorschlagsrecht lag bei der SPD, die Stelle war aber schon seit *Ritterspach*[189] eine sogenannte neutrale. Ich hatte gelegentlich bei Veranstaltungen der SPD gesprochen, aber keineswegs nur bei der SPD, sondern auch bei der CDU und der FDP. Was ich jetzt sage, ist eine nie verifizierte Vermutung. Im Juni 1986 veranstaltete die SPD einen rechtspolitischen Kongress, der von *Herta Däubler-Gmelin*,[190] damals stellvertretende Parteivorsitzende, organisiert wurde. Ich erhielt eine Einladung, dort über „Interessenwahrung und Rechtsdurchsetzung in der Gesellschaft von morgen" zu referieren.[191] Es ging vor allem darum, wie sich Interessen, die nicht repräsentationsfähig sind, im politischen Prozess zur Geltung bringen und rechtlich verfolgbar machen lassen. Das Referat hatte Frau *Däubler-Gmelin* offenbar beeindruckt, sie sagte mir, sie habe mich weidlich „ausgebeint". Mir ist das in Erinnerung, weil ich mit dem Wort nichts anzufangen wusste. Sie erklärte, es sei schwäbisch und heiße so viel wie „ausgeweidet". Möglich, dass daraus der

189 Theodor Ritterspach (1904–1999), bayerischer Verwaltungsjurist, 1951–1975 Richter des Ersten Senats des Bundesverfassungsgerichts.

190 Herta Däubler-Gmelin (geb. 1943), Politikerin, 1972–2009 Mitglied des Deutschen Bundestags, 1998–2002 Bundesministerin der Justiz. Im Jahr 1987 war sie stellvertretende Vorsitzende der SPD-Bundestagsfraktion.

191 *Dieter Grimm*, Interessenwahrung und Rechtsdurchsetzung in der Gesellschaft von morgen, in: H. Däubler-Gmelin/W. Alderstein (Hrsg.) Menschgerecht. 6. Rechtspolitischer Kongress der SPD, 1986, S. 392.

Vorschlag für Karlsruhe entstand. Frau *Däubler-Gmelin* war damals maßgeblich in die Verfassungsrichterwahlen einbezogen. Wenn diese Erklärung zutrifft, was ich freilich nicht weiß, hätte es nichts mit dem Rundfunk zu tun.

L: Wer hat Sie damals gefragt, ob Sie bereit seien, Verfassungsrichter zu werden?

G: Es war der ehemalige Bundesjustizminister *Gerhard Jahn*.[192] Er rief mich in der Universität an und sagte, ich wisse ja sicher, dass in einem Jahr Professor *Hesse* aus dem Verfassungsgericht ausscheide – ich wusste es nicht –, und man erwäge, mich als seinen Nachfolger vorzuschlagen. Er habe den Auftrag zu fragen, ob ich dafür zur Verfügung stünde. Er fügte hinzu, ich benötige für die Antwort natürlich Bedenkzeit; wenn es mir recht sei, würde er in zwei Wochen nochmals anrufen. Ich antwortete ihm, dass ich für die Beantwortung *dieser* Frage keinerlei Bedenkzeit benötige und sofort zusagen könne. Er schloss dann das Gespräch mit dem Bemerken, er werde nun Kontakt mit der CDU aufnehmen. Sollte diese mich ablehnen, lasse er es mich sogleich wissen. Falls ich nichts von ihm höre, könne ich davon ausgehen, dass ich im nächsten Jahr gewählt würde. Er fügte noch hinzu: „Kurz vor dem Termin werden Sie wahrscheinlich einige Namen in der Presse lesen. Ihrer wird nicht dabei sein. Machen Sie sich in diesem Fall keine Sorgen." So kam es. Das nächste, was ich hörte, war ein Anruf aus dem Bundesrat ein Jahr später: Ich solle am Ende dieser Woche zum Bundesverfassungs-

---

[192] Gerhard Jahn (1927–1998), Rechtsanwalt, Politiker, 1957–1991 Mitglied des Deutschen Bundestages, 1969–1974 Bundesminister der Justiz, 1974–1990 stv. Parlamentarischer Geschäftsführer der SPD-Bundestagsfraktion.

richter gewählt werden und man habe noch nicht mein schriftliches Einverständnis.

L: Diese Richterbestellung im Ersten Senat sticht aus den sechzehn Dezernaten heraus, weil durch die merkwürdige Geschäftsverteilung im Ersten Senat jene Kontinuität in der Beschäftigung mit der Meinungs-, Presse- und Rundfunkfreiheit des Art. 5 GG eintritt. Außerdem hat die SPD das Vorschlagsrecht für diese Stelle und die SPD hat natürlich ein strategisches Interesse an der Bewahrung des öffentlich-rechtlichen Rundfunks, weil sie im Privatfernsehen aufgrund ökonomischer Gegebenheiten das Nachsehen haben wird.

G: Das mag sein. Aber ich war ja im Rundfunkrecht nicht besonders hervorgetreten. Allerdings hatte ich in der Bielefelder Fakultät in Gestalt von *Martin Stock*[193] einen Gesprächspartner, der im Rundfunkrecht zu Hause war und mit dem ich auch ein verfassungsvergleichendes Seminar über Rundfunkordnungen in Europa veranstaltet hatte. Schriftlich gab es von mir aber nur den Staatsrechtslehrer-Vortrag und eine kritische Urteilsanmerkung[194] zu dem vorletzten von *Hesse* geschriebenen Fernseh-Urteil vom November 1986.[195] Dass diese Texte den Politikern bekannt waren, bezweifle ich. Ich glaube

[193] Martin Stock (geb. 1933), Professor für Staats- und Verwaltungsrecht an der Universität Bielefeld.

[194] *Dieter Grimm*, Verfassungspolitische Perspektiven einer dualen Rundfunkordnung, in: Rundfunk und Fernsehen 35 (1987), S. 25 ff.

[195] BVerfG, Urteil des Ersten Senats vom 4. November 1986, Az.: 1 BvF 1/84, BVerfGE 73, 118; Entscheidung zum niedersächsischen Landesrundfunkgesetz, die klarstellt, dass auch in der dualen Rundfunkordnung der öffentlich-rechtliche Rundfunk seine Funktion behält, die in dem Begriff der „Grundversorgung" gebündelt wird.

nicht, dass Politiker Staatsrechtslehrer-Vorträge lesen. Es passieren ja die merkwürdigsten Dinge. Die CDU meint, es müsse wieder einmal ein konservativer Strafrechtler ins Verfassungsgericht und schickt Herrn *Schluckebier*[196] in den Ersten Senat, wo kein Strafrecht vorkommt. Man darf die Zielsicherheit des politischen Auswahlprozesses nicht überschätzen. Verglichen mit der amerikanischen Praxis ist er immer noch erfreulich unprofessionell.

L: Aber es fällt schon auf, dass die SPD ein glückliches Händchen für die Bewahrer des öffentlich-rechtlichen Rundfunks hat. Das setzt sich ja nach Ihnen fort. So viel Fortune in der Besetzung einer Stelle hat die Politik doch sonst eher nicht.

G: Der Effekt scheint dafür zu sprechen. Im Übrigen ist die Geschäftsverteilung auch im Ersten Senat nicht unveränderlich. *Hesse* hatte ja nur die Zuständigkeit für Art. 5 Abs. 1 und 2 GG sowie das Wirtschaftsrecht und einige nebensächliche Gebiete. Ich konnte das Ressort dann erheblich arrondieren. Als wenige Monate nach meiner Wahl *Helmut Simon*[197] ausschied, ging das Versammlungsrecht, gewissermaßen als kollektive Fortsetzung der Meinungsäußerungsfreiheit, auf mich über. Als 1989 *Hermann Heußner* krankheitsbedingt vorzeitig aus dem Amt schied, übernahm ich auch den Datenschutz. Ich hatte *Heußner* insoweit schon als Berichterstatter während seiner Krankheit vertreten. Dazu kam, wegen der Nähe zu

---

196 Wilhelm Schluckebier (geb. 1949), Richter, 1999–2006 am Bundesgerichtshof, seit 2006 Richter des Ersten Senats des Bundesverfassungsgerichts.

197 Helmut Simon (1922–2013), Richter, 1965–1970 am Bundesgerichtshof, 1970–1987 Richter des Ersten Senats des Bundesverfassungsgerichts.

Art. 8 GG, die Vereinigungsfreiheit, während der arbeitsrechtlich relevante Art. 9 Abs. 3 GG im alten Dezernat verblieb. Mit dem Ausscheiden von Frau *Niemeyer*[198] im selben Jahr gelang es mir auch, das Allgemeine Persönlichkeitsrecht an mich zu ziehen, und zwar mit dem Argument, dass Meinungsfreiheit und Persönlichkeitsrecht, die oft kollidieren, in einer Hand vereinigt sein sollten. Verschiedene wichtige Verfahren, gerade im Zusammenhang mit der Wiedervereinigung, lagen über die schon von Herrn *Hesse* übernommene Zuständigkeit für Wirtschaftsrecht in meinem Dezernat. Erst als der Zweite Senat wegen momentaner Überlastung das Parteienrecht an den Ersten abtreten wollte, weil dort ja ein Experte für Art. 21 GG sitze, zog mein Senat nicht mehr mit: Das Parteienrecht gehöre eindeutig zum Staatsorganisationsrecht. Aber auch ohne Parteienrecht kann man sich als Verfassungsrechtler kaum ein schöneres Dezernat vorstellen. Ich weiß nicht, was aus mir geworden wäre, wenn ich das Sozialrecht bekommen hätte – dessen Wichtigkeit ich natürlich nicht bestreite.

L: Halten Sie die Geschäftsverteilung im Ersten Senat für sinnvoll oder ist die des Zweiten besser?[199]

---

198 Gisela Niemeyer (1923–2012), Richterin, 1972–1977 am Bundesfinanzhof, 1977–1989 Richterin des Ersten Senats des Bundesverfassungsgerichts.

199 Zur Erläuterung: Im Ersten Senat bleibt die Zuständigkeit des Dezernats bei einem Richterwechsel in der Regel erhalten; im Zweiten Senat kommt es zu einer Neuverteilung der Zuständigkeiten des Ausscheidenden nach dem Zugriff der Anciennität. Nachfolgende Richter können unter Umständen erhalten, was in der Verteilung übrig bleibt. Dadurch können Richterstellen im Ersten Senat themenspezifischer besetzt werden als im Zweiten Senat.

G: Aus der Perspektive eines Neuankömmlings ist die des Ersten Senats sicherlich besser. Im Zweiten Senat bekommen die neuen Richter den Strafvollzug und das Asylrecht. Mit jedem Richterwechsel dreht sich auch das Zuständigkeitskarussel, und zwar vor dem Eintritt der Neuen, für die dann nur die ungeliebten Gegenstände übrig bleiben.

R: Noch einmal zurück zu den Kommunikationsgrundrechten, insbesondere zur Meinungsfreiheit: Gegen die Rechtsprechung zu Art. 5 Abs. 1 Satz 1 GG gab es ja zeitweilig großen Widerstand in der Fachöffentlichkeit. Wie haben Sie das wahrgenommen?

G: Oh ja, die Fußnote, in der man alle Bücher, Aufsätze und Urteilsanmerkungen auflisten würde, die sich an der Rechtsprechung zur Meinungsfreiheit rieben, wäre sehr lang. Die Diskussion war auch stark personalisiert. *Rüdiger Zuck*[200] veröffentlichte in der NJW einen Aufsatz mit dem Titel „Gerechtigkeit für Richter Grimm", der aber alles andere als ein Plädoyer für Verständnis war.[201] Als ich beim Karlsruher Forum 1996 über den „Persönlichkeitsschutz im Verfassungsrecht" referierte,[202] fand es der Vorsitzende nötig zu betonen, dass ich *Mitglied* des Ersten Senats sei und nicht *der* Erste Senat. Dort wie auch bei einigen anderen Veranstaltungen war die Atmosphäre frostig. In Karlsruhe schoss der Korreferent, mein Biele-

---

[200] Rüdiger Zuck (geb. 1932), Rechtsanwalt, langjähriger Vorsitzender des Verfassungsrechtsausschusses der Bundesrechtsanwaltskammer.

[201] *Rüdiger Zuck*, Gerechtigkeit für Richter Grimm, NJW 1996, S. 361.

[202] *Egon Lorenz* (Hrsg.), Karlsruher Forum 1996: Schutz der Persönlichkeit, 1997, S. 3–26.

felder Kollege *Peter Schwerdtner*,[203] mit schwerem Geschütz, aber geringer Treffsicherheit. Die Atmosphäre änderte sich erst, als *Claus-Wilhelm Canaris*[204] seine Zustimmung zu meinen Ausführungen erklärte. Da konnte dann sogar *Uwe Diederichsen*[205] in seinem gereimten Rückblick auf die Tagung fragen: „Ist Verfassungsrichter Grimm fürs Privatrecht doch nicht schlimm?“ In der Tat hatte die Rechtsprechung zur Meinungsfreiheit die Rückendeckung des gesamten Senats. Es gilt ja auch hier wie für die Rundfunk-Rechtsprechung, dass die Grundlagen längst vor meiner Zeit gelegt waren. Das Urteil zu „Soldaten sind Mörder“ bildet die einzige signifikante Ausnahme von der Regel, dass Entscheidungen zu Art. 5 Abs. 1 GG einstimmig fielen. Selbst hier wurde aber einer der insgesamt vier verhandelten Fälle einstimmig entschieden, was dem Sondervotum eines Senatsmitglieds (die beiden anderen unterlegenen Richter hatten auf eine abweichende Meinung verzichtet) viel von seiner Grundsätzlichkeit nahm, denn die Maßstäbe waren damit einhellig gebilligt.

W: Ihnen wurde vorgeworfen, dass Sie den Ehrenschutz zugunsten der Meinungsfreiheit abgeschafft hätten.

G: Das war der Kern der Kritik, manchmal noch garniert mit dem Vorwurf, dass ich Deutschland das amerikanische Recht aufoktroyieren wolle. Die Kritik stimmte aber weder tatsächlich noch rechtlich. Tatsächlich wurden

---

203 Peter Schwerdtner (1938–2006), Professor für Zivilrecht und Rechtstheorie an der Universität Bielefeld.

204 Claus-Wilhelm Canaris (geb. 1937), Professor für Zivilrecht und Rechtsphilosophie an den Universitäten Graz, Hamburg und München.

205 Uwe Diederichsen (geb. 1933), Professor für Zivilrecht an den Universitäten Köln und Göttingen.

mehr fachgerichtliche Entscheidungen, die dem Persönlichkeitsschutz Vorrang eingeräumt hatten, bestätigt als beanstandet. Das war freilich nicht für jedermann sichtbar, weil der Großteil der Verfahren in unveröffentlichten Kammer-Entscheidungen endete. Rechtlich stimmte der Vorwurf schon deswegen nicht, weil es ja erst das Bundesverfassungsgericht gewesen war, das die Ehre in Grundrechtsrang erhoben hatte. Im Text des Grundgesetzes bildet sie lediglich eine Schranke der Meinungsfreiheit, während einige Kritiker meinten, mit Art. 5 Abs. 2 habe der Verfassungsgeber selbst den Vorrang der Ehre angeordnet. Wofür den meisten Kritikern das Verständnis fehlte, war der Umstand, dass im Konfliktfall zwischen Meinungsfreiheit und Persönlichkeitsschutz immer auch an die Rückwirkungen auf den demokratischen Diskurs zu denken ist. Das stand aber auch schon in *Lüth.*[206] Wenn es überhaupt Anleihen an Amerika gab, dann lagen sie hier, beim *chilling effect.* Die freudige Aufnahme der DGHS-Entscheidung von 1996,[207] in der viele die erhoffte Trendwende erblickten, war voreilig. Die Zivilgerichte

[206] BVerfG, Urteil des Ersten Senats vom 15. Januar 1958, Az.: 1 BvR 400/51, BVerfGE 7, 198; in Auseinandersetzung um die Grenzen des Grundrechts der Meinungsfreiheit in der Kritik NS-belasteter Personen des öffentlichen Lebens – konkret die Kritik am Nachkriegswirken des Regisseurs Veit Harlan durch den Politiker und Publizisten Erich Lüth – judizierte das Bundesverfassungsgericht, dass die Grundrechte über ihre abwehrrechtliche Funktion hinaus auch eine „objektive Wertordnung" bilden, die in die gesamte Rechtsordnung und damit auch in das Zivilrecht ausstrahlt.

[207] BVerfG, Beschluss des Ersten Senats vom 13. Februar 1996, Az.: 1 BvR 262/91, BVerfGE 94, 1; Auseinandersetzungen zwischen einem Behindertenverband und der Deutschen Gesellschaft für Humanes Sterben (DGHS) führten zu Konkretisierungen der Deutung von Meinungsäußerungen durch die Fachgerichte.

waren in diesem Fall zu verschiedenen Deutungen der umstrittenen Äußerung gelangt, hatten dabei aber keine verfassungsrechtlichen Fehler gemacht, so dass das Urteil der höheren Instanz bestätigt wurde. An den verfassungsrechtlichen Maßstäben für die Interpretation umstrittener Äußerungen gab es keinerlei Änderung. Da die Angriffe auf die Rechtsprechung nicht selten auf unrichtigen Annahmen beruhten, fand ich es nötig, das Vorgehen des Bundesverfassungsgerichts in einem NJW-Aufsatz zu erläutern.[208] Ich hatte dazu ein Schaubild entworfen, das unter dem Namen „Grimmscher Baum" wohl noch heute eine Rolle in der Lehre spielt.

2. Das Jahr 1987 als Zäsur in der Geschichte des Bundesverfassungsgerichts?

W: Als Sie nach Karlsruhe kamen, war Gerichtspräsident ...

G: ... gerade noch *Zeidler.*[209] Er schied im November aus und verunglückte kurz danach tödlich. Ihm folgte der bisherige Vizepräsident und Vorsitzende des Ersten Senats *Roman Herzog,*[210] neuer Vizepräsident und Vorsitzender

[208] *Dieter Grimm*, Die Meinungsfreiheit in der Rechtsprechung des Bundesverfassungsgerichts, NJW 1995, S. 1698.

[209] Wolfgang Zeidler (1924–1987), Richter, 1967–1970 Richter des Ersten Senats des Bundesverfassungsgerichts, 1970–1975 Präsident des Bundesverwaltungsgerichts, 1975–1987 Richter des Zweiten Senats des Bundesverfassungsgerichts, 1975–1983 Vizepräsident, 1983–1987 Präsident des Bundesverfassungsgerichts.

[210] Roman Herzog (geb. 1934), Professor für Staats- und Verwaltungsrecht an der FU Berlin und an der Verwaltungshochschule Speyer, Staatssekretär und Landesminister in Rheinland-Pfalz und Baden-Württemberg, 1983–1994 Richter des Ersten Senats des Bun-

des Zweiten Senats wurde *Ernst Gottfried Mahrenholz.*[211] Insgesamt kam es im Jahr 1987 zu sechs Neubesetzungen. Ich trat im Juli ein, die anderen fünf folgten im November, *Söllner*[212] und *Dieterich*[213] im Ersten und *Kruis,*[214] *Franßen*[215] und *Kirchhof*[216] im Zweiten Senat.

L: Das ist ja sehr ungewöhnlich, dass in einem Jahr sechs Richter, also fast die Hälfte, ausgetauscht werden. War 1987 eine Zäsur in der Entwicklung des Bundesverfassungsgerichts?

---

desverfassungsgerichts, 1987–1994 Präsident des Bundesverfassungsgerichts, 1994–1999 Bundespräsident.

[211] Ernst Gottfried Mahrenholz (geb. 1929), Referent in der Kommunal-und Staatsverwaltung in Niedersachsen, 1970–1974 Leiter der niedersächsischen Staatskanzlei, 1974–1976 Kultusminister in Niedersachsen, 1976–1981 MdL, 1981–1994 Richter des Zweiten Senats des Bundesverfassungsgerichts.

[212] Alfred Söllner (1930–2005), Professor für Bürgerliches Recht, Arbeits- und Sozialrecht an den Universitäten Kiel und Gießen, 1987–1995 Richter des Ersten Senats des Bundesverfassungsgerichts.

[213] Thomas Dieterich (1934–2016), Richter, 1972–1987 am Bundesarbeitsgericht (ab 1980 Vorsitzender Richter), 1987–1994 Richter des Ersten Senats des Bundesverfassungsgerichts, anschließend Präsident des Bundesarbeitsgerichts.

[214] Konrad Kruis (geb. 1930), seit 1960 Beamter in der Bayerischen Staatskanzlei, zuletzt Leiter der Abteilung für Gesetzgebung und Recht, ab 1978 als Ministerialdirigent, 1987–1998 Richter des Bundesverfassungsgerichts.

[215] Everhardt Franßen (geb. 1937), Richter, 1977–1987 am Bundesverwaltungsgericht, 1987–1991 Richter des Zweiten Senats des Bundesverfassungsgerichts, 1991–2002 Präsident des Bundesverwaltungsgerichts.

[216] Paul Kirchhof (geb. 1943), Professor für Staats- und Verwaltungsrecht, Finanz- und Steuerrecht an den Universitäten Münster und Heidelberg, 1987–1999 Richter des Zweiten Senats des Bundesverfassungsgerichts.

G: Was die Zahlen angeht ja, mehr als ein Drittel der Richter wurde ausgetauscht. In der Sache empfinde ich es nicht als Zäsur. Für die verbliebenen Richter mag es sich etwas anders dargestellt haben. Im Ersten Senat merkte man ihnen die Stimmung an, es seien zwei Heroen gegangen, das galt für *Simon* und *Hesse*, *Katzenstein*[217] eignete sich weniger für heroische Charakterisierungen. In der Rechtsprechung hat es aber nicht zu einem Bruch geführt.

L: Ich will die Frage etwas zuspitzen. Beginnt nicht Ende der 1980er Jahre eine Phase, die man als dogmatisierende Phase bezeichnen könnte? Vorher gibt es andere Phasen: Es beginnt mit der Formations- oder „Gouvernantenphase" der 1950er/60er Jahre, dann folgt in den 1970er/80er Jahren eine aktivistische Phase, in der die letzten Reservate des Grundgesetzes mit Rechtsprechung gefüllt werden.[218] Als Sie in das Gericht eintraten, gab es kaum noch freie Räume. Zu allem fand man schon Rechtsprechung vor, es sei denn, es ging um völlig neue Dinge: Datenschutz etwa. Ihre Vorgängergeneration, *Hesse* und *Simon*, hatte noch die Chance ein Grundrecht nach 30 Jahren Grundgesetz erstmalig auszufüllen: Ich denke etwa an die Brokdorf-Entscheidung[219] zur Versamm-

[217] Dietrich Katzenstein (1923–2008), Präsident des Landeskirchenamts Hamburg, 1975–1987 Richter des Ersten Senats des Bundesverfassungsgerichts.

[218] Siehe zur Periodisierung *Justin Collings,* Democracy's Guardians. A History of the German Federal Constitutional Court, 2015.

[219] BVerfG, Beschluss des Ersten Senats vom 14. Mai 1985, Az.: 1 BvR 233, 341/81, BVerfGE 69, 315. Der Senat legte die verfassungsrechtlichen Anforderungen für die Auflösung bzw. das Verbot einer Versammlung fest und verlangte insofern eine verfassungskonforme Auslegung der §§ 14,15 VersG. Die Versammlungsfreiheit gehöre zu den „unentbehrlichen Funktionselementen" eines demokratischen

lungsfreiheit. Diese Räume sind in der Generation, die mit Ihnen ans Gericht kommt, nicht mehr da. Sie findet überall Rechtsprechung vor und steht vor der Aufgabe, neue Entwicklungen in das Vorgefundene einzubauen. Deswegen beginnt nun eine dogmatisierende Phase. Die Kohorte, die 1987 das Gericht betritt, ist insofern doch in einer anderen Situation als die Vorgänger, die zwölf Jahre vorher eintraten. Die waren noch wesentlich freier.

G: So ähnlich drückte sich auch der damalige Dekan der Bielefelder Fakultät aus – es war *Martin Oldiges* –, als er bei der Feier, zu der ich aus Anlass meiner Wahl eingeladen hatte, eine Rede hielt. Er beglückwünschte mich, bemerkte, welch große Ehre das auch für die Fakultät sei, fuhr dann aber fort, dass es doch längst nicht mehr so viel bedeute wie früher, denn das Grundgesetz sei nun entfaltet. Was übrig bleibe, sei Anwendung der Ergebnisse, die vorangegangene Richtergenerationen gefunden hätten. Ich habe ihm schon damals nicht geglaubt, und die Wiedervereinigung hat ihn dann vollends widerlegt. Alles, was hier zur Entscheidung stand, war präzedenzlos und hat das Gericht zehn Jahre beschäftigt.

Aber auch wenn man von den wiedervereinigungsbedingten Fällen absieht, kann ich nicht erkennen, dass es sich nur noch um die Einfügung neuer Entwicklungen in vorhandene Strukturen handelte. Das Asylrecht begann erst jetzt, nach seiner Neufassung im Jahr 1993, ein Thema zu werden. Erstmals stellte sich die Frage nach den Grundrechtswirkungen im Vertragsrecht. Sozialrechtlich gab es große Bewegungen, steuerrechtlich ebenfalls, die Rolle der Bundeswehr musste nach den weltpolitischen

---

Gemeinwesens; dazu A. Doering-Manteuffel/B. Greiner/O. Lepsius, Der Brokdorf-Beschluss des Bundesverfassungsgerichts 1985, 2015.

Veränderungen von 1989 neu definiert werden. Die überragende Bedeutung europarechtlicher Fragen kündigte sich an. Richtig ist aber, dass die Grundrechtsdogmatik 1979 mit dem Mülheim-Kärlich-Beschluss[220] ihren letzten großen Schritt getan hat und seitdem ausgefächert vorliegt und angewandt wird.

Wenn ich von einer Zäsur sprechen würde, wäre es eine andere als die, welche Sie im Sinn haben. Die Rolle des Gerichts begann sich zu ändern. Die Phase, in der eine Hauptaufgabe des Gerichts darin bestand, den politischen Institutionen, den Fachgerichten und den Verwaltungsbehörden die Bedeutung der Grundrecht einzuschärfen, ist vorbei. Die Grundrechtsbindung ist in erstaunlichem Maß internalisiert. Das heißt natürlich nicht, dass keine Grundrechtsverstöße mehr vorkommen. Aber sie sind seltener das Ergebnis einer mangelnden Grundrechtssensibilität. Stattdessen rückt das Gericht nun mehr und mehr in eine Rolle ein, in der es als Gegengewicht gegen die Kurzatmigkeit und Prinzipienvergessenheit der Politik fungiert und diese an die in der Verfassung zum Ausdruck gekommenen langfristigen Aspirationen der Gesellschaft erinnert, sozusagen vom Wächter zum Mahner wird.

L: Nehmen wir die Entscheidung zur Mitbestimmung.[221] Zur Eigentumsgarantie des Art. 14 GG gab es vorher zwei Entscheidungen und an die baute man an. Aber im Grunde war das Mitbestimmungsurteil die Leitentscheidung

[220] BVerfG, Beschluss des Ersten Senats vom 20. Dezember 1979, Az.: 1 BvR 385/77, BVerfGE 53, 30.

[221] BVerfG, Urteil des Ersten Senats vom 1. März 1979, Az.: 1 BvR 532,533/77, BVerfGE 50, 290; der Senat erklärte die erweiterte Mitbestimmung der Arbeitnehmer nach dem 1976 erlassenen Mitbestimmungsgesetz für verfassungskonform.

für die Prognosekompetenz des Gesetzgebers und die korrespondierende Kontrolldichte des Gerichts. Diese Frage wird erst im Jahr 1979 entschieden, also nach 28 Jahren Rechtsprechung. Nach der Entscheidung – das Thema kommt ja immer wieder auf – war die Freiheit des Zugriffs nicht mehr so vorhanden. Die Entscheidungsbände nehmen kontinuierlich zu, der Respekt vor der früheren Rechtsprechung wächst und mit ihm die Selbstbindung an die Rechtsprechung von Vor-vor-Vorgängern. 1987 hatte das Gericht also nicht mehr die Entscheidungsfreiheit, die es noch 1977 besaß. Und heute muss es sich von manchen früheren Entscheidungen auch wieder „befreien" und tut dies, indem es von der Entscheidungssammlung die Bände unter 100 nicht mehr zu zitieren pflegt. Alles unter Band 100 – und damit auch Ihre Entscheidungen – fällt zusehends aus dem Zitierkanon.[222]

G: Es kommt nicht auf die Zitatenhäufigkeit an, sondern darauf, ob an der Rechtsprechungslinie festgehalten wird. Das Rundfunkgebühren-Urteil von 2007[223] folgt nahezu wörtlich dem von 1994. Es ist danach aber nicht mehr nötig, das ältere zu zitieren. Ohne Zweifel wird das Netz mit jedem Entscheidungsband enger. Aber wissenschaft-

[222] Zur Erläuterung: Der 100. Band der amtlichen Sammlung der Entscheidungen des Bundesverfassungsgerichts (BVerfGE) erschien 1999, also in dem Jahr, in dem die Amtszeit Dieter Grimms als Verfassungsrichter endete. Die Entscheidungen, an denen Dieter Grimm mitwirkte, sind in den Bänden 76–101 abgedruckt.

[223] BVerfG, Urteil des Ersten Senats vom 11. September 2007, Az.: 1 BvR 2270/05, 809, 830/06, BVerfGE 119, 181; erneute Bestätigung des Fortgeltens der Aussagen zur dualen Rundfunkordnung angesichts weiter voranschreitender technischer Entwicklungen; Einschränkung der Befugnisse der Landtage im Hinblick auf die Finanzierungsvorschläge der Kommission zur Überprüfung und Ermittlung des Finanzbedarfs der Rundfunkanstalten.

lich-technischer Fortschritt und gesellschaftlicher Wertewandel sorgen für genügend Bewegung. Es kommt sogar vor, dass sie ein „neues" Grundrecht erzwingen. Ich denke an die Integrität und Vertraulichkeit kommunikationstechnischer Systeme.[224]

W: Das Phänomen unterscheidet sich nur graduell zur normalen Politik. In der Frühphase der Bundesrepublik hatte der Bundestag auch noch viel mehr Möglichkeiten. Wenn eine Verfassungsordnung oder eine politische Ordnung „in die Jahre kommt", schwinden die Entscheidungsspielräume, wenn nicht Exzeptionelles passiert. Herr *Lepsius* hat etwas skeptisch geschaut, als Sie die Rechtsprechung zur Wiedervereinigung hervorhoben. Natürlich gab es da viele wichtige Sachen – aber doch eher punktuelle Entscheidungen. Wurden die meisten nicht inzwischen historisiert?

G: Darin gebe ich Ihnen Recht. Diese Entscheidungen, so wichtig sie gewesen sein mögen und so sehr sie sozial fortwirken, haben sich mit dem Anlass erledigt. Sie entfalten keine dogmatische Fernwirkung. Aber meine Zeit am Gericht ist durch sie stark geprägt worden. Es gab ja kein Wiedervereinigungsproblem von einigem Gewicht, das am Bundesverfassungsgericht vorüber gegangen wäre. Der Einfluss des Gerichts auf den Wiedervereinigungsprozess harrt noch einer gründlichen Würdigung.

---

[224] BVerfG, Urteil des Ersten Senats vom 27. Februar 2008, Az.: 1 BvR 370, 595/07, BVerfGE 120, 274; im Zusammenhang mit der Beurteilung sog. Onlinedurchsuchungen entwickelt der Senat eine Schutzdimension vorhandener Grundrechte als „Grundrecht auf Gewährleistung der Vertraulichkeit und Integrität informationstechnischer Systeme".

L: Ja, aber dann ist das Gericht absorbiert durch technische Detailregelungen in Folge der Einigungsverträge. Konnten die großen gesellschaftlichen Entwicklungen noch verfassungsrechtlich begleitet werden?

G: Der Ausdruck „technische Detailregelungen" unterschätzt die Bedeutung. Wie wäre die Wiedervereinigung verlaufen, wenn das ursprüngliche, ganz von den Interessen der westlichen Parteien bestimmte Wahlgesetz für den ersten deutschen Bundestag Bestand gehabt hätte? Was wäre gewesen, wenn die Restitutionsfrage anders gelöst worden wäre, die Strafbarkeit von Regierungskriminalität, die Überleitung von Renten und Altschulden, die Entlassungen wegen SED-Zugehörigkeit et cetera? Für mich selber stand in diesen Fällen immer im Vordergrund, dass die Integration gelingen müsse, der Eindruck einer Überwältigung der ost- durch die westdeutsche Seite vermieden werden musste. Ich hätte dafür sogar ein neues Grundgesetz in Kauf genommen, nicht fürchtend, dass es sich sehr von dem alten unterschieden hätte.

3. „Reiten im Walde"

W: Sie haben gesagt, in der Rundfunkrechtsprechung Kontinuität gepflegt zu haben, und die neuen Entwicklungen, die eher technischer und ökonomischer Natur waren, auf dieser Grundlage bewältigt zu haben. Aber die Entscheidung „Reiten im Walde" mit Ihrem Sondervotum[225] ist demgegenüber der Versuch des Aufstandes, um

[225] BVerfG, Beschluss des 1. Senats vom 6. Juni 1989, Az.: 1 BvR 921/85, BVerfGE 80, 137; der Senat blieb in dieser Entscheidung bei seiner ständigen Rechtsprechung, wonach Art. 2 Abs. 1 GG die „all-

eine ganz starke Traditionslinie vielleicht doch zu verändern. Können Sie dazu noch etwas sagen? Der Fall löst ja angesichts des Sachverhalts immer Schmunzeln aus ...

G: Schon lange bevor ich überhaupt ahnen konnte, die Rechtsprechung einmal unmittelbar beeinflussen zu können, hatte ich das Elfes-Urteil[226] für falsch gehalten. Ich ließ das auch im Senat durchblicken und kündigte an, dass ich das Auffang-Grundrecht noch einmal zur Debatte stellen würde, wenn ein geeigneter Fall käme. Eines Tages erwähnte Herr *Seidl,*[227] der vor allem für Art. 14 GG zu-

---

gemeine Handlungsfreiheit im umfassenden Sinne" schützt und damit auch das Reiten im Wald; ein landesrechtliches Verbot des Reitens außerhalb gekennzeichneter Waldwege wurde jedoch als gerechtfertigt angesehen. *Dieter Grimm* verfasste ein Sondervotum, in dem er für ein enges Verständnis des Schutzbereichs von Art. 2 Abs. 1 GG plädierte: *„Das Reiten im Walde genießt keinen Grundrechtsschutz. Die Grundrechte unterscheiden sich von der Vielzahl sonstiger Rechte dadurch, daß sie Integrität, Autonomie und Kommunikation des Einzelnen in ihren grundlegenden Bezügen schützen. Eben wegen dieser fundamentalen Bedeutung ihres Schutzobjekts für eine auf die Menschenwürde gegründete Ordnung werden sie aus der Menge der Rechte hervorgehoben und verfassungsrechtlich mit erhöhten Garantien gegenüber der öffentlichen Gewalt, insbesondere mit Bindungswirkung für den Gesetzgeber, ausgestattet. Dabei können die Auffassungen darüber, was den gesteigerten Schutz der Grundrechte im einzelnen verdient, nach den historischen Umständen wechseln. Es ist aber weder historisch noch funktional der Sinn der Grundrechte, jedes erdenkliche menschliche Verhalten unter ihren besonderen Schutz zu stellen.*"

[226] BVerfG, Urteil des Ersten Senats vom 16. Januar 1957, Az.: 1 BvR 253/56, BVerfGE 6, 32; der Senat begründet hier seine ständige Rechtsprechung, wonach Art. 2 Abs. 1 GG in einem umfassenden Sinn die „allgemeine Handlungsfreiheit" schützt.

[227] Otto Seidl (geb. 1931), Richter, 1978–1986 am Bundesgerichtshof, 1986–1998 Richter des Ersten Senats des Bundesverfassungsgerichts, 1995–1998 Vizepräsident des Bundesverfassungsgerichts.

ständig war, dass er wahrscheinlich den geeigneten Fall habe. Es war das Reiten im Walde. Ich blieb aber auf der ganzen Linie erfolglos. Die Diskussion endete mit einer sieben-zu-eins Niederlage. Ein Mitglied des Senats warf mir vor, mit meiner Auffassung ebne ich dem Polizeistaat den Weg. Da musste ich dann doch lachen – ich ein Wegbereiter des Polizeistaats! Immer noch glaube ich, dass die Sache 1957 anders ausgegangen wäre, wenn der Senat gesehen hätte, dass es zwischen den beiden Extrempositionen, die er erörterte, einen Mittelweg gab – den er später seit der Mikrozensus-Entscheidung von 1969[228] ja auch einschlug, doch ohne den Elfes-Irrtum zu korrigieren. Mir war die Sache ein Sondervotum wert, obwohl meine wissenschaftlichen Mitarbeiter abrieten. Die Sache sei gelaufen, es lohne nicht. Dass es die Staatsrechtslehre veranlasste, die Frage noch einmal grundsätzlich zu behandeln, hat mich gefreut, auch wenn diese Diskussion ebenfalls zu meinem Nachteil ausging. Ein Kollege schrieb später, ich sei zum Schluss doch wohl bekehrt worden, denn ich hätte ja nicht in weiteren Sondervoten auf meinem Standpunkt beharrt. Das ist natürlich Unsinn. Ich bin ja nicht *Cato*.

L: Kann man nicht sagen, ein Verwaltungsrechtler braucht den lückenlosen Grundrechtsschutz, um über ein subjektives Gegenrecht gegen die potenziell allmächtige Eingriffsverwaltung zu verfügen. Der privatrechtlich sozialisierte Verfassungsrechtler braucht den lückenlosen Grundrechtsschutz nicht. Für ihn kommt es auf eine Gewichtung an, auf die Relevanz, auf die Macht.

[228] BVerfG, Beschluss des Ersten Senats vom 16. Juli 1969, Az.: 1 BvL 19/63, BVerfGE 27, 1; zur Verfassungsmäßigkeit einer Repräsentativstatistik.

G: Ich brauchte den lückenlosen Grundrechtsschutz nicht deshalb nicht, weil ich eine größere Nähe zum Privatrecht hatte, sondern weil ich ein bestimmtes, vielleicht kann man sagen: emphatisches, Grundrechtsverständnis habe. Mit diesem Grundrechtsverständnis ist es unvereinbar, dass alles Erdenkliche, selbst die Untat, Grundrechtsschutz genießt und erst über die Schrankenregelung wieder eingefangen werden muss. Ich wende mich gegen die Banalisierung der Grundrechte, die in der herrschenden Vorstellung zum Ausdruck kommt.

4. Verfassungsrecht und Privatrecht

W: Lassen Sie mich zu den freien Flächen, die Herr *Lepsius* eben angesprochen hat, nachfragen. Die Entscheidungen zu privatrechtlichen Sachverhalten, also „Handelsvertreter“[229] und „Bürgschaft“[230] als Schlagworte, brachten viel Neues. Über die Einordnung der Grundrechte in das Privatrecht wurde seit dem Lüth-Urteil viel

[229] BVerfG, Beschluss des Ersten Senats vom 7. Februar 1990, Az.: 1 BvR 26/84, BVerfGE 81, 242; der Senat leitete aus Art. 12 Abs. 1 GG die Pflicht des Gesetzgebers her, bei Fehlen eines annähernden Kräftegleichgewichts der Beteiligten Vorkehrungen zum Schutz der Berufsfreiheit gegen vertragliche Beschränkungen – hier: Wettbewerbsverbote für Handelsvertreter ohne Karenzentschädigung – zu schaffen.

[230] BVerfG, Beschluss des Ersten Senats vom 19. Oktober 1993, Az.: 1 BvR 567, 1044/89, BVerfGE 89, 214; der Senat verpflichtete die Zivilgerichte, bei der Auslegung der Generalklauseln der §§ 138, 242 BGB die aus Art. 2 Abs. 1 GG folgende Gewährleistung der Privatautonomie zu berücksichtigen und bei ungewöhnlich starker Belastung eines Vertragspartners sowie strukturell ungleicher Verhandlungsstärke dementsprechend eine Inhaltskontrolle durchzuführen.

geschrieben, aber nun ging es um eine andere Konstruktion. Ich kann mich noch erinnern, wie verdutzt ich über die Begründung in der Bürgschaftsentscheidung war. Man hätte den Fall ja mit mittelbarer Drittwirkung lösen können, aber das Gericht ging nach Ihrem Grundrechtsmodell vor: Die Privatautonomie als solche muss gerettet werden, nicht die einzelne Person, die sich da verstrickt hatte und bürgen musste. Das ist ein sehr institutioneller Ansatz. Die Privatautonomie muss als solche bewahrt werden und das geht nur, wenn Exzesse vermieden werden: also der radikal antiindividualistische Ansatz. Hier jedenfalls bestand noch eine freie Fläche oder war es ein Paradigmenwechsel gegenüber der Schutzpflichtargumentation aus „Lüth"?

G: Ich muss als erstes sagen, dass ich nicht die treibende Kraft in dieser Sache war. Sie fiel vielmehr in die Zuständigkeit von Herrn *Dieterich*, und für den Ausgang ist es sicherlich kein Zufall, dass *Dieterich* aus tiefstem Herzen Arbeitsrechtler war.[231] Mir bereitete der Fall dagegen Kopfzerbrechen. Vertragsschluss ist ja gerade Gebrauch von Freiheit, und die Freiheitsbeschränkungen, die man eingeht, sind freiwillige Selbstbeschränkungen. Für Grundrechtseinfluss lassen Verträge daher wenig Raum. Ich stimmte aber natürlich mit der Annahme überein, dass die Vertragsfreiheit nur dann zu einem gerechten Interessenausgleich führt, wenn die Vertragspartner einander einigermaßen gleichgewichtig gegenübertreten. Fehlt es daran, besteht eine staatliche Schutzpflicht. Andererseits löst schlechte Vertretung der eigenen Interessen bei Vertragsverhandlungen noch keine Schutzpflicht aus. Es

---

[231] Vgl. dazu *Thomas Dieterich*, Ein Richterleben im Arbeits- und Verfassungsrecht, 2016, S. 193 ff.

geht um strukturelle Nachteile. Wann kann man solche annehmen und wie lassen sie sich feststellen?

W: Der Lüth-Fall war ja von Anfang an sehr politisiert. Und er spielte nicht im Vertragsrecht, sondern in den gesetzlichen Schuldverhältnissen. Aber jetzt ging es mit dem Vertragsrecht um den Kern des Privatrechts.

G: Mir war die Neuartigkeit der Konstellation vollkommen bewusst. Dem Arbeitsrechtler mag sie aber ganz alltäglich erschienen sein.

L: Für den Arbeitsrechtler ist es eine Grunderfahrung, dass nicht von einer Parität der Kräfte im Vertragsverhältnis ausgegangen werden kann. Wie aber waren die Reaktionen der Schuldrechtler? Wurde Ihnen vorgeworfen, das Privatrecht nicht verstanden zu haben? Oder ist es als ein institutioneller Übergriff des Verfassungsrechts kritisiert worden?

G: Der Handelsvertreter-Fall und die folgenden Bürgschafts-Fälle belebten zeitweilig den Streit um die Grenzziehung zwischen Verfassungsgerichtsbarkeit und Zivilgerichten neu. Das Verfassungsgericht war längere Zeit bei den Privatrechtlern schlecht angesehen. Der Deutsche Juristentag beschäftigte sich mit dem Thema. Der Einwand der Privatrechtler lautete, zum Ausgleich solcher Lagen benötige man das Verfassungsrecht nicht, das könne man mit eigenen Mitteln erreichen. Meine Antwort lautete: Aber ihr habt sie nicht genutzt. Der Anstoß musste wohl doch von außen kommen. Das Verhältnis zwischen Verfassungsgericht und Fachgerichten ist dadurch aber nicht auf Dauer gestört worden. Deutschland unterscheidet sich in dieser Hinsicht von vielen anderen Ländern, in denen die relativ junge Verfassungsgerichtsbarkeit immer wieder mit den Widerständen der ordentlichen Gerichte zu kämpfen hat. Zum entspannten Verhältnis in Deutschland trägt sicher bei, dass viele Richter der obersten Instanzen zeitweilig wissenschaftliche Mitarbeiter am Bundesverfassungsgericht waren und also mit dem Zusammenspiel von Verfassungsrecht und einfachem Recht wohlvertraut sind. Gegenwärtig sind sämtliche Präsidenten der obersten Bundesgerichte mehrere Jahre wissenschaftliche Mitarbeiter am Bundesverfassungsgericht gewesen. Das bleibt nicht ohne Folgen.

VII. Aufruhr um die Rechtsprechung des Bundesverfassungsgerichts

1. „Kruzifix" und „Soldaten sind Mörder"

L: In Ihre Amtszeit fiel eine der nicht wenigen Krisen des Gerichts im Verhältnis zur Politik, eine Phase der intensiveren politischen und auch sogar gesellschaftlichen Auseinandersetzung mit der Rechtsprechung. „Kruzifix“[232] und „Soldaten sind Mörder“[233] waren zwei Ent-

---

[232] BVerfG, Beschluss des Ersten Senats vom 16. Mai 1995, Az.: 1 BvR 1087/91, BVerfGE 93, 1; der Senat sah in dem Anbringen eines Kruzifix in den Unterrichtsräumen einer staatlichen Pflichtschule, die keine Bekenntnisschule ist, eine Verletzung der negativen Religionsfreiheit der Schüler aus Art. 4 Abs. 1 GG.

[233] Es erging zunächst ein Kammerbeschluss im Jahr 1994, dann eine Senatsentscheidung im Jahr 1995. Kammerbeschluss: BVerfG, Beschluss der 3. Kammer des 1. Senats vom 25. August 1994, Az.: 1 BvR 1423/92, NJW 1994, 2943. Auf eine Verfassungsbeschwerde hob die Kammer ein Strafurteil auf, in dem der Beschwerdeführer aufgrund eines Aufklebers mit der Aufschrift „Soldaten sind Mörder“ wegen Volksverhetzung (§ 130 StGB) verurteilt worden war. Dabei bezog sich die Kammer auf die st.Rspr., wonach die Verurteilung wegen einer Äußerung schon dann gegen Art. 5 Abs. 1 Satz 1 GG verstößt, *„wenn bei mehrdeutigen Äußerungen die zur Verurteilung führende Deutung zugrunde gelegt worden ist, ohne daß andere, ebenfalls mögliche Deutungen mit überzeugenden Gründen ausgeschlossen worden sind (vgl. BVerfGE 43, 130 <136f.>; 82, 43 <52f.>; 272 <280f.>; 85, 1 <14>)“*. Die Senatsentscheidung bestätigte diese Rechtsprechung: BVerfG, Beschluss des Ersten Senats vom 10. Oktober 1995, Az.: 1 BvR 1476, 1980/91, BVerfGE 93, 266.

scheidungen, die erst einmal auf Unverständnis stießen. Wie ist das Gericht mit dieser Resonanz umgegangen?

G: Die Entscheidungen lösten den schärfsten Protest gegen das Bundesverfassungsgericht aus, den ich in meiner Amtszeit erlebt habe, vielleicht den größten Protest überhaupt. „Soldaten sind Mörder“ warf keinerlei neue oder strittige Frage auf. Deswegen fiel die Entscheidung in der Kammer mit relativ kurzer Begründung. Das Strafurteil gegen die Äußerung wurde aufgehoben, weil das Gericht sie aus ihrem Kontext isoliert hatte und Deutungsmöglichkeiten, die nicht zur Bestrafung geführt hätten, nicht geprüft und ausgeschlossen hatte. Der Kammer-Beschluss fiel in den beginnenden Wahlkampf 1994.[234] Das fachte die Flamme an und hielt sie am Brennen. Politiker griffen die Sache auf oder wurden gedrängt, dazu Stellung zu nehmen.

Am Abend der Veröffentlichung des Beschlusses begann in Münster der Deutsche Juristentag. Ich saß bei der Eröffnungsveranstaltung in der ersten Reihe. Bundespräsident *Herzog* hielt die Festrede. Noch während der Reden traten Journalisten an mich heran und baten um einen Kommentar zur Entscheidung. Meine Antwort: „Sie wissen doch, dass ich Entscheidungen nicht kommentiere.“ Darauf zogen sie Agenturmeldungen mit Politikeräußerungen über den Fall aus der Tasche, die mit der Entscheidung wenig zu tun hatten: „Bundesverfassungsgericht: Deutsche Soldaten sind Mörder.“ Neben mir saß meine Kollegin *Renate Jaeger.*[235] Ich fragte sie, ob ich unter die-

---

[234] Der Kammerbeschluss (BVerfG, NJW 1994, 2943) datiert auf den 25. August 1994. Die Bundestagswahl fand am 16. Oktober 1994 statt.

[235] Renate Jaeger (geb. 1940), Richterin, 1987–1994 am Bundessozialgericht, 1994–2004 Richterin des Ersten Senats des Bundesver-

sen Umständen Stellung nehmen sollte. Sie meinte, ich müsse es tun. So sprach ich auf den Fluren in zahlreiche Kameras und Mikrofone. Die Äußerungen erschienen in den Hauptnachrichtensendungen.[236] Damit hatte die Entscheidung einen Namen und ein Gesicht.

Am nächsten Morgen fanden die Wahlen zur Ständigen Deputation des Deutschen Juristentages statt. Für einen der Plätze kandidierten Herr *Kirchhof* und ich. Ich verlor haushoch. In der Personaldebatte sollen bedeutende Juristen gesagt haben, es sei undenkbar, dass jemand, der für eine derartige Entscheidung verantwortlich sei, den Deutschen Juristentag repräsentiere. In einer Diskussionsrunde, in der ein Politiker die Entscheidung in einer Weise angriff, die offenbarte, dass er sie nicht gelesen hatte, hielt ich ihm vor, dass seine Kritik an der Sache vorbeigehe; es wäre doch sehr empfehlenswert, sich zunächst einmal Kenntnis über den Gegenstand der Kritik zu verschaffen. Er erwiderte, dass er keine Zeit habe, von heute auf morgen 70 Seiten zu lesen. Meine Antwort: „Es sind sieben Seiten."

In den folgenden Tagen und Wochen brach eine Briefflut über mich herein, darunter Morddrohungen, die ich der Außenstelle des Bundeskriminalamts im Verfassungsgericht weiterreichte. Es ordnete noch am selben Tag Personenschutz an. Die Briefe lassen sich in drei Gruppen einteilen: Viele waren beleidigend. Wenige äußerten sich zustimmend. Dazwischen lag eine Gruppe, der man eine

---

fassungsgerichts, 2004–2011 Richterin des Europäischen Gerichtshofs für Menschenrechte.

[236] Ein Ausschnitt des Statements wurde in der 20 Uhr-Tagesschau vom 20. September 1994 gesendet; http://www.tagesschau.de/multimedia/video/video-23324.html (abgerufen am 27. Februar 2017).

tiefe Verstörung oder Verletzung anmerkte. Diese Briefe habe ich beantwortet. Nicht selten kamen Rückmeldungen. Wenn sie lauteten: „Ich sehe nun, warum Sie das so gemacht haben, ich finde es noch immer nicht gut, aber ich verstehe es", fand ich, dass der Aufwand sich gelohnt hatte.

Als die Kammer-Entscheidung veröffentlicht wurde, lagen noch weitere Soldaten-Fälle auf meinem Tisch. Nach dem Proteststurm hielt ich es für selbstverständlich, diese im Senat zur Diskussion zu stellen, obwohl sie keine klärungsbedürftigen Rechtsfragen aufwarfen. Der Senat bestätigte die Kammer-Entscheidung, in einem der vier Fälle einstimmig, in den drei anderen mit fünf zu drei.

L: Welche Entscheidung hat Ihnen den Polizeischutz eingebracht, die Kammerentscheidung oder die Senatsentscheidung?

G: Die Kammer-Entscheidung. Die Senatsentscheidung, die im Abstand von einem Jahr folgte, löste keine Tumulte mehr aus. Es gab vielleicht Kritiker, die gehofft hatten, der Senat werde es den drei durchgedrehten Richtern mal richtig zeigen. Aber damit war ja angesichts der ständigen Rechtsprechung nicht ernsthaft zu rechnen. Außerdem war die Senatsentscheidung so gefasst, dass sie wenig Angriffsflächen bot. Aus der Diskussion über die Kammer-Entscheidung kannte ich alles, was als anstößig oder verletzend empfunden worden war. Ich gab mir Mühe, es zu berücksichtigen. Ich versuchte, mit Engelszungen zu sprechen, was natürlich nicht heißt, dass die Senatsentscheidung allgemeine Zustimmung fand. Aber der Großangriff wiederholte sich nicht. Wenn ich mich richtig erinnere, wurde in zwei Fällen gegen das neuerliche Strafurteil wiederum Verfassungsbeschwerde eingelegt; eine führte zur Aufhebung, eine wurde zurückgewiesen, weil das Gericht seine Deutung der Äußerung nunmehr plausibel begründet hatte.

L: Diese Individualisierung von Ihnen geschah also durch Ihren Auftritt beim Juristentag?

G: Damit war allgemein bekannt, wer Berichterstatter in diesem Fall gewesen war. Das wissen ja sonst nur Insider. „Die Welt" ging aber noch weiter und veröffentlichte Bilder und Daten der drei „Täter" im Bundesverfassungsgericht nach Art eines Steckbriefs.[237] Wenig später fand eine Tagung des Studienkreises für Presserecht in Weimar statt. Vor dem Hotel traf ich mit dem Karlsruhe-Korrespondenten der „Welt" zusammen. Bei der Begrüßung sagte er mit Vorstellungsgeste zu seiner Frau: „Das ist der berüch…, äh, berühmte Verfassungsrichter *Grimm*."

W: Ist die Entscheidung „Soldaten sind Mörder" der Beginn einer bis heute anhaltenden umstrittenen Praxis, dass das Gericht seine Entscheidungen erläutert? War das unbeabsichtigt womöglich der Startschuss für eine Entwicklung, die heute sehr diskutiert wird? Das Gericht sagt ja oft, man müsse das Urteil der Öffentlichkeit vermitteln, da es so komplex sei und sonst fehlverstanden werde. Ich vermute, ohne es jetzt belegen zu können, dass das Gericht in den 1950er und 1960er Jahren über seine Entscheidungen nichts gesagt hat und vielleicht auch nichts sagen musste.

G: Nein, allerdings verdichteten sich die öffentlichen Stellungnahmen angesichts der ungeheuren Erregung, die über die Soldaten- und die Kruzifix-Entscheidung ent-

[237] Ein Ausschnitt des Artikels ist abgedruckt in: Michael Hepp/Viktor Otto (Hrsg.), „Soldaten sind Mörder", 1996, S. 177 ff.

standen war. Nach meiner Wahrnehmung trat das Gericht seit der Präsidentschaft von *Ernst Benda*[238] stärker öffentlich in Erscheinung. Auch *Zeidler* scheute die Öffentlichkeit nicht. Ich erinnere an seine Abwiegelung nach dem Wirbel um das erste Abtreibungs-Urteil, wo er vom „himbeergroßen" Embryo gesprochen hatte, worauf die Empörung erst durch ein Versöhnungsgespräch mit der Deutschen Bischofskonferenz beigelegt wurde. Soweit ich das beurteilen kann, war *Gebhard Müller*[239] der letzte zurückhaltende Präsident. Aber auch öffentliche Auftritte von Richtern sind nichts Neues. Im Süddeutschen Rundfunk gab es zum Beispiel lange eine Sendung, in der bedeutende Gerichtsurteile, nicht nur des Bundesverfassungsgerichts, vorgestellt wurden. Es galt nicht als anrüchig, wenn der Berichterstatter dort auftrat und das Urteil im Gespräch mit einem Redakteur erläuterte.

Das Gericht hat an sich wenig Grund, über die Medienberichterstattung zu klagen. Die großen Tages- und Wochenzeitungen haben Korrespondenten in Karlsruhe, ebenso die öffentlich-rechtlichen Rundfunkanstalten. Das sind durchweg kenntnisreiche Journalisten, die ihren eigenen Standpunkt haben, aber die Sachlage zutreffend schildern. Treten Fälle wie Kruzifix und Soldaten auf,

---

[238] Ernst Benda (1925–2009), Politiker, 1955–1957 Mitglied des Abgeordnetenhauses von Berlin, 1957–1971 Mitglied des Deutschen Bundestags, 1968/69 Bundesminister des Innern, 1971–1983 Präsident des Bundesverfassungsgerichts.

[239] Gebhard Müller (1900–1990), Oberstaatsanwalt, 1946 Mitwirkung beim Wiederaufbau der Justiz in Württemberg-Hohenzollern, 1948–1952 MdL Württemberg-Hohenzollern, Mitglied der verfassunggebenden Versammlung von Baden-Württemberg, 1952–1958 MdL Baden-Württemberg, 1953–1958 Ministerpräsident des Landes Baden-Württemberg, 1959–1971 Präsident des Bundesverfassungsgerichts.

dann gerät die Berichterstattung jedoch alsbald in die Hände von Journalisten, die mit der Sache nicht vertraut sind. Was eigentlich Gegenstand der Entscheidung war, verschwindet dann schnell hinter dem, was andere über diese Entscheidung gesagt haben. In solchen Fällen halte ich es für wichtig, dass man in den Grenzen, die Richtern gezogen sind, zur Aufklärung beiträgt. Bei der Soldaten-Entscheidung verhielt es sich so. Das Gericht hatte ja weder selbst gesagt, Soldaten seien Mörder, noch entschieden, dass diese Aussage unbesehen gemacht werden dürfe. Es hatte lediglich darauf insistiert, dass die Gerichte mit einer solchen Äußerung sorgfältig umgehen, ehe sie den Äußernden bestrafen. Ist die Äußerung in der Tat eine Beleidigung von Personen, dann kann sie geahndet werden. Ist sie eine, wenn auch überzogene, Ablehnung des Militarismus, eine Anklage gegen das Töten im Krieg, ein Plädoyer für Pazifismus, dann muss sie erlaubt sein. Ich ging deswegen auch Diskussionseinladungen nicht aus dem Weg, zum Beispiel in der Führungsakademie der Bundeswehr in Hamburg. Was man klar machen musste, war der Umstand, dass nicht eine Herabsetzung von Soldaten, sondern der faire Umgang mit Meinungsäußerungen zur Debatte stand.

L: Ist im Nachgang die Pressestelle aufgerüstet worden, gab es aktive Presse- und Öffentlichkeitsarbeit?

G: Zur Einrichtung der Pressestelle kam es im Gefolge des Kruzifix-Beschlusses, nicht schon nach der Soldaten-Entscheidung. Die Aufregung über „Soldaten sind Mörder“ war vorüber, als im Mai 1995 nach der Kruzifix-Entscheidung der nächste Entrüstungssturm über das Bundesverfassungsgericht hereinbrach. Er war anders als die Reaktion auf die Soldaten-Entscheidung, aber nicht weniger heftig. Räumlich waren die Reaktionen begrenzter. Das Schwergewicht lag begreiflicherweise in Bayern, nur um bayerische Schulen ging es ja in der Entscheidung. Aus dem übrigen Süddeutschland und aus Westdeutschland kam ebenfalls viel Protest, wenig aus Norddeutschland, fast nichts aus Ostdeutschland. Der Protest war auch nicht personalisiert. Er betraf das Gericht. Er war stärker organisiert, es gab massenhaft vorformulierte Eingaben, etwa aus bayerischen Pfarreien. Protestmärsche fanden statt, an denen sich Bischöfe und Minister beteiligten. Auch die Beweggründe für den Protest waren andere. Wie die Briefe nach dem Soldaten-Beschluss zeigten, spielten dort persönliche Verletzungen eine große Rolle: mein Mann, mein Bruder ist für das Vaterland gefallen und wird nun als Mörder denunziert. Andere verbanden das Soldatsein vor allem mit der Bereitschaft, das eigene Leben um höherer Güter willen einzusetzen, und fühlten sich oder die Soldaten allgemein durch das Tucholsky-Zitat erniedrigt.

Beim Kruzifix ging es dagegen mehr um Identitätsfragen. Auch wenn sich Kirchenaustritte häufen, sonntägliche Gottesdienstbesuche sinken, wollen wir uns offenbar doch noch als christlich geprägte Gesellschaft verstehen, christliche Werte durch die Schule vermittelt sehen. Der säkulare Staat ist akzeptiert, aber auch in allen Konsequenzen? Insgesamt war nach meiner Einschätzung der Erregungszustand in den katholischen Gebieten höher. Damit wuchs auch die Skandalisierung des Gerichts. Um es an einem persönlichen Beispiel zu illustrieren: Ein in München lebender Vetter von mir lud mich von der Feier seines 60. Geburtstags aus, mit allen Anzeichen, dass es ihm schwerfiel und peinlich war, aber: „Du kannst Dir gar nicht vorstellen, was hier los ist.“ Die jüngste

Schwester meiner Mutter, die einzige noch lebende aus der Geschwisterschar, rief mich an und sagte: „Nur gut, dass Deine Mutter das nicht mehr erleben musste." Das Verfassungsgericht wurde mit den Nazis verglichen. Es sei schlimmer als diese, ihnen sei es nicht gelungen, die Kreuze aus den Schulen zu entfernen. Aus dem Beschluss wurden unsinnige Folgerungen gezogen: in den bayerischen Alpen müssten die Gipfelkreuze verschwinden; in Stadttheatern dürfe nicht mehr Nathan der Weise aufgeführt werden, denn der Tempelherr trage ja ein Gewand mit einem Kreuz.

R: Wie reagierte die Politik auf die Entscheidung?

G: Politiker proklamierten, die Entscheidung sei derart abwegig, dass sie nicht befolgt werden müsse. Wenn solche Äußerungen möglich waren, ging es freilich nicht mehr nur um Kruzifixe. Es ging bereits um die Grundfesten des demokratischen Rechtsstaats. Wie sollten Politiker noch glaubhaft Gehorsam für ihre Gesetze verlangen, auch von denen, die ihnen nicht zugestimmt hatten, wenn sie sich selber vom Gehorsam gegen Gerichtsurteile dispensierten, die ihnen nicht gefielen? Ich mochte gar nicht glauben, dass eine solche Selbstdemontage demokratischer Politik nicht sofort Alarmsignale ausgelöst hätte. Aber es war so. Ich hatte einen kurzen Text dazu niedergeschrieben und trug ihn tagelang in meiner Aktentasche mit mir herum, denkend, dass es doch bemerkt werden müsse, dass die Auseinandersetzung mittlerweile in ein Stadium eingetreten war, in dem es nicht mehr um Kreuze in Klassenzimmern ging, sondern darum, dass die demokratische Politik gerade dabei war, wegen kurzfristiger Popularitätsgewinne an dem Ast zu sägen, der langfristig die stärkste Stütze ihrer Legitimation ist. Schließlich schickte ich den Text an die FAZ,[240] die ihn am nächsten Tag druckte.

Die Zustimmungsraten für das Bundesverfassungsgericht fielen zusehends. Auch das Gericht schien mir mehr beeindruckt als nach der Soldaten-Entscheidung. *Böckenförde* sagte mir: „Nach dieser Entscheidung wird das Gericht nie mehr das sein, was es vorher war.“ Ich bezweifelte das und nahm nur an, die Erholung in der öffentlichen Meinung werde etwas länger dauern als sonst bei umstrittenen Entscheidungen. So war es auch.

W: Berichterstatter war meines Wissens *Henschel.*[241] Problematisch war meines Erachtens u.a. die Formulierung vom „Lernen unter dem Kreuz“: Das ist in doppelter Hinsicht problematisch – einerseits die einseitige Betonung der angeblichen Last „unter“ einem Kreuz zu sitzen und zu lernen, andererseits die in der historischen Forschung eingeschliffene Formulierung „Lernen unter dem Hakenkreuz“.

G: Ich teile Ihre Ansicht. *Henschel* dachte sicherlich nicht an den Nationalsozialismus, sondern an den Beschluss zum Kreuz im Gerichtssaal, wo im Blick auf einen jüdischen Rechtsanwalt von dem unzumutbaren Zwang ‚unter dem Kreuz‘ einen Rechtsstreit zu führen, die Rede ist.[242] Ich schlug seinerzeit für verschiedene Passagen des Beschlussentwurfs andere Formulierungen vor, die auch

240 *Dieter Grimm*, Unter dem Gesetz, Frankfurter Allgemeine Zeitung vom 18. August 1995, S. 29.

241 Johann Friedrich Henschel (1931–2007), Rechtsanwalt, zuletzt am Bundesgerichtshof, 1983–1995 Richter des Ersten Senats des Bundesverfassungsgerichts, 1994–1995 Vorsitzender des Ersten Senats und Vizepräsident des Bundesverfassungsgerichts.

242 BVerfG, Beschluss des Ersten Senats vom 17. Juli 1973, Az.: 1 BvR 308/69, BVerfGE 35, 366 (375 f.).

akzeptiert wurden. Im Nachhinein habe ich mir vorgeworfen, dass ich nicht noch häufiger interveniert habe. Von der Formulierung „unter dem Kreuz lernen" hing juristisch nichts ab. Aber man will einem Berichterstatter auch nicht zu viel zumuten.

W: Eine Sache, die mich bei der Entscheidung immer interessiert aber auch verwirrt hat, ist, dass der Senat im Grunde doch eine theologische Deutung des Kreuzes vornimmt, was das Gericht jedoch im doppelten Sinne nicht „kann": Erstens, weil keine Theologen entscheiden, also die theologische Fachkenntnis fehlt, und zweitens, weil der Staat nicht über theologische Fragen entscheiden darf, will er nicht seine religiöse Neutralität verletzen. Das wäre eigentlich auch nicht nötig gewesen. Der Senat hätte allein auf die Wirkung, auf den Empfängerhorizont abstellen können.

G: Meines Erachtens ließ sich die Frage nicht umgehen. Die Bedeutung des Kreuzes war im Verfahren und auch im Senat umstritten. Einige betrachteten es als spezifisch christliches Religionssymbol, andere als allgemein abendländisches Kultursymbol. In den Vorentscheidungen der Verwaltungsgerichte hieß es, das Kreuz sei nur für die christlichen Schüler ein Religionssymbol, für die anderen nicht. Die bayerische Staatsregierung argumentierte, die Bedeutung des Kreuzes wechsele mit dem Unterrichtsfach. Im Religionsunterricht sei es ein Religionssymbol, wenn der Mathematiklehrer das Klassenzimmer betrete, werde es zum Kultursymbol. Der Unterschied war juristisch relevant, denn wenn das Kreuz keine religiöse Bedeutung gehabt hätte, hätte es auch nicht die Religionsfreiheit der Beschwerdeführer beeinträchtigen können. Sie haben aber recht, dass dem Gericht die Kompetenz fehlt, die Deutung des Kreuzes zu bestimmen. Deswegen hat das Gericht das Selbstverständnis der christlichen Kirchen abgefragt, die sich mit diesem Symbol identifizieren, und dazu zwei unverdächtige Quellen herangezogen, nämlich die repräsentativen Lexika der beiden Kirchen, das „Lexikon für Theologie und Kirche"[243] und „Religion in Geschichte und Gegenwart".[244]

Irgendwann legte sich der Sturm. Es änderte sich ja auch wenig in Bayern. Die meisten Kreuze blieben hängen. Das lag an einer Unklarheit in dem Beschluss, den der bayerische Gesetzgeber ausnützte. Aus dem Beschluss ergab sich nicht eindeutig, ob die Kreuze durchweg abgenommen werden mussten oder nur im Fall von Protesten. Dahinter stand eine dogmatische Unklarheit. War das subjektive Recht der Religionsfreiheit letztlich Ausschlag gebend oder das aus ihm abgeleitete objektivrechtliche Prinzip der Neutralität des Staates gegenüber den Religionen?

Die professionelle Öffentlichkeitsarbeit verdankt sich der Diskussion um die Kruzifix-Entscheidung. Frau *Limbach*[245] rief die Pressestelle ins Leben. Die Pressemitteilungen sollten medienfreundlicher werden; Präsident und Richter sollten von der Pflicht entlastet werden, bei Stellungnahmen des Gerichts stets selbst aufzutreten. Frau *Limbach* holte ihre Pressesprecherin aus der Berliner Senatorenzeit *Uta Fölster*. Sie war Richterin am Amtsgericht.

W: Und ist jetzt Präsidentin des OLG Schleswig ...

---

[243] (LThK), 3. Aufl. 1993–2001.

[244] (RGG), 4. Aufl. 1998–2005.

[245] Jutta Limbach (1934–2016), Professorin für Zivilrecht an der Freien Universität Berlin, 1989–1994 Senatorin für Justiz des Landes Berlin, 1994–2002 Präsidentin des Bundesverfassungsgerichts.

G: ... vorher hatte der Berichterstatter die Pressemitteilung geschrieben – das war natürlich meistens eher ein kurz gefasstes Urteil, aber für eine Pressemitteilung viel zu lang. Seit der Professionalisierung der Öffentlichkeitsarbeit des Gerichts wird die Pressemitteilung in der Pressestelle geschrieben und dem Berichterstatter vorgelegt, damit kein Fehler unterläuft.

W: Es ist mir aufgefallen, dass in den letzten Jahren die Pressemitteilungen wieder traditioneller geworden sind und im Duktus des Urteils geschrieben werden. Die Presseerklärungen müssten eher im „Journalistenduktus" abgefasst werden.

G: Ich finde sie auch zu lang und zu dogmatisch. Einerseits sind sie die Pressemitteilungen des Gerichts. Sie sollten also nicht verleugnen, dass es um Verfassungsrecht geht. Andererseits sind sie die Pressemitteilungen für die Medien. Sie sollten also darauf Rücksicht nehmen, dass diese andere Selektionskriterien haben als die Justiz. Ich selbst dachte daran oft schon bei der Abfassung der Gründe. Bei wichtigen Entscheidungen legte ich auf den einen oder anderen medientauglichen Satz wert. Meist hat das geklappt. Er wurde zitiert.

R: Gibt es neben der Einrichtung der Pressestelle etwas, was sich für die Arbeit des Bundesverfassungsgerichts aus der Debatte um die Kruzifix-Entscheidung lernen lässt? Kann und sollte ein Gericht solchen Kontroversen über sein Urteil vorbeugen?

G: Was ich aus dem Kruzifix-Fall gelernt habe, ist, dass ein Problem von solcher Brisanz nur nach einer mündlichen Verhandlung entschieden werden sollte. Das Publikum wird dann auf die Entscheidung vorbereitet, sie kommt nicht aus heiterem Himmel. Die Betroffenen haben Gelegenheit, ihren Standpunkt öffentlich vorzutragen. Man kann aufgrund der Fragen der Richter spekulieren, wie sie den Fall sehen. Das alles hindert nicht Enttäuschungen oder Entrüstungen, aber es verhindert wohl doch einen solchen Ausbruch, wie wir ihn damals erlebten.

L: Auch in der Gegenwart fühlen sich manche Verfassungsrichter durch Kritik angegriffen. Wer jedoch Ihre Erlebnisse hört, kann nur zu dem Schluss kommen: so weit ist es nicht mehr gekommen. Damals gab es eine konzertierte Presseaktion, die zu Hassäußerungen in der Bevölkerung führte. Als Folge der Kruzifix-Entscheidung fand in München eine Demonstration mit 30.000 Menschen statt. An der Spitze standen Staatsorgane, wie der Bayerische Ministerpräsident, der gegenüber dem Gericht kein Demonstrationsrecht wahrnehmen kann. Solche Bund-Länder-Konflikte pflegen wir anders auszutragen als über Grundrechtsgebrauch, der einem Ministerpräsidenten, also einem Verfassungsorgan, so nicht offen steht. Das sind schon Dimensionen gewesen, wie wir sie im Grunde gar nicht mehr kennen.

G: Ich würde nicht von vornherein ausschließen, dass sich Ähnliches wiederholt. Die Bereitschaft, sich zu empören, hat sich in den letzten Jahren stark erhöht. Die neuen Medien erleichtern die Mobilisierung großer Menschenmengen. Immer wird es Politiker geben, die solche Strömungen für ihre Zwecke nutzen, so wie mir ein hochrangiger Bundespolitiker der CSU viel später einmal sagte, seiner Partei sei die Entscheidung sehr gelegen gekommen. Man habe Bayern wieder hinter der CSU versammeln können.

R: Wie haben die Kirchen Ihnen persönlich gegenüber auf die Kruzifix-Entscheidung reagiert? Sie hatten von Ihrem Engagement im Cusanuswerk und den intensiven Kontakten zu ehemaligen Cusanern berichtet. Gab es von dort Reaktionen?

G: Aus dem Cusanuswerk kam keine Reaktion. Ich erinnere mich aber an ein Gespräch mit *Kardinal Lehmann*,[246] damals Vorsitzender der Deutschen Bischofskonferenz, bei einem zufälligen Zusammentreffen, wo ich zu erklären versuchte, dass die Entscheidung gerade eine Folge des Ernstnehmens des Kreuzes durch die Senatsmehrheit gewesen sei. Dass von *Lehmann* in Mainz eingerichtete Forum „Kirche und Politik" lud mich zu einer Veranstaltung über die Entscheidung ein. Der Saal war übervoll, die Stimmung offen feindselig. Glücklicherweise bringt mich das nicht um meine Contenance. Ob meine Erklärungen zur verfassungsrechtlichen Ordnung des Verhältnisses von Staat und Kirche am Ende einige Teilnehmer überzeugt haben, weiß ich nicht. Wie nicht allein diese Diskussion zeigte, war das Verständnis vor allem dadurch erschwert, dass viele die Schule nicht als Teil des Staates, sondern eher wie ein verlängertes Elternhaus betrachteten. Das unterschied den Fall von der Entscheidung zum Kreuz im Gerichtssaal, die keine Proteste ausgelöst hatte.

Einige Jahre nach den Ereignissen gab es in der Katholischen Akademie in Berlin eine Diskussion zwischen *Pater Langendörfer*,[247] dem Sekretär der Bischofskonferenz,

---

[246] Karl Kardinal Lehmann (geb. 1936), Theologe, Professor für Dogmatik an der Universität Mainz, 1983–2016 Bischof von Mainz, 2001 Kardinal, 1987–2008 Vorsitzender der Deutschen Bischofskonferenz.

[247] Hans Langendörfer (geb. 1951), Jesuit, seit 1996 Sekretär der Deutschen Bischofskonferenz.

und mir über Fragen der Religionsfreiheit. Da kam die Kruzifix-Entscheidung noch einmal auf, und ich war erstaunt über die Einigkeit zwischen uns – bis auf einen Punkt, an dem *Langendörfer* einen Dissens offenlegte. Im Blick auf die Deutung des Kruzifixes als Unterdrückungs- oder Missionierungssymbol, wie es die Beschwerdeführer vertreten hatten, sagte er, was das Kreuz bedeute, bestimme allein die Kirche, niemand sonst. Meine Antwort lautete: „Ja, innerhalb der Glaubensgemeinschaft, aber nicht mit Bindungswirkung für die Gesellschaft insgesamt."

W: Ich erinnere mich noch, dass von katholischer Seite ganz schnell auch die Reaktion kam: Endlich nimmt einer das Kreuz ernst, das Kreuz ist nicht nur ein verdünntes Kultursymbol, sondern hat eine harte theologische Aussage.

G: Ja, aber so ganz ausgemacht war das innerkirchlich nicht. Mir kommt ein Gespräch mit Mitarbeitern des Sekretariats der Bischofkonferenz in den Sinn, darunter vor allem ein früherer Geschäftsführer des Cusanuswerks, den ich aus dieser Zeit gut kannte. Wie er sagte, diskutierte man in der Bischofskonferenz darüber, ob man sich mit der Deutung des Kruzifixes als Kultursymbol abfinden solle, um ihm dadurch die Präsenz in der Öffentlichkeit zu sichern. Ich fand, und sagte das unzweideutig, dass die Kirche einen solchen Preis nicht zahlen könne, ohne ihre Glaubensüberzeugungen aufzuweichen.

L: Auch die BILD-Zeitung agitierte gegen die Entscheidung.[248] *Peter Badura*[249] erstellte ein Gutachten für die Bayerische Staatsregierung. An den BILD-Verkaufskästen in München prangte ein Aufmacher mit Foto von *Badura* in bulliger Pose, angriffslustig. Der Titel lautete „Stoibers Auftrag: Er soll die Schulkreuze retten". Und die Schlagzeile darunter „Der Herrgott bleibt".[250]

G: Dazu war der Herrgott wohl nicht auf das Gutachten von *Peter Badura* angewiesen.

---

[248] Vgl. BILD München Freitag, 11. August 1995. Die Schlagzeile lautete: „Politiker rufen zu Revolution auf. Kreuzkrieg in Bayern. Er [Foto des Beschwerdeführers mit Namen] setzte das Skandal-Urteil durch." Auf Seite 1 folgte darunter der Artikel „Eine Schande für unser Land", Gastbeitrag von Dr. Peter Gauweiler. Auf Seite 3 erschien ein Beitrag über den Beschwerdeführer mit zwei Fotos mit Frau und Kindern (alle namentlich genannt). Kleine Überschrift, Rotstrich: „Er nennt sich Padranga, der Schwertkämpfer – Zwangsaufenthalt in der Psychiatrie und Behörde will ihn entmündigen." Große Überschrift: „Dieser Sonderling zwang das katholische Bayern in die Knie." Unter diesem Artikel folgte der Block: „Reaktionen auf das Urteil. Stoiber kämpferisch. Waigel erschüttert. Kirche verständnislos". Zu den Reaktionen schreibt „Der Spiegel" v. 14. August 1995, „Das Kreuz ist der Nerv", u.a.: Leo Kirch, Großaktionär des Springer-Verlags, habe verlangt, dass der Chefredakteur der Springer-Zeitung „Die Welt" entlassen werde, weil er einen Kommentar gegen die Kreuze drucken ließ. Über die Reaktionen in Karlsruhe kolportiert „Der Spiegel": „‚Schallend gelacht', berichtet der Karlsruher Vizepräsident Johann Friedrich Henschel, hätten seine Kollegen in der Richter-Runde, als am Freitag vergangener Woche einer von ihnen laut aus Bild Protest-Parolen der Bayern zitiert habe. Die Aufgeregtheit, prophezeit der Richter kühl, werde sich schnell wieder legen. Bei ‚persönlich berührenden Fragen' sei immer mit Emotionen zu rechnen."

[249] Peter Badura (geb. 1934), Professor für Staats- und Verwaltungsrecht an den Universitäten Göttingen und München.

[250] BILD München vom 17. August 1995.

2. Internationale Sachverhalte, internationale Gerichte, internationale Maßstäbe

L: Welche Entscheidung war im Rückblick Ihre wichtigste?

G: So eindeutig, wie es beispielsweise meinem Kollegen *Heußner* möglich gewesen wäre, kann ich diese Frage nicht beantworten. *Heußners* Großtat war das Volkszählungs-Urteil. Meine erste Senatsentscheidung stammt vom Januar 1988 und betraf die Pressefreiheit (*Presse-Grosso*[251]). Die letzte datiert vom Dezember 1999 und hatte ebenfalls die Pressefreiheit sowie den Persönlichkeitsschutz zum Gegenstand (*Caroline*[252]). Dazwischen liegen fünfzehn Senatsentscheidungen zur Rundfunkfreiheit, fünf weitere zur Pressefreiheit, zehn zur Meinungsfreiheit, fünf zum Versammlungsrecht, drei zum Persönlichkeitsrecht (das zudem bei etlichen Fällen der Meinungs- und Pressefreiheit ebenfalls einschlägig war), drei zum Datenschutz und Fernmeldegeheimnis, zwei zur Wiedervereinigung, eine zur Informationsfreiheit sowie elf sonstige, darunter auch einige größere aus dem Bereich des Wirtschaftsrechts. Einigen dieser Entscheidungen messe ich schon erhebliche, über den Anlassfall hinausreichende Bedeutung zu. Aber auf den einen wichtigsten Fall kann ich mich nicht festlegen.

Ich will deswegen lieber diejenige Entscheidung erwähnen, die mir die größten Schwierigkeiten machte. Sie stammt nicht aus meinem, sondern aus *Jürgen Kühlings*[253]

---

[251] BVerfG, Beschluss des Ersten Senats vom 13. Januar 1988, Az.: 1 BvR 1548/82, BVerfGE 77, 346.

[252] BVerfG, Urteil des Ersten Senats vom 15. Dezember 1999, Az.: 1 BvR 653/96, BVerfGE 101, 361.

[253] Jürgen Kühling (geb. 1934), Richter, 1979–1989 am Bundes-

Dezernat und zählt sicher nicht zu den spektakulärsten aus dieser Epoche. Es ging um die Schaffung eines zweiten Schiffsregisters für die deutsche Schifffahrt.[254] Damit sollte der Trend zur Ausflaggung deutscher Hochseeschiffe gebremst werden, indem man zugunsten der Reeder und zu Lasten der Schiffsbesatzung von dem Grundsatz abwich, dass auf deutschen Schiffen deutsches Recht gilt. Unmittelbar wirkte sich das auf das Arbeitsrecht aus, mittelbar aber auch auf den deutschen Grundrechtsstandard. Das Dilemma ist klar: Hält man den hohen deutschen Grundrechtsstandard aufrecht, gibt es auf hoher See bald keinen Anwendungsfall mehr. Will man auf hoher See die deutsche Schifffahrt aufrechterhalten will, muss man den Grundrechtsstandard senken. Diese Alternative empfand ich als Zerreißprobe.

W: Ein Grundproblem, das uns jetzt überall begegnet.

G: Damals war uns das noch nicht klar. Wir nahmen an, ein ähnlich globalisiertes Gewerbe wie die Hochseeschifffahrt gebe es sonst nicht. Wir erklärten das Gesetz mit einigen Einschränkungen für verfassungsmäßig, schrieben die Urteilsgründe aber so, dass sie nach Mög-

---

verwaltungsgericht, 1989–2001 Richter des Ersten Senats des Bundesverfassungsgerichts.

[254] BVerfG, Urteil des Ersten Senats vom 10. Januar 1995, Az.: 1 BvF 1/90, BVerfGE 92, 26; der Senat erklärte eine gesetzliche Regelung für verfassungsgemäß und damit für vereinbar mit Art. 9 Abs. 3 sowie 12 Abs. 1 GG, wonach auf Zweitregisterschiffen unter deutscher Flagge nicht automatisch die zwingenden Regeln des deutschen Arbeitsrechts gelten, sondern die Regeln desjenigen Staates, zu dem die „engere Verbindung" besteht; verfassungswidrig war hingegen die Regelung, nach der deutsche Tarifverträge auch für Gewerkschaftsmitglieder auf solchen Schiffen nur gelten sollen, wenn dies ausdrücklich vereinbart sei.

lichkeit nicht auf andere Wirtschaftszweige übertragen werden konnten.

L: *Caroline*[255] haben wir noch nicht angesprochen.

G: *Caroline* war die letzte Senatsentscheidung, die ich vorzubereiten hatte. Das Urteil wurde wenige Tage vor meinem Ausscheiden aus dem Gericht verkündet. Der Europäische Gerichtshof für Menschenrechte fand später, dass es gegen Art. 8 EMRK verstieß.[256] In einem Interview mit der FAZ wurde mir als erstes die Frage gestellt, wie es sich für einen ehemaligen Verfassungsrichter anfühle, wenn sein Urteil in Straßburg beanstandet werde. Meine Antwort lautete: Ungewohnt, aber wir hätten in Karlsruhe so oft Urteile anderer Gerichte beanstandet, dass man nicht lamentieren sollte, wenn es einmal das eigene Gericht träfe. Das Wort vom „blauen Himmel über uns" stimmt eben in Zeiten der Europäisierung und Globalisierung nicht mehr unbedingt. Aber mit den Gründen des

[255] BVerfG, Urteil des Ersten Senats vom 15. Dezember 1999, Az.: 1 BvR 653/96; Prinzessin Caroline von Monaco war zivilgerichtlich vergeblich gegen die Veröffentlichung von Fotos in einem Boulevardmagazin vorgegangen; mit Ausnahme der Fotos, die ihre Kinder zeigen (Verstärkung durch Art. 6 GG), wurde ihre Verfassungsbeschwerde überwiegend zurückgewiesen; die Pressefreiheit umfasse auch unterhaltende Publikationen sowie deren Bebilderung und schütze auch die Veröffentlichung von Bildern, die Personen des öffentlichen Lebens in alltäglichen oder privaten Zusammenhängen zeigen.

[256] EGMR, Urteil vom 24. Juni 2004, Beschwerde-Nr. 59320/00, NJW 2004, 2647; der EGMR sah in den Entscheidungen der deutschen Gerichte eine Verletzung des Rechts auf Achtung des Privatlebens (Art. 8 EMRK); das entscheidende Kriterium für die Abwägung zwischen dem Schutz des Privatlebens und der Meinungsfreiheit bestehe darin, ob die Fotos zu einer Debatte beitrügen, die ein Allgemeininteresse beträfe; das sei bei Fotos, die rein private Tätigkeiten zeigten, nicht der Fall.

EGMR war ich nicht einverstanden. Das Urteil litt an einer paternalistisch verkürzten Vorstellung von demokratischer Öffentlichkeit und Funktion der Presse.

L: Bei der Caroline-Frage zeichnen sich die neuen Konflikte mit dem EGMR in Straßburg ab. Letztlich prallen zwei unterschiedliche Grundrechtsverständnisse aufeinander, unabhängig von der Auslegung der Texte, denn der Schutz der Privatheit wird in der EMRK stärker hervorgehoben als im Grundgesetz. Das individuelle Grundrechtsverständnis des EGMR stößt auf ein stärker institutionelles des Bundesverfassungsgerichts: Sicherung der Pressefreiheit als ein Leitgedanke, der in Ihrer Entscheidung stark hervortritt. Institutioneller oder individueller Grundrechtsschutz lauten die jeweiligen Positionen. Damit ist zugleich die unterschiedliche Funktion der beiden Gerichte verbunden. Der EGMR ist ein Menschenrechtsgerichtshof, der Menschenrechtsverletzungen bloß beanstanden kann, ohne die staatlichen Entscheidungen aufzuheben. Die Bindungswirkung einer solchen Entscheidung ist als punktueller Akt eine andere als die Bindungswirkung einer stark am Maßstab institutionellen Grundrechtsdenkens ausgerichteten Karlsruher Entscheidung. Das Verhältnis der Gerichte könnte entspannter sein, wenn die unterschiedliche Wirkung der Entscheidungen berücksichtigt werden würde. Stattdessen übertreiben wir die Bindungswirkungen der EGMR-Entscheidungen potentiell, weil wir sie hinsichtlich ihrer Bindungswirkung und damit Tragweite wie Karlsruher Entscheidungen interpretieren.

W: Die Probleme bestehen nach meiner Sicht im Wesentlichen in den „Dreiecksfällen“. In bipolaren Grundrechtsfällen – Staat-Bürger – haben wir weniger Probleme mit dem EGMR. Gerade wenn ein Gesetz die Freiheitssphären der Bürger abgrenzt, und das dann grundrechtlich überprüft wird, muss der jeweilige kulturelle Hintergrund von entscheidender Bedeutung sein. Das muss ein Problem für ein Gericht sein, das für 47 Mitgliedstaaten der Konvention Recht spricht.

G: Bei dem mehrstufigen Grundrechtsschutz bleiben Spannungen nicht aus. Die Grundrechtstexte sind nicht identisch, das Grundrechtsverständnis ist nicht dasselbe – darauf weisen Sie hin, Herr *Lepsius* –, die Interpretationsmethoden sind unterschiedlich, und die Abgrenzung zwischen den verschiedenen Ebenen ist nicht klar – das ist Ihr Punkt, Herr *Waldhoff*.

Art. 53 EMRK verbietet dem EGMR, den nationalen Grundrechtsschutz zu unterschreiten. Wenn der EGMR nationale Urteile beanstandet, in denen beide Streitparteien sich auf Grundrechte berufen können, so dass eine Abwägung nötig wird, verringert er aber unweigerlich den Schutzstandard desjenigen Grundrechts, dem das nationale Gericht Vorrang eingeräumt hatte, und erhöht den Schutzstandard des Grundrechts, das auf der nationalen Ebene zurücktreten musste. Bei der Formulierung von Art. 53 hatte man an diesen Falltyp nicht gedacht. Das heißt aber nicht, dass Art. 53 hier keine Rolle spielt. Vielmehr ergibt sich aus dieser Vorschrift eine Pflicht zur besonderen Zurückhaltung, wenn in Straßburg „Dreiecksfälle" zur Entscheidung anstehen. Der EGMR hat zu Art. 53 bisher jedoch keine angemessene Einstellung gefunden. Er gesteht den Staaten zwar einen *margin of appreciation* zu, aber allzu oft bleibt dieser doch *lip service*.

Auf der nationalen Ebene, bei der Beachtung der EGMR-Rechtsprechung, fällt in der Tat die unterschiedliche Bindungswirkung ins Gewicht. Das Bundesverfassungsgericht hat sich dazu im Fall *Görgülü*[257] meines Erachtens zutreffend geäußert. Wenn eine vom EGMR festgestellte Menschenrechtsverletzung ihren Grund aber nicht in der Interpretation des nationalen Rechts hat, sondern im nationalen Recht selbst, dann erstreckt sich die Abhilfepflicht auf das Gesetz und entfaltet damit Wirkungen, die über den Anlassfall hinausgehen.

Im Verhältnis zum EuGH liegen die Dinge anders. Findet er, dass nationales Recht Unionsrecht widerspricht, verliert das nationale Recht seine Anwendbarkeit, ohne dass der nationale Gesetzgeber noch zum Zuge kommt. Einen *margin of appreciation*[258] kennt das Unionsrecht nicht. Der EuGH hat im Gegenteil mit dem *effet utile* ein Instrument entwickelt, mit dem sich das nationale Recht weit zurückdrängen lässt. Soweit es um Grundrechte geht, enthält die Europäische Grundrechtecharta in Art. 53 eine dem Art. 53 EMRK vergleichbare Norm. Auch die Unionsgrundrechte dürfen nicht so ausgelegt werden, dass sie den nationalen Grundrechtsschutz mindern. Das gilt jedoch nur „in dem jeweiligen Geltungsbereich". Der Geltungsbereich der Charta ist in Art. 51 definiert. Ihm zufolge gelten die europäischen Grundrechte

---

[257] BVerfG, Beschluss des Zweiten Senats vom 14. Oktober 2004, Az.: 2 BvR 1481/04, BVerfGE 111, 307.

[258] Zur Erläuterung: Über die Doktrin der *margin of appreciation* räumt der EGMR den Konventionsstaaten der EMRK die Möglichkeit ein, vom allgemeinen Menschenrechtsstandard des Gerichtshofs abzuweichen, wenn dies mit nationalen Eigenheiten begründet wird, die im Tatsächlichen, Kulturellen oder Regionalen liegen. Dadurch erhalten die Staaten einen Beurteilungsspielraum für die Umsetzung des europäischen Menschenrechtsstandards.

für die Organe der EU, für die Mitgliedstaaten dagegen „ausschließlich bei der Durchführung des Rechts der Union". Aber der EuGH definiert die Durchführung von Unionsrecht außergewöhnlich extensiv und entwertet damit Art. 53 GRCharta. Verschärfend wirkt sich aus, dass Art. 53 GRCharta die vier wirtschaftlichen Grundfreiheiten unberührt lässt. Sie werden so zu einer Art Obergrundrechten.

L: Als Organ des Europarats fühlt sich der EGMR womöglich auch der Rechtspolitik verpflichtet. Aus dieser Perspektive ist es ihm vielleicht sogar ganz genehm, wenn er die Bundesrepublik verurteilt, um mit solchen Entscheidungen dann anderen Staaten ihre Missstände vorhalten zu können. Meinen Sie, dass die europäischen Gerichte signifikant anders funktionieren, als das Bundesverfassungsgericht? Die Zuständigkeitszufälligkeiten im EGMR haben den unabwendbaren Effekt, dass die Rechtsprechung nicht die Kohärenz aufweisen kann, wie wir sie von deutschen Gerichten gewöhnt sind. Die Spruchkörper sind nicht so homogen zusammengesetzt, nicht so beständig, verfügen nicht über den gleichen Sozialisationshintergrund. Die europäischen Gerichte sind, haben Sie eben gesagt, isoliert von den nationalen Kulturen, die auch korrigierend auf die Rechtsprechung einwirken können und sollen. Wenn man das alles zusammennimmt: Müsste das nicht dazu führen, dass man mit Gerichtsentscheidungen anders umgeht, je nachdem, von welchem Gericht sie getroffen werden?

G: Die Bedingungen, unter denen internationale Gerichte Recht sprechen, unterscheiden sich stark von denen im Nationalstaat. Sie weisen mit Recht auf die geringere Homogenität der Spruchkörper hin. Zwar sind auch nationale Gerichte nicht homogen in dem Sinn, dass es nicht zu Richtungsunterschieden oder Auslegungszweifeln käme. Aber sie sind homogen insofern, als die Richter in einer nationalen Rechtskultur aufgewachsen und sozialisiert worden sind, die Rollenverständnisse, Verhaltensmuster, Argumentationsstile prägt und oft unbewusst, aber desto nachhaltiger wirkt. Nationale Gerichte sind überdies in einen dichteren Partizipations- und Verantwortungszusammenhang eingebettet als internationale Gerichte. Sie stehen unter permanenter Beobachtung, und zwar sowohl durch die Kommunikationsmedien und, von diesen vermittelt, durch das Publikum als auch durch die Fachöffentlichkeit. Der Kontakt zwischen den Gerichten und der Gesellschaft, für welche sie Recht sprechen, ist daher auf der nationalen Ebene weit enger als auf der internationalen. Wenn Gerichte und Gesellschaft außer Tritt geraten, können nationale Gerichte zudem wesentlich leichter durch Gesetzesänderungen korrigiert werden als internationale. Ich würde aus diesen Unterschieden eine Pflicht der internationalen Gerichte zu größerer Zurückhaltung gegenüber dem nationalen Recht und seinen Agenten, den nationalen Gerichten, ableiten. Aber eine solche Pflicht lässt sich nicht leicht normieren und durchsetzen. Sie verbleibt meist im Appellhaften. Deswegen geht es wohl nicht ohne eine gewisse Widerständigkeit der nationalen Justiz. Das Bundesverfassungsgericht hat im *Lissabon*-Urteil[259] dazu das Nötige gesagt, es im *Honeywell*-Beschluss[260] allerdings wieder aufgeweicht.

---

259 BVerfG, Urteil des Zweiten Senats vom 30. Juni 2009, Az.: 2 BvE 2, 5/08 u.a., BVerfGE 123, 267.

260 BVerfG, Beschluss des Zweiten Senats vom 6. Juli 2010, Az.: 2 BvR 2661/06, BVerfGE 126, 286.

W: Ich beobachte, dass die Fachöffentlichkeit, wie auch vielleicht die „allgemeine“ Öffentlichkeit zur Zeit mehr Reibungen des Gerichts mit dem EGMR wahrnimmt als mit dem EuGH – die Entscheidungen zur Eurorettung außen vor gelassen. Der EuGH besitzt eine klare Funktion in einem supranational verdichteten Raum, die eine funktionstüchtige Streitentscheidungsinstanz erfordert. Gegen grundrechtliche Mindeststandards, die der EGMR garantieren soll, ist zunächst nichts einzuwenden, sie spielen bei uns jedoch fast keine Rolle. Das ständige punktuelle „Hereinfunken“ mit Sonderrechtsprechung aufgrund wenig plausibler oder zumindest alles andere als zwingender Abwägungen finde ich hingegen hoch problematisch.

G: Ich habe eher den Eindruck, dass die Stimmung anlassbedingt schwankt. Mal ist dieses Gericht stärker in der Kritik, mal jenes. Denken Sie an *Herzogs* Aufruf „Stoppt den EuGH!“ vor einiger Zeit in der FAZ.[261] Die tieferen Gründe, mit den europäischen Gerichten zu hadern, sind durchaus verschieden. Der Europarat hat rund 20 Staaten mehr als die EU. Zum großen Teil sind es Staaten, denen eine gefestigte Rechtsstaats- und Menschenrechts-Tradition fehlt. Es gibt am EGMR Richter sehr unterschiedlicher Herkunft und Qualifikation. Angesichts der erdrückenden Last von Fällen, die in Straßburg anhängig sind, entscheidet das Gericht überwiegend in kleiner Besetzung, als Ausschuss mit drei Richtern oder als Kammer mit sieben Richtern. Dadurch kommt es leicht zu unterschiedlichen Entscheidungen in gleichgelagerten Fällen. Die

---

[261] *Roman Herzog / Lüder Gerken*, Stoppt den Europäischen Gerichtshof!, Frankfurter Allgemeine Zeitung vom 8. September 2008, S. 8.

Richter sehen auch nicht die Akten der nationalen Ausgangsverfahren, sondern sind auf die Zusammenfassung eines sprachkundigen Mitarbeiters angewiesen. Sie entscheiden über das, was dieser Mitarbeiter als den Fall wahrgenommen hat. Es wäre interessant zu sehen, wie der zuständige Mitarbeiter das *Caroline*-Verfahren vorbereitet hat. Das einzige Korrektiv besteht in der Mitwirkung des nationalen Richters, die aber nur in der Kammer und der Großen Kammer vorgeschrieben ist. Einen erheblichen Mangel sehe ich ferner darin, dass bei Verfahren, die aus zivilrechtlichen Prozessen hervorgehen, die auf der nationalen Ebene siegreiche Partei nicht vertreten ist, denn der Straßburger Prozess ist ja ein Prozess der zu Hause unterlegenen Partei gegen ihren Staat.

Was die EU betrifft, so ist natürlich unabweislich, dass es ein Gemeinschaftsgericht gibt, welches das Unionsrecht unabhängig von den nationalen Eigeninteressen auslegt und anwendet. Das Problem besteht hier im Selbstverständnis dieses Gerichts. Der EuGH versteht sich bis heute nicht als neutraler Schiedsrichter zwischen der EU und ihren Mitgliedstaaten, sondern verfolgt eine Integrationsagenda, die zu immer stärkerer Zurückdrängung des nationalen Rechts führt. Spricht man mit Richtern des EuGH darüber, hört man oft, diese Einstellung sei Vergangenheit. Und in der Tat gibt es immer wieder Entscheidungen, die das zu bestätigen scheinen. Aber zu einer Trendwende haben sie sich bisher nicht verdichtet.

L: Ich finde Ihren Gedanken sehr wichtig, dass ein Gericht auch in einer gesellschaftlichen Verantwortung steht und sie als nationales Gericht auch wahrnimmt. Die Entscheidungen werden in einem nationalen Diskursraum debattiert, sie werden politisch kommentiert, sie werden wissenschaftlich kontrolliert. Dieses *feed-back* fehlt bei den europäischen Gerichten, weil es einen europäischen Diskursraum nicht gibt.

W: Gerade beim Grundrechtsschutz ist doch immer eine kulturell-kontextuelle Rückbindung erforderlich. Im Bereich der Religionsfreiheit gelingt das dem EGMR insgesamt recht gut, wenn er das Kopftuchverbot aufgrund des unterschiedlichen Grundverständnisses des Verhältnisses von Staat und Religion in der Türkei anders bewertet als in anderen Kontexten. Dieses Grundverständnis ist in den 47 Mitgliedstaaten der EMRK sehr unterschiedlich. In dem erwähnten Zusammenhang wird das nur besonders deutlich, aber eigentlich müsste es für alle Grundrechte gelten – bis hin zu Gleichheitsproblemen und Diskriminierungsfragen. Das alles ist doch in höchstem Maße kulturell vorgeprägt und eingebunden. Nur unter Berücksichtigung dieses Faktums kann diese Art von Grundrechtsschutz überhaupt funktionieren. Deswegen finde ich: Mindeststandard ja, alles Darüberhinausgehende wird problematisch.

G: Ich stimme mit beidem überein, will aber doch noch ein *mea culpa* hinzufügen. Mein Lehrstuhlnachbar in Bielefeld war *Jochen Frowein*, Staats- und Völkerrechtler, Vizepräsident der Europäischen Menschenrechtskommission. Als er Direktor des Heidelberger Max-Planck-Instituts wurde, folgte ihm *Meinhard Hilf*[262] nach, der sich vorrangig mit Europarecht und dem *GATT* beschäftigte. Mit beiden verstand ich mich sehr gut, aber ihren europarechtlichen Aktivitäten schenkte ich wenig Aufmerksamkeit. Das war eine Disziplin für sich, die mit meiner keine

[262] Meinhard Hilf (geb. 1938), Professor für Europarecht an den Universitäten Bielefeld und Hamburg.

Berührungspunkte hatte. So jedenfalls dachte ich damals. So dachten aber die meisten Staats- oder Verfassungsrechtler. Die Europarechtler dagegen identifizierten sich zum großen Teil mit ihrem Gegenstand und bezogen ihm gegenüber keine kritische Distanz, um das europäische Projekt nicht zu gefährden. In anderen Mitgliedstaaten war das ähnlich. So konnte sich die Rechtsprechung des EuGH in ihren Anfängen weitgehend unkritisiert entwickeln, unkritisiert von den Europarechtlern, weil sie sie unbesehen guthießen, unkritisiert von den Verfassungsrechtlern, weil sie ihr keine Beachtung schenkten. So sind beispielsweise die Legitimitätskosten der Konstitutionalisierung der Verträge durch den EuGH 1963 und 1964 nie ins Blickfeld der Europarechtswissenschaft gekommen. In dem 2016 erschienen Europa-Buch habe ich sie darum in den Vordergrund gerückt.[263] Für mich, aber auch für andere war *Maastricht*[264] der Wendepunkt. Erst durch *Maastricht* wurde mir klar, dass Verfassungsrecht nicht mehr ohne Europarecht behandelt werden kann, und mittlerweile gilt dasselbe für das Völkerrecht.

W: Kommen wir von internationalen Gerichten zu internationalen Maßstäben, oder besser: zur Rezeption ausländischen Rechts. In den Meinungsäußerungsfällen rezipieren Sie – bitte widersprechen Sie, wenn ich das fehldeute – implizit stark amerikanische Herangehensweisen, während in der Rundfunkjudikatur ein genuin deutscher Weg beschritten wird. Nehme ich das richtig war?

---

[263] Europa ja – aber welches? Zur Verfassung der europäischen Demokratie, 2016, 3. Aufl. 2016.

[264] BVerfG, Urteil des Zweiten Senats vom 12. Oktober 1993, Az.: 2 BvR 2134/92, BVerfGE 89, 155

G: In der ersten Entscheidung des Gerichts zur Meinungsfreiheit, in *Lüth*¸ wird der amerikanische Supreme Court zitiert, aber nur dort, wo es um die besondere Bedeutung dieses Grundrechts geht, die es nach Auffassung des Bundesverfassungsgerichts ausschließt, es der völligen Relativierung durch den Gesetzgeber zu überlassen. Dagegen wird nicht die amerikanische Auffassung übernommen, dass im Konflikt mit anderen Grundrechten die Meinungsfreiheit regelmäßig vorgeht. Das Bundesverfassungsgericht verlangt vielmehr eine Abwägung, bei der im *Lüth*-Fall die Meinungsfreiheit überwog, schon im nächsten, am selben Tag entschiedenen Fall aber zurücktrat.[265] Auch ich bin nicht auf die amerikanische Linie eingeschwenkt. Am deutlichsten zeigt sich das vielleicht an dem Beschluss zur Ausschwitz-Lüge, wenn man ihn mit amerikanischen Fällen wie *R.A.V.* und *Skokie* vergleicht.[266] Ich erinnere mich auch gut an eine Diskussion mit *Justice Scalia*,[267] zu der uns die Catholic University in Washington D.C. eingeladen hatte. *Scalia* ließ mich, was den Vorrang der Meinungsfreiheit angeht, an Radikalität weit hinter sich, während ich mich bei den vielen anderen Diskussionen, die wir über die Jahre hatten, stets auf der progressiven Seite fand. Auch die unterschiedliche Behandlung von Meinungsäußerungen und Tatsachenbehauptungen, die im *Helnwein*-Beschluss nochmals aus-

[265] BVerfG, Urteil des Ersten Senats vom 15. Januar 1958, Az.: 1 BvR 184/54, BVerfGE 7, 230.

[266] BVerfG, Beschluss des Ersten Senats vom 13. April 1994, Az.: 1 BvR 23/94, BVerfGE 90, 241. R.A.V. v. City of St. Paul, 505 U.S. 377 (1992); Skokie v. National Socialist Party, 373 NE 2d 21 (1978).

[267] Antonin Scalia (1936–2016), Professor an der University of Virginia und der University of Chicago, 1982–1986 Richter am United States Court of Appeals for the District of Columbia Circuit, 1986–2016 Richter am Supreme Court of the United States.

führlich erläutert wurde, findet in den USA keine Entsprechung.[268]

Was nun die Rundfunkfreiheit betrifft, so gibt es eine Entscheidung des Supreme Court, die wie ein Vorbild für Karlsruhe wirkt, *Red Lion Broadcasting Company.*[269] Die Rundfunkfreiheit, heißt es dort, bestehe nicht im Interesse der Rundfunkveranstalter, sondern im Interesse der demokratischen Gesellschaft, die mit Hilfe der Medien zur informierten Meinungsbildung und zum *self-government* befähigt würde. Man riecht fast die „dienende Freiheit" des Bundesverfassungsgerichts, wenn man dieses Urteil liest. Aber die Entscheidung stammt von 1969. Da gab es das erste Fernseh-Urteil aus Karlsruhe bereits, das zentrale dritte stand allerdings noch bevor. Als dieses erging, war der Supreme Court von *Red Lion* bereits abgerückt, denn diese singuläre Entscheidung erklärte sich aus der Frequenzknappheit, die inzwischen überwunden war, während das Bundesverfassungsgericht auch nach dem Ende der Frequenzknappheit an seiner objektivrechtlichen Deutung, nunmehr mit erweiterter Begründung, festhielt. Vor allem aber hatte der Supreme Court aus seiner objektivrechtlichen Deutung der Rundfunkfreiheit nicht den Schluss gezogen, dass der Gesetzgeber den Rundfunk regulieren *müsse*, sondern nur regulieren *dürfe*. Der fundamentale Unterschied liegt zwischen „Schutzrecht und Schutzpflicht" (so der Titel eines Aufsatzes, in dem ich zu diesem Unterschied Stellung genommen habe).[270]

---

268 BVerfG, Beschluss des Ersten Senats vom 10. November 1998, Az.: 1 BvR 1531/96, BVerfGE 99, 185.

269 Red Lion Broadcasting Company v. FCC, 395 U.S. 367 (1969).

270 *Dieter Grimm*, Schutzrecht und Schutzpflicht, in: Gegenrede, Festschrift für Ernst-Gottfried Mahrenholz, 1994, S. 529.

Die Dogmatik von Art. 5 Abs. 1 Satz 1 und 5 Abs. 1 Satz 2 GG ist also ein deutsches Produkt. Der Vorwurf des Amerikanismus …

W: … ich meinte das gar nicht als Vorwurf …

G: … nein, ich habe Sie auch nicht so verstanden, aber in der Auseinandersetzung über die Artikel 5-Judikatur während meiner Amtszeit wurde er oft erhoben, dieser Vorwurf also ging fehl.

W: Ich meinte auch gar nicht, dass etwas ganz konkret rezipiert wird, sondern dass man mit einer größeren Offenheit gegenüber dem Prä von Meinungsfreiheit agiert.

G: Dem würde ich nicht widersprechen. Dieses Prä ist demokratisch begründet. Und dass in mein Demokratieverständnis auch amerikanische Vorstellungen eingeflossen sind, mag sehr wohl sein. Das Erbe der gescheiterten Revolution von 1848, die Trennung von Rechtsstaat und Demokratie, hat uns viel zu lange belastet.

VIII. Grundrechtsdogmatik und Beratungskultur

1. Verhältnismäßigkeit und Grundrechtsdogmatik

L: Sie waren immer ein großer Anhänger des Verhältnismäßigkeitsgrundsatzes.

G: Ja, ich habe ihn stets verteidigt.

L: Worin sehen Sie seine besondere Leistungsfähigkeit? Besteht sie im Verhältnis zur Kontrolle des Gesetzgebers? Das Gericht kann über die Verhältnismäßigkeitsprüfung seine Kontrolldimension je nach dem Fall tarieren, also eine politische Entscheidung respektieren und eine Kultur des Maßes praktizieren. Oder liegt der Vorteil im Diskursprozess innerhalb des Gerichts, weil sich über die Verhältnismäßigkeitsprüfung Dinge klären und rationalisieren lassen?

G: Vor allem scheint mir, dass man bei Grundrechtskonflikten um eine Abwägung welcher Art auch immer nicht herumkommt. Wenn das zutrifft, bietet aber das Verhältnismäßigkeitsprinzip die größte Aussicht auf eine Rationalisierung des Abwägungsvorgangs. Vermeiden ließe sich die Abwägung nur, wenn die Verfassung die Lösung von Grundrechtskollisionen der Politik überlassen wollte oder wenn sie die Grundrechte in eine bestimmte hierarchische Ordnung gebracht hätte. Beides ist jedoch höchst unwahrscheinlich. Für eine Hierarchie ergibt sich mit Ausnahme von Art. 1 Abs. 1 GG nichts. Sie wäre im Übrigen auch untunlich, weil man damit Fälle nicht in den Griff bekäme, in denen der Gesetzgeber ein niederrangiges Grundrecht schwer beeinträchtigt, um einem höherrangigen einen kleinen Vorteil zu verschaffen. Und dass der Verfassungsgeber die Lösung von Grundrechtskollisionen dem politischen Belieben anheim geben wollte, ist angesichts der Bedeutung, die er dem Grundrechtsschutz zugemessen hat, ebenfalls fernliegend. *Habermas*' Vorschlag zur Lösung von Grundrechtskollisionen ohne Abwägung erweist sich bei näherem Hinsehen nur als eine Verschiebung der Abwägung.[271] Man kann die Notwendigkeit der Abwägung allenfalls verringern, etwa durch enge Schutzbereichsdefinitionen oder durch Preisgabe des Auffanggrundrechts, zahlt dafür aber an anderer Stelle einen Preis.

Dies vorausgeschickt, liegt der Wert des Verhältnismäßigkeitsprinzips für mich vor allem darin, dass es den Rechtsanwender zu einem kontrollierten Vorgehen zwingt. Das freihändige „*balancing*", dem man gerade in den USA häufig begegnet, wird dadurch vermieden. Der Respekt der gesetzgeberischen Entscheidung fällt dann sozusagen als Nebenprodukt an. An dem genauen Umgang mit dem Verhältnismäßigkeitsprinzip liegt mir allerdings viel, denn die Risiken, die es birgt, sind mir natürlich nicht unbekannt.

R: Worin sehen Sie die Risiken?

---

[271] *Jürgen Habermas*, Faktizität und Geltung, 1992, S. 309 ff. Siehe dazu *Dieter Grimm*, Justiz und Gesetzgebung. Zur Rolle und Legitimität der Verfassungsrechtsprechung, in: P. Koller/Chr. Hiebaum (Hrsg.), Jürgen Habermas: Faktizität und Geltung, 2016, S. 99, bes. 110 ff.

G: Darin, dass die Festlegung politischer Prioritäten und Präferenzen nicht im parlamentarischen, sondern im gerichtlichen Verfahren erfolgt. Deswegen muss möglichst genau bestimmt werden, inwieweit solche Entscheidungen verfassungsrechtlich determiniert sind. Die Gefahr ist freilich bei den verschiedenen Stufen der Verhältnismäßigkeitsprüfung unterschiedlich groß. Bei dem ersten und dem zweiten Schritt tritt sie gar nicht auf. Dass nur ein legitimer, das heißt von der Verfassung nicht missbilligter, Zweck eine Grundrechtsbeschränkung rechtfertigen kann, dürfte ebenso einsichtig sein wie die Annahme, dass eine Grundrechtsbeschränkung, die ihren Zweck gar nicht zu erfüllen vermag, verfassungswidrig ist. Schwerer wird es schon beim dritten Schritt. Die Mittelwahl ist Sache des Gesetzgebers, und bei der Frage, ob ein weniger beeinträchtigendes Mittel bereitsteht, das den Gesetzeszweck in gleicher Weise erreichen würde wie das vom Gesetzgeber gewählte, gebührt im Zweifel der gesetzgeberischen Entscheidung der Vorzug. Das gilt erst recht, wenn die erwarteten Wirkungen gesetzgeberischer Maßnahmen auf Prognosen beruhen. Dann muss sich die Prüfung auf die korrekte Gewinnung der Prognosen beschränken. Die eigentliche Schwierigkeit tritt aber in der letzten Stufe, der Abwägung, auf.

W: Deswegen fordern manche, auf die Abwägung ganz zu verzichten.

G: Das würde allerdings den Grundrechtsschutz erheblich schwächen. Vielfach wird übersehen, dass das betroffene Grundrecht auf der Eignungs- und Erforderlichkeitsstufe gar keine Rolle spielt. Hier wird nur eine Relation zwischen dem Zweck des Gesetzes und dem vom Gesetzgeber gewählten Mittel hergestellt. Die Prüfung der Verhältnismäßigkeit bleibt also gesetzesimmanent. Das Grundrecht, dessentwegen der ganze Aufwand getrieben wird, kommt erst bei der Abwägung wieder ins Spiel. Deswegen kann auf sie nicht verzichtet werden.

Freilich kommt hier alles darauf an, dass die beiden Schalen der Waage so exakt wie möglich gefüllt werden. Und exakt heißt gerade nicht, dass die Großgüter gegeneinander in Stellung gebracht werden. Wenn ein Antiterrorgesetz geprüft wird – nehmen wir dieses Beispiel, weil die diesbezügliche Serie von Entscheidungen durch eines meiner letzten Urteile eingeleitet wurde[272] –, steht zwar im Hintergrund die Spannung zwischen Sicherheit und Freiheit. Aber das zu prüfende Gesetz verlangt keine Entscheidung darüber, ob man *der* Sicherheit oder *der* Freiheit den Vorzug geben möchte. Das Gesetz beschränkt vielmehr ein *bestimmtes* Freiheitsrecht in einem *bestimmten* Aspekt und einem *bestimmten* Ausmaß, um die Sicherheit vor einer *bestimmten* Gefahr in einem *bestimmten* Aspekt und Ausmaß zu erhöhen. Sind diese Daten so exakt wie möglich determiniert, bereitet der Abwägungsvorgang in der Regel keine unlösbaren Probleme mehr. Er ist nachvollziehbar und für gleichgelagerte Fälle wiederholbar. Wer mit Großwerten wie der Wettbewerbsfähigkeit der deutschen Wirtschaft oder der Funktionsfähigkeit der Strafrechtspflege operiert, ist schon aus dem Prüfungsrahmen der Verhältnismäßigkeit ausgebrochen.

L: Als wir über „Reiten im Walde“ sprachen, ließen Sie anklingen, dass Sie durchaus eine stärkere Schutzbereichskonturierung der Grundrechte befürworten.

G: Das liegt ja auf derselben Linie.

---

[272] BVerfG, Urteil des Ersten Senats vom 14. Juli 1999, Az.: 1 BvR 2226/94 u. a., BVerfGE 100, 313.

L: Das ist ja das Interessante. Beim flächendeckenden Grundrechtsschutz werden die Schutzbereichsfragen in die Verhältnismäßigkeit verschoben. Insofern sind diejenigen, die den breiten Freiheitsschutz propagieren am Ende auf eine funktionsfähige Verhältnismäßigkeit angewiesen. Diejenigen, die stärker mit Schutzbereichskonturierungen arbeiten, können natürlich bei der Verhältnismäßigkeit auch Zugeständnisse machen. Also ist Verhältnismäßigkeit nicht mehr die allein entscheidende Prüfungsebene.

G: Wie hängen Schutzbereich und Verhältnismäßigkeit zusammen? Je großzügiger man beim Schutzbereich ist, desto mehr Fälle müssen über die Schranken, letztlich die Verhältnismäßigkeit entschieden werden. Zieht man die Grenzen des Schutzbereichs enger, kommt es darauf an, wie Art. 2 Abs. 1 GG verstanden wird. Bleibt es beim Auffanggrundrecht, ändert sich nur die Eingangstür für die Grundrechtsprüfung, und wegen der Schranken der allgemeinen Gesetze endet alles in der Verhältnismäßigkeit. Schließt man sich dem „Reiten im Walde“ an, verringert sich die Zahl der Verfassungsbeschwerden, die in der Sache geprüft werden müssen, und folglich auch die Anwendung des Verhältnismäßigkeitsgrundsatzes. Nicht ändert sich aber das Prüfungsprogramm der Verhältnismäßigkeit.

W: Seit dem Apothekenurteil[273] wurden die differenzierten Schranken charmant weggewischt.

---

[273] BVerfG, Urteil des Ersten Senats vom 11. Juni 1958, Az.: 1 BvR 596/56, BVerfGE 7, 377; das Urteil begründet die sogenannte Dreistufentheorie (Differenzierung zwischen Berufsausübungsschranken sowie subjektiven und objektiven Berufszulassungsvoraussetzungen) bei der Prüfung der Rechtfertigung eines Eingriffs

G: Als das Apotheken-Urteil gefällt wurde, war der Verhältnismäßigkeitsgrundsatz noch nicht voll ausgebildet. Einige Jahre später hätte das Gericht wohl auf alle Gewährleistungen von Art. 12 GG den Verhältnismäßigkeitsgrundsatz angewandt. Ich teile aber nicht die Auffassung, dass durch die Verhältnismäßigkeitsprüfung die unterschiedlichen Schrankenbestimmungen der Grundrechte eingeebnet seien. Die geschriebenen Schranken sind ja vor der Verhältnismäßigkeit zu prüfen. Wenn die meisten Verfahren trotzdem mit der Prüfung der Verhältnismäßigkeit enden, liegt das daran, dass Verstöße gegen die ausdrücklichen Schranken relativ selten sind.

L: Es ist interessant, wie wir in der deutschen Grundrechtslehre dasselbe Problem auf der Ebene des Schutzbereichs, des Eingriffs und der Verhältnismäßigkeit ansiedeln können und häufig nicht so genau wissen, wo wir es tatsächlich tun. Manchmal machen wir es mehr über den Schutzbereich, etwa beim Persönlichkeitsrecht oder bei den Kombinationsgrundrechten in Verbindung mit Art. 1 Abs. 1 GG. Aus einem offenen Schutzbereich ist dann ein Kernbereich geworden. Alternativ arbeiten wir mit der Eingriffsintensität, die dann erhöhte Rechtfertigungserfordernisse auslöst oder wir erhöhen den Grundrechtsschutz über die Verhältnismäßigkeit. Dogmatisch können wir also jonglieren. Es sind potentiell drei Bälle in der Luft, aber nach außen hin gelingt es uns, diese gewisse Flexibilität als Dogmatik oder als einen grundrechtstheo-

in die Berufsfreiheit. Seit dieser Entscheidung lösten sich in der Rechtsprechung des BVerfG die Stufen immer weiter auf. An die Stelle der Abstufungen nach den Gesetzesvorbehalten des Art. 12 Abs. 1 GG setzte das Gericht inzwischen eine graduelle Eingriffsrechtfertigung: Je schwerer der Eingriff desto höher die Rechtfertigungslast.

retisch stringenten Ansatz zu verkaufen, der er ja letztlich gar nicht ist.

G: Mir scheint, dass sich dic unterschiedliche Akzentsetzung aus der unterschiedlichen Problemkonstellation bei Grundrechtsfällen ergibt. Manchmal liegt die Schwierigkeit im Schutzbereich: Gibt es ein Recht, die eigene Abstammung zu kennen? Fällt die Ausübung wirtschaftlichen Drucks in den Schutzbereich der Meinungsfreiheit? Dann wieder steht die Eingriffsfrage im Vordergrund: Sind Regierungswarnungen vor bestimmten Produkten Grundrechtseingriffe? *Glykol*[274] ist ein Beispiel, ein Fall, den ich gern noch selbst zur Entscheidung gebracht hätte. Aber ich vermute, Herr *Hoffmann-Riem* war nicht undankbar, dass er ihm zufiel. Greifen Fangschaltungen in das Fernmeldegeheimnis ein oder sind sie Ausdruck „immanenter" Schranken dieses Grundrechts?[275] Werfen Schutzbereich und Eingriff keine Probleme auf, liegt das Schwergewicht automatisch bei der Schrankenfrage. Auch hier gibt es nochmals Untergliederungen. Im Bereich der Meinungsfreiheit zum Beispiel liegt das Problem häufig bei der Deutung der inkriminierten Äußerung. War sie fehlerhaft, kommt es gar nicht mehr zur Verhältnismäßigkeitsprüfung.

Mir war aber immer daran gelegen, dass die verschiedenen Prüfungsstufen klar geschieden und logisch angeordnet wurden. Wenn ich bei der Lektüre eines Entscheidungsentwurfs daran Zweifel hatte, versah ich gewöhnlich die formalen Gliederungszeichen mit inhaltlichen Über-

[274] BVerfG, Beschluss des Ersten Senats vom 26. Juni 2002, Az.: 1 BvR 558, 1428/91, BVerfGE 105, 252.

[275] BVerfG, Beschluss des Ersten Senats vom 25. März 1992, Az.: 1 BvR 1430/88, BVerfGE 85, 386.

schriften und kam auf diese Weise häufig Ungereimtheiten auf die Spur. Mir war die dogmatisch korrekte Ableitung immer wichtig, weil sie die Richter davor bewahrt, relevante Fragen zu vergessen oder voreilig zu entscheiden. Aber es gibt in den Senaten immer auch große Freirechtler.

L: Also Dogmatik verstanden im Sinne einer stringenten Grundrechtstheorie?

G: So weit es um den Grundrechtsschutz geht ja, aber natürlich nicht weniger bei Fragen von Gewaltenteilung oder Föderalismus.

L: Würden Sie sich als Anhänger einer einheitlichen Grundrechtstheorie, einer Theorie, die die Grundrechte und die spezifischen Eigenheiten der Rechtsprechung umfasst und abstrahiert, ansehen?

G: Wenn ich in USA vergleichendes Verfassungsrecht lehre und auf die Grundrechte zu sprechen komme, erwähne ich immer, dass in einer deutschen Grundrechtsvorlesung die Hälfte der Zeit auf das verwandt wird, was für alle Grundrechte gleichermaßen gilt. In den USA gibt es dagegen nur die einzelnen Grundrechte, keine allgemeinen Grundrechtslehren.

L: Man könnte sich ja auch verständigen, dass das eine Grundrecht stärker über Schutzbereichskonturierungen bewältigt wird und ein anderes stärker über die Schwere des Eingriffs, weil es in der Sache angemessener wäre. Wenn wir drei Bälle in der Luft haben, könnten wir diese drei Bälle auch wiederum den bestimmten Grundrechten zuspielen. Diese Konstellation lösen wir mit diesem Ball, jene mit jenem.

G: Die allgemeinen Grundrechtslehren lassen natürlich Platz für die Besonderheiten der einzelnen Grundrechte. Sie absorbieren diese nicht. Aber die verschiedenen Etappen der Grundrechtsprüfung, Schutzbereich, Eingriff, Schranken, Schranken-Schranken sind meines Erachtens kein Spielmaterial, das beliebig verschoben werden kann. Es ist nicht das Grundrecht, es sind die Fälle, die die Akzentsetzung bedingen.

L: Gibt es eine Dogmatik oder gibt es Dogmatiken? Haben wir eine Art. 4-Dogmatik, eine Art. 5 Abs. 3-Dogmatik, eine Art. 5 Abs. 1-Dogmatik und so weiter?

G: Ja, unterhalb der allgemeinen Grundrechtslehren. Der Spielraum, den diese für Bereichsdogmatiken lassen, kann allerdings größer oder kleiner sein. Bei den Freiheitsrechten ist der Anteil der allgemeinen Grundrechtslehren größer, bei den Gleichheitsrechten ist er kleiner.

L: 1985 erschien das höchst erfolgreiche Grundrechtslehrbuch von *Pieroth/Schlink*,[276] das nach meinem Eindruck diese Kanonisierung des Prüfungsaufbaus durchgesetzt hat. Wer die Entscheidungen des Bundesverfassungsgerichts vor 1985 liest, bemerkt eine höhere Flexibilität. Manchmal heißt es auch statt Erforderlichkeit Notwendigkeit, es fließen also Angemessenheitsaspekte in die Erforderlichkeit ein. Die Begriffe sind nicht so festgefügt, auch die Verhältnismäßigkeit im engeren Sinne geht manchmal in Notwendigkeit über, die wiederum mit der Erforderlichkeit heutiger Natur ein wenig verschwimmt, ähnlich wie es heute die Gerichte in Kanada

---

[276] *Bodo Pieroth/Bernhard Schlink*, Grundrechte. Staatsrecht II, Heidelberg 1985. Das Lehrbuch wird mittlerweile von *Thorsten Kingreen* und *Ralf Poscher* fortgeführt und erschien 2016 in der 32. Auflage.

oder Israel praktizieren. In Deutschland ist diese Beweglichkeit verschwunden. Heute gibt es einen klaren Kanon, eine Schubladisierung der Kriterien, aber kein Nachdenken mehr über Zwischenkategorien, die aus dem Fall heraus erwachsen. Es kommen verschiedene Faktoren zusammen: 1985 erschien das Lehrbuch von *Pieroth/Schlink*, 1987 schieden die „Heroen" aus dem Verfassungsgericht aus und, nachdem Sie nun mehrfach gesagt haben, ein dogmatisch stringentes Vorgehen zu vertreten, verleitet mich das, vom Beginn einer Dogmatisierungsphase in Karlsruhe zu sprechen.

G: Hoffentlich ohne das, was Sie zuvor gesagt haben: dass nämlich das Prüfungsschema das Nachdenken erübrige.

L: Wie kann sich der Senat in seinen Beratungen noch hinreichend Freiraum fürs Nachdenken bewahren? Denn das Nachdenken kann ja am Einwand scheitern: Das fügt sich nicht ein in das kanonisierte Prüfungsmuster, denn die argumentative Rationalität wird durch das Raster des Verhältnismäßigkeitsmaßstabs vorgeprägt. Ein Argument, das in diesem Raster keinen Ort findet, ist dann plötzlich ein nicht anschlussfähiges, latent irrationales Argument. Also wie kann das Gericht seine Reflexionsfähigkeit sicherstellen, wenn es sich stark diesem rationalisierenden Zugriff verschrieben hat?

G: Es ist meines Erachtens die große Vielfalt der Fälle, die uns vor dem Schematismus bewahrt. Man merkt, dass ein bestimmter Prüfungsschritt auf eine Fallkonstellation nicht passt. Ein Beispiel: Der Grundrechtseingriff besteht in einer Geldleistungspflicht. Konkret: Der Gesetzgeber ermöglicht es Arbeitnehmern, in einem bestimmten zeitlichen Umfang Bildungsurlaub bei vollem Lohnersatz zu nehmen.[277] Die Arbeitgeber sehen darin einen Eingriff in ihre Berufsfreiheit. Wird die Erforderlichkeit des Mittels zur Erreichung des Gesetzeszwecks geprüft, so gibt es in derartigen Fällen immer ein milderes Mittel: Jemand anderes zahlt oder die Arbeitnehmer tragen einen Anteil der Kosten selbst. Gibt es stets ein milderes Mittel, verliert die Prüfung der Erforderlichkeit offensichtlich ihren Sinn. Man muss sich daher sofort auf die Stufe der Angemessenheit oder Zumutbarkeit begeben.

Die Fülle des Anschauungsmaterials, das im Gericht anfällt, war für mich einer der größten Gewinne der Karlsruher Jahre. Und man nimmt es anders wahr, wenn man die Fälle zu entscheiden hat, als wenn man nachträglich die Entscheidungen liest.

2. Umgang mit Sachverhalt und Präjudizien

W: Wenn Sie heute Entscheidungen Ihrer Nachfolger lesen, wo Sie ja das Fallmaterial wiederum nur gefiltert vorfinden, lesen Sie die Entscheidungen dann anders?

G: Als ich sie noch unterschreiben musste, las ich sie anders als heute. Ich las sie vollständig, denn die Entwürfe wurden ja in der Leseberatung Seite für Seite durchgegangen, und ich las sie zweimal, einmal schnell, um einen Überblick zu gewinnen, und ein zweites Mal gründlich, um zu sehen, ob ich in der Leseberatung Änderungswünsche anmelden sollte. Aber es war eben die Rolle des Mitautors, die diese Art der Lektüre bedingte, nicht die Einstellung zum Fallmaterial. Heute lese ich gewöhnlich die

[277] BVerfG, Beschluss des Ersten Senats vom 15. Dezember 1987, Az.: 1 BvR 563/86 u. a., BVerfGE 77, 308.

Darstellung des Falles und natürlich die Begründung, aber nicht immer das Beiwerk, also die Zusammenfassung der Schriftsätze und Stellungnahmen. Dazu muss dann schon ein besonderer Anlass bestehen.

W: Ich habe als Student immer nur die C.I.-Passagen[278] der Urteilsbegründung gelesen. Nur wenn man genauer einsteigen musste, habe ich mir auch die anderen Teile angesehen. Uns wurde auch gesagt: Lest nur das. Alles andere ist Beiwerk, verwirrt nur und ist zu lang. Was die Bayerische Staatsregierung eingewendet hat und was sonst in den Schriftsätzen steht, sei doch nicht so spannend.

R: Welche Rolle hatten die Schriftsätze tatsächlich für die Entscheidung? Inwieweit haben sie die Entscheidungen beeinflusst und die Diskussionen im Senat mitgeprägt?

G: In ihrer Mehrzahl waren die Schriftsätze enttäuschend. Die Mehrzahl kam aber auch nicht von Anwälten, die im Verfassungsrecht oder auch nur im öffentlichen Recht allgemein ausgewiesen waren. Es gab aber natürlich auch ausgesprochen sorgfältige, kenntnisreiche und beeindruckende Schriftsätze oder Gutachten. Wichtiger als die rechtliche Argumentation waren meist die tatsäch-

---

[278] Viele Entscheidungen des Bundesverfassungsgerichts sind nach einem einheitlichen Schema aufgebaut: Unter Gliederungspunkt A wird der Sachverhalt geschildert, unter B werden, wenn dazu Anlass besteht, Zulässigkeitsfragen abgehandelt, während die eigentliche Entscheidung dem Gliederungspunkt C vorbehalten bleibt. Hier entwickelt der jeweils entscheidende Senat unter I. zunächst Maßstäbe durch die Auslegung der einschlägigen Grundgesetzbestimmungen, während unter II. die Subsumtion des konkreten Sachverhalts unter diese Maßstäbe folgt; zum Ganzen *Oliver Lepsius*, Die maßstabsetzende Gewalt, in: M. Jestaedt/O. Lepsius/C. Möllers/C. Schönberger, Das entgrenzte Gericht, 2011, S. 159ff.

lichen Ausführungen in den Schriftsätzen selbst oder in den vom Gericht eingeholten Stellungnahmen. Das hat etwas mit den methodologischen Leitvorstellungen des Gerichts zu tun. Von früher vorherrschenden Methoden der Verfassungsinterpretation unterscheidet sich das Vorgehen des Bundesverfassungsgerichts zum einen durch eine materiale, wert- oder funktionsbewusste Sicht und zum anderen durch die Überzeugung, dass der Sinn einer Norm im Blick auf den Ausschnitt der sozialen Wirklichkeit, auf den sie sich regelnd bezieht, bestimmt werden muss. Da diese Wirklichkeit in ständiger Bewegung begriffen ist, kommt ein dynamischer Grundzug in die Verfassungsinterpretation, der ständig neue Realanalysen nötig macht. Und dann gibt es Normbestandteile und dogmatische Figuren, die auf die soziale Wirklichkeit verweisen. Am auffälligsten ist das bei den Stufen zwei (Eignung) und drei (Erforderlichkeit) der Verhältnismäßigkeitsprüfung. In bedeutenden Verfahren, insbesondere solchen der Normenkontrolle, enthalten die Schriftsätze und Stellungnahmen meist wertvolle Ausführungen dazu.

L: Aus der Situation des entscheidenden Senats ist die Fallrelevanz greifbar. Wenn man jedoch die Perspektive der verarbeitenden Wissenschaft und Praxis einnimmt, fragt man sich, welche Rolle das Fallmaterial noch bei der Weiterverarbeitung spielt. Hier entsteht ein Problem. Wenn die getroffene Entscheidung vom Fallmaterial abhängt, wie Sie mehrfach betont haben, wie kann dann der Aussagewert der Entscheidung von Wissenschaft und Praxis ehrlich verarbeitet werden, wie kann insbesondere die Fallrelevanz bei der präjudiziellen Weiterverarbeitung der Entscheidung berücksichtigt werden? Da wir geneigt sind, nur C.I. zu lesen, fallen diese Fallelemente unter den Tisch. Wir müssten C.II. miteinbeziehen, aber auch da bleiben die Rechtsgüter in der Abwägung häufig eher abstrakt. Für die fallrelevanten Aspekte müsste man dann auf die Schriftsätze vertrauen und den Sachbericht in den Entscheidungsgründen unter A berücksichtigen, aber das liest niemand. Ist das Problem nicht, dass das Gericht seine Entscheidungen mit einem konkreten Problembewusstsein trifft, das dann bei der abstrakten Verarbeitung der Entscheidungsgründe unter den Tisch fällt? Oder sehe ich das falsch?

G: Ich glaube, dass Sie Recht haben, mit der Folgewirkung, dass die Entscheidungen von der Wissenschaft oft stärker generalisiert werden, als sie vom Gericht gemeint sind. In den gerichtlichen Beratungen schwingt immer die Besorgnis über voreilige Generalisierungen von Entscheidungen mit. Wer weiß, welchen jetzt nicht im Blick befindlichen Aspekt des Problems der nächste Fall bringt? Wer weiß, wie sich die soziale Wirklichkeit ändert? Deswegen treffen Sie in den Begründungen häufig auf die Wendung „in Fallkonstellationen wie dieser". Das ist der Versuch, die Entscheidung vor einer voreiligen Verallgemeinerung zu bewahren. Auch wenn man in einer Entscheidung auf Begründungselemente stößt, die befremdlich oder überflüssig erscheinen, wird ein Blick in den Sachbericht meist ergeben, dass sie durch Schriftsätze oder Stellungnahmen veranlasst sind.

Es ist in diesem Zusammenhang auch erwähnenswert, dass sich eine Praxis des „distinguishing", wie sie in England und Amerika durch die Präzedenzienbindung erzwungen wird, bei uns nicht herausgebildet hat. Auch das Gericht, das sich ja gern selbst zitiert, lässt hier nicht immer die gebotene Sorgfalt walten. Seit 1995 war Herr *Hömig*[279] mein linker Nachbar im Beratungszimmer des Ersten Senats. Herr *Hömig* machte sich die Mühe, die Verweisketten in den Entscheidungsentwürfen nachzuprüfen, und oft genug stieß er auf Urteile oder Beschlüsse, die mit dem Fall auf dem Tisch wenig zu tun hatten.

W: Wenn ein Präjudiz im Wege zu stehen scheint, muss der Prozessvertreter darlegen, warum das kein passendes Präjudiz ist. Wenn es ganz schlimm wird, muss man sich als Prozessvertreter sogar noch die Materialien der Vorinstanzen ansehen. Das macht natürlich nicht der Student in der Klausur, aber der Anwalt, der Prozessvertreter macht das bei großen Verfahren, wenn es wirklich um etwas geht. Aber bei welchen Gerichtsentscheidungen wird eigentlich so viel Material abgedruckt wie in den Bänden des Bundesverfassungsgerichts? In der Entscheidungssammlung des Bundesgerichtshofs steht doch ausgesprochen wenig über den jeweiligen Sachverhalt. In der deutschen Veröffentlichungstradition gibt es kein anderes Gericht, das so verfährt wie das Bundesverfassungsgericht. Die Fachzeitschriften wie die NVwZ oder die JZ verfolgen eine Mittellösung mit einem paraphrasierten, kleingedruckten Sachverhalt, verfasst von der Redaktion.

L: Wir machen vom Teil A also allenfalls praktisch Gebrauch, wissenschaftlich aber nicht.

G: Ich will dazu nur sagen, dass in den Voten der Berichterstatter diese Teile meist noch umfangreicher sind als im Urteil.

---

[279] Dieter Hömig (1938–2016), 1967–1983 Beamter im Bundesinnenministerium, 1983–1995 Richter am Bundesverwaltungsgericht (ab 1993 Vorsitzender Richter), 1995–2008 Richter des Ersten Senats des Bundesverfassungsgerichts.

W: Auch in die Fallsammlung, die Sie bei UTB[280] mit Herrn *Kirchhof* zusammen herausgeben, wird natürlich nur C.I. aufgenommen.

G: Es gibt immer einen kurzgefassten und kursiv gedruckten Sachverhalt, den Herr *Eichberger*[281] schrieb, ehe er selbst Verfassungsrichter wurde. Herr *Kirchhof* und ich wählten die Fälle aus, Herr *Eichberger* bereitete sie auf und kürzte sie. Mittlerweile braucht niemand die Sammlung mehr, weil alles über das Internet verfügbar ist.

L: Man braucht sie aus didaktischen Gründen. Studenten, denen man einen Link zum Volltext schickt, sind ja überfordert mit dieser Unmenge von Text. Eigentlich ist es ganz sinnvoll, dass man lesefähige Häppchen vorbereitet, drei Seiten, in der Hoffnung, dass die Studierenden das dann vorbereitet haben. Ich finde, die Kultur der Verarbeitung der Entscheidungen muss sich weiterentwickeln und stärker auf die Fallrelevanz abstellen. Selbst das Gericht steht angesichts des wachsenden Berges von eigenen Vorentscheidungen vor einem Problem. Heute müssen die Richter potentiell 140 Bände lesen. Sie mussten noch 80 Bände gelesen haben. Richter heute, also nur zwanzig Jahre später, haben 60 Bände mehr.

G: Auch ich hatte, obwohl Verfassungsrechtler, nicht 80 Bände gelesen, und jemand der von einem der obersten Bundesgerichte ins Verfassungsgericht kam, hatte es wohl noch weniger. Zwei meiner Kollegen führten mir das

---

280 *Dieter Grimm/Paul Kirchhof* (Hrsg.), Entscheidungen des Bundesverfassungsgerichts Studienauswahl, 2 Bde., Tübingen 1993, 2. Auflage 1997, 3. Auflage 2007.

281 Michael Eichberger (geb. 1953), Richter, 1998–2006 Richter am Bundesverwaltungsgericht, seit 2006 Richter des Ersten Senats des Bundesverfassungsgerichts.

mehrfach vor Augen. Der erste war *Helmut Simon,* mit dem ich noch einige Monate zusammen im Ersten Senat saß. Er war seit 1970 im Amt und konnte dem Senat sagen, im 17. und im 43. Band hätten wir das so und so gemacht. Wir könnten das ändern, aber dann müssten wir sagen, warum die Vorentscheidungen überholt seien. Später übernahm *Helga Seibert* den Part von *Simon.* Sie war im Bundesjustizministerium für die Grundrechte zuständig gewesen und kannte einfach alles.

L: Wenn eine Entscheidung nicht passt, wird sie gerne unterdrückt. Es wird eben kein „distinguishing" betrieben. Eine vorherige Entscheidung wird nicht zitiert oder nur ganz beiläufig und es wird so getan, als ob sie nicht im Wege stünde. Es findet keine Auseinandersetzung statt, warum man das jetzt anders macht. Man kann ja auch einfach sagen, es sind jetzt 40 Jahre verstrichen und die Zeiten sind anders.

G: Es gibt in der Tat eine Neigung, auch dort Kontinuität vorzuspiegeln, wo in Wahrheit von früheren Entscheidungen abgewichen wird. Man sollte das stets offenlegen.

L: Nehmen wir etwa die Entscheidungen zur Sperrklausel im Europawahlrecht.[282] Der Umgang mit der früheren Entscheidung[283] ist etwas schmal ausgefallen. Sie wird

---

[282] BVerfG, Urteil des Zweiten Senats vom 9. November 2011, Az.: 2 BvC 4,6,7,8/10, BVerfGE 129, 300; der Senat erklärte die Fünf-Prozent-Sperrklausel für die Wahl des deutschen Kontingentes des Europäischen Parlaments wegen eines Verstoßes gegen die Wahlrechtsgleichheit und die Chancengleichheit der Parteien mit fünf zu drei Stimmen für verfassungswidrig.

[283] BVerfG, Beschluss des 2. Senats vom 22. Mai 1979, Az.: 2 BvR 193, 197/79, BVerfGE 51, 222; der Senat sah in der Fünf-Prozent-Sperrklausel für die Wahl zum Europäischen Parlament keinen Verfassungsverstoß; die Sperrklausel sei mit dem Grundgesetz ver-

zwar erwähnt, an den entscheidenden Stellen setzt sich der Senat aber inhaltlich nicht mit ihr auseinander. Da muss sich etwas ändern, auch in der Darstellungstechnik des Gerichts. Wenn das Gericht ein Eigeninteresse am „distinguishing“ hat, damit es sich Freiräume des Entscheidens bewahrt und sich nicht in Pfadabhängigkeiten begibt, die dann ohne Nachdenklichkeit weitergeführt werden, dann muss es seine Entscheidungen auch so begründen, dass zukünftige Senate einen Anknüpfungspunkt für das „distinguishing“ haben. Wenn aber die Entscheidungsgründe nur aus normativen Maßstäben bestehen, dann erschwert das Gericht späteren Senaten das „distinguishing“. Das Merkwürdige ist ja auch: Ein Gesetzgeber kann immer sagen, was der Bundestag vor vier Jahren gemacht hat, interessiert uns nicht. Wir haben eine neue Mehrheit, wir machen es alles anders. Nicht so ein Gericht. Der Senat von heute tut sich schwer, eine Entscheidung des Senats vor 40 Jahren umzudrehen. Richter hört man immer wieder sagen: Das haben wir schon 1965 so und so entschieden. Und ich frage mich immer: Wer ist eigentlich wir? Anders als Gesetzgebung droht Rechtsprechung zu versteinern.

G: Richtig ist, dass jeder Richter, der eine lang geübte Rechtsprechung ändern will, einen erheblich höheren Begründungsaufwand hat als derjenige, der sie fortsetzen will. Aber von einer Versteinerung könnte man ja nur sprechen, wenn diese Einstellung Änderungen ersticken würde. Das ist aber nicht der Fall. Wir hatten von der

einbar, weil sie an dem durch besondere, zwingende Gründe gerechtfertigten Ziel, einer übermäßigen Parteienzersplitterung im Europäischen Parlament entgegenzuwirken, orientiert ist und das Maß des zur Erreichung dieses Zieles Erforderlichen nicht überschreitet. Die Entscheidung erging einstimmig.

mangelnden Offenlegung der Änderungen gesprochen. Das ist etwas anderes als Änderungsscheu.

3. Beratungskultur und Dogmatik

W: Zur Zeit wird viel über die „Beratungskultur" in Karlsruhe gesprochen. Frau *Lübbe-Wolff*[284] bereitet, so weit ich weiß, eine Arbeit vor, in der das vergleichend untersucht werden soll. Alle ehemaligen und aktiven Richter, die darüber unterschiedlich dosiert berichten, sagen stets, nur das dogmatische Argument zähle. Wenn man dann nachfragt, ist es jedoch oft so, dass durchaus unterschiedliche Eindrücke vorhanden sind, beziehungsweise, dass Dogmatik natürlich eine unscharfe Kategorie darstellt und für alles Mögliche offen zu sein scheint. Würden Sie widersprechen, wenn man dies als Außenstehender so deutet, dass das offen politische Argument im Senat verpönt ist und dogmatisch – was immer das bedeutet – „eingekleidet" werden muss?

G: Ihre Deutung entspricht in vollem Umfang meiner Erfahrung. Ein parteipolitisches Argument habe ich in den beinahe zwölfeinhalb Jahren im Ersten Senat nicht gehört. Aber auch an politische Argumente, die sich nicht an Parteiprogramme anlehnen, kann ich mich nicht erinnern. Es hätte das Senatsmitglied, welches so argumentierte, disqualifiziert. Es wurde juristisch argumentiert,

---

[284] Zu diesem Thema jetzt schon: *Gertrude Lübbe-Wolff*, Die Beratungskultur des Bundesverfassungsgerichts. Rede zur Verabschiedung aus dem Amt der Richterin des Bundesverfassungsgerichts, in: Europäische Grundrechte-Zeitschrift 2014, S. 509–512; *dies.*, Wie funktioniert das Bundesverfassungsgericht? (Osnabrücker Universitätsreden), Göttingen 2016.

besser oder schlechter, aber eben juristisch, und ob ein juristisches Argument dann und wann politisch motiviert ist, bleibt dem Senat verborgen. Was man erleben konnte, war, dass jeder irgendwann an die Grenzen seiner Argumentationsbereitschaft oder -fähigkeit stößt. Das heißt dann aber nicht, dass es von da an politisch weiter geht, sondern dass die juristische Argumentation abgeschlossen ist und man sich nur noch wiederholen kann.

L: Etwa bei Fragen des Lebensschutzes.

G: Zum Beispiel, weil diese Fragen nah ans Gewissen mancher Richter reichen. Es war für mich aber erstaunlich, wie weit auch bei solchen Fällen die Dogmatik trug, ehe die Divergenzen aufbrachen. Es geht eben dank der Dogmatik in der Beratung nicht sofort ums Ganze. Vielmehr ist ein vorgezeichneter und etappenreicher Weg zurückzulegen, bevor man vor einer Gewissensfrage steht. Ich war immer der Meinung, dass ich in einem Fall, in dem ich Verfassung und Gewissen nicht in Einklang bringen kann, zurücktreten müsste.

L: Was setzte das dogmatische Argument voraus? Kenntnis der vorherigen Entscheidungen? Was ist das dogmatische oder das juristische Argument im Unterschied zum politischen? Es ist klar, man kann nicht parteipolitisch, ergebnisorientiert argumentieren. Viele Felder eignen sich überhaupt nicht für einen solchen Zugang. Aber wenn jetzt eine neue Rechtsfrage kommt, beispielsweise im Datenschutz, was heißt dann dogmatisch oder „nur“ juristisch zu argumentieren? Um bei Volkszählung und Datenschutz zu bleiben: Man geht von einem Grundrecht aus, im Zweifel Art. 2 Abs. 1 GG und landet bei sehr allgemeinen Freiheitsverständnissen. Soweit sind wir noch im juristischen „Fahrwasser“. Aber was passiert dann? Man muss dann sagen, wie weit die Freiheit reicht. Geht das noch nur „juristisch" dogmatisch und inwieweit kommen nicht doch Vorverständnisse hinzu?

G: Wir wissen alle, dass „juristisch" und „dogmatisch" offene Begriffe sind. Verschiedene Zeiten haben unterschiedlich darüber gedacht, verschiedene Rechtsordnungen oder Rechtskulturen denken zur gleichen Zeit unterschiedlich darüber. Innerhalb ein und derselben Rechtskultur kann über diese Frage heftiger Streit ausbrechen, bei uns in der Weimarer Republik, in den USA heute. „Offen" ist aber nicht gleichbedeutend mit „beliebig". „Juristisch" oder „dogmatisch" schließt, gleich ob eng oder weit verstanden, „politisch" (oder in anderen Rechtsordnungen vielleicht „religiös" oder „ideologisch") aus. Umstritten sind die Grenzen. Wenn man es – wie das Bundesverfassungsgericht – zulässt, dass eine Verfassungsnorm interpretativ auf Sachverhalte eingestellt wird, an die zur Entstehungszeit der Verfassung nicht einmal zu denken war, dann erstreckt sich das Juristische in ein Feld, das für einen Originalisten bereits politisch wäre. Damit bestreite ich aber nicht die Bedeutung, auch nicht die entscheidungserhebliche Bedeutung, von Vorverständnissen. Sie ließe sich wohl auch nur dann bestreiten, wenn man annähme, dass der Text einer Verfassungsnorm die Anwendung auf einen Fall durch den Interpreten restlos determiniert. So unsinnig es wäre, das zu behaupten, so unverständig wäre es aber auch anzunehmen, dass bei neuen, vom Verfassungsgeber nicht bedachten Fällen nun Vorverständnisse unvermittelt durchschlügen. Selbst bei einem neuartigen Fall beginnt man ja nicht bei Null.

Ich greife Ihr Beispiel der Volkszählung auf. Das Urteil erging vor meiner Zeit als Verfassungsrichter. Es knüpfte an die längst getroffene und akzeptierte Interpretation an, dass zur freien Entfaltung der Persönlichkeit im Sinn vom Art. 2 Abs. 1 GG der Schutz der Privatsphäre gehört. Daraus war auch bereits der Datenschutz abgeleitet worden, nämlich dann, wenn es sich um Daten aus der Privatsphäre handelte. Die Frage, vor der das Gericht im Volkszählungsverfahren stand, war also nur die, ob es beim privatsphärenbezogenen Datenschutz bleiben solle oder ob eine Ausweitung nötig wäre. Dass sich diese Frage stellte, hatte wiederum etwas mit technischen Neuerungen zu tun, die inzwischen eingetreten waren. Es gab nun die elektronische Datenverarbeitung. Die Frage, ob angesichts der EDV der Schutz von Daten aus der Privatsphäre zur Sicherung der freien Entfaltung der Persönlichkeit ausreiche, hing also davon ab, wie sich die Gefährdungssituation, auf die Art. 2 Abs. 1 GG antwortet, mit dem Übergang von der Datenverarbeitung mittels Karteikarten oder dem Hollerith-Verfahren zur EDV verändert hatte. Das schildert das Gericht im Urteil anschaulich und schließt daraus, dass angesichts der technischen Möglichkeiten der EDV der Persönlichkeitsschutz lückenhaft wäre, wenn er nicht auf personenbezogene Daten generell, unabhängig von ihrer Zugehörigkeit zur Privatsphäre, erstreckt würde.

Dahinter stehen gewisse Vorverständnisse, zum Beispiel das Vorverständnis, dass das Verfassungsgericht den Sinn von Verfassungsnormen an veränderte Verhältnisse anpassen darf; wohl auch das Vorverständnis, dass der Staat nicht allwissend sein soll; ferner ein Verständnis von personaler Freiheit, das nicht nur die äußeren, sondern auch die inneren Aspekte von Freiheit umfasst. Aber auch diese Vorverständnisse werden nur normvermittelt relevant.

R: Zeigen sich diese Vorverständnisse vielleicht besonders gut durch einen Vergleich mit der amerikanischen Debatte und der dortigen Rechtsprechung?

G: Mir fällt als Kontrast der erste Fall ein, in dem sich der amerikanische Supreme Court mit der Frage befassen musste, ob das Abhören von Telefonaten, die aus einer Telefonzelle geführt werden, „search and seizure" im Sinn des *Fourth Amendments* sei. Der Originalist im Gericht antwortete darauf, dass das Telefonabhören nur eine technisch ermöglichte Form des Lauschens am Schlüsselloch sei, ein den Gründungsvätern bekanntes Verhalten, das zu verbieten ihnen nicht in den Sinn gekommen sei. Der Textualist verwies darauf, dass Telefongespräche nicht „persons, houses, papers, and effects" seien, die das Amendment schütze. Der Formalist, der aber erkannte, dass es um ein neuartiges Phänomen ging, versuchte die Lösung über eine Analogie zu finden: Im Augenblick des Telefonats „gehöre" die Telefonzelle und der Draht, durch den sein Gespräch geleitet werde, dem Sprecher. Und nur eine Minderheit fand, dass „search and seizure" von ihrem Zweck her verstanden und auf neuartige Gefährdungslagen erstreckt werden müsse.[285]

Bei der Verarbeitung sozialen Wandels liegt der Rechtsprechung des Bundesverfassungsgerichts ein wiederkehrendes, aber selten bemerktes Muster zugrunde, das sich am Volkszählungsurteil gut erkennen lässt. Ausgangspunkt ist das bisherige Verständnis des

---

[285] *Olmstead v. United States*, 277 U.S. 438 (1928). Die Mehrheitsmeinung von Olmstead wurde 40 Jahre später zur Minderheit in *Katz v. United States*, 389 U.S. 347 (1967).

Grundrechts, insbesondere seines Schutzbereichs. Sodann wird gefragt, ob sich im Schutzbereich des betroffenen Grundrechts sozialer Wandel ereignet hat. Wenn das zutrifft, folgt die Frage, ob dieser sich nachteilig auf den Grundrechtsschutz auswirkt, falls man an der bisherigen Interpretation festhält. Ist das der Fall, wird eine Interpretation entwickelt, die den Grundrechtsschutz der neuen Gefährdungslage anpasst.

L: Sie haben zu der Kontroverse, die seinerzeit zwischen *Lammert*[286] und *Voßkuhle*[287] ausgetragen wurde,[288] in der

[286] Norbert Lammert (geb. 1948), Politiker, seit 1980 Mitglied des Deutschen Bundestags, 2002–2005 Vizepräsident, seit 2005 Präsident des Deutschen Bundestages.

[287] Andreas Voßkuhle (geb. 1963), Professor für Öffentliches Recht an der Universität Freiburg i. Br., seit 2008 Richter des Zweiten Senats des Bundesverfassungsgerichts, 2008–2010 Vizepräsident des Bundesverfassungsgerichts, seit 2010 Präsident des Bundesverfassungsgerichts.

[288] In einem Vortrag beim Wissenschaftsforum des Deutschen Bundestages am 17. November 2011 sagte der Präsident des Bundesverfassungsgerichts, *Andreas Voßkuhle*: „Aus dem Umstand, dass die Entscheidungen des Bundesverfassungsgerichts politische Wirkungen entfalten, lässt sich nicht ableiten, sie seien selbst politischer Natur. Das Bundesverfassungsgericht trifft ausschließlich juristische Entscheidungen. Die Entscheidungsfindung der Verfassungsrichter folgt einer vollkommen anderen Logik als die Entscheidungsfindung politischer Akteure." Der Präsident des Deutschen Bundestages, *Norbert Lammert*, entgegnete: „Einen kleinen Widerspruch möchte ich zu der These anmelden, dass die Entscheidungen des Bundesverfassungsgerichts und die damit verbundene Interpretation des Grundgesetzes ausschließlich juristisch und nie politisch seien. Das will mir nicht einleuchten, und zwar gleich im doppelten Sinne nicht, weder von der Motivationslage der beteiligten Verfassungsrichter noch von den Texten, die wir dann anschließend zu lesen bekommen. [...] Die Weisheit der allermeisten Entscheidungen des Bundesverfassungsgerichts dokumentiert sich auch darin, dass sie eben nicht auf eine rein juristische Betrach-

FAZ einen Artikel veröffentlicht[289] und dort sinngemäß ausgeführt, dass Verfassungsfragen politische Fragen seien und das Bundesverfassungsgericht daher auch politisch entscheide. In gewisser Weise haben Sie eine Gegenposition zu *Voßkuhle* eingenommen. Durch den Satz „Es wird nur juristisch argumentiert" könnte in der Außenwahrnehmung der Eindruck entstehen, dass etwa Folgenbewertungen nicht statt fänden, es nur eine im engeren Sinne dogmatische Beurteilungskompetenz gäbe. Ich finde die Debatte, die wir jetzt führen oder auch das Interesse an der Beratungskultur bemerkenswert, weil dies ein uraltes Problem der Abgrenzung von Recht und Politik thematisiert, jetzt aber im institutionellen Zuschnitt der Gerichtsbarkeit. In dieser Situation positioniert sich das Verfassungsgericht nicht gut, wenn es sich als zu juristisch darstellt. Man wird viele, gerade auch weitreichende Entscheidungen, kaum erklären können, wenn man sagt, das lässt sich alles juristisch-dogmatisch ableiten.

G: Ich habe in dem FAZ-Aufsatz versucht, die ewige Frage nach dem politischen Charakter der Verfassungsrechtsprechung differenziert zu beantworten. Was genau ist politisch an der Tätigkeit eines Verfassungsgerichts? Politisch ist zunächst einmal der Gegenstand. Die Verfassung erlegt der Politik Bindungen auf. Die Verfassungsgerichtsbarkeit soll für die Einhaltung dieser Bindungen

tungsweise reduziert sind, sondern die politischen Implikationen möglicher rein juristisch vielleicht begründbarer Entscheidungen ganz offenkundig und auffällig im Bewusstsein haben." (Zitate nach: Frankfurter Allgemeine Zeitung vom 22. Dezember 2011, S. 30).

[289] *Dieter Grimm*, Was das Grundgesetz will, ist eine politische Frage, Frankfurter Allgemeine Zeitung vom 22. Dezember 2011, S. 30.

sorgen. Prüfungsgegenstand sind also Entscheidungen, die die Politik getroffen (oder unterlassen) hat. Politisch sind ferner die Wirkungen. Die verfassungswidrige politische Entscheidung wird annulliert. Beides, politische Gegenstände und politische Wirkungen gehen mit der Verfassungsgerichtsbarkeit unweigerlich einher. Dafür ist sie da. Nicht politisch in diesem Sinn ist das verfassungsgerichtliche Verfahren und nicht politisch in diesem Sinn sind die Entscheidungskriterien. Mit dem Antrag oder der Klage kommt es vielmehr zu einem Arenenwechsel. Es treten nun andere Akteure auf, es gelten andere Regeln und es finden andere Maßstäbe Anwendung. Man kann dann eigentlich nur noch fragen, ob die Auslegung und Anwendung von Verfassungsnormen in sich politisch ist. In den USA ist diese Ansicht weit verbreitet. Ich stimme dem nicht zu. Als politisch könnte man die Verfassungsauslegung und -anwendung nur dann ansehen, wenn man schon den Umstand, dass die Normtexte die Verfassungsanwendung nicht vollständig determinieren, genügen ließe, sie als politisch zu charakterisieren. Das träfe aber nach meiner Auffassung die Sache nicht. Auch die Interpretationsspielräume, die jede Norm lässt und die Grundrechte ganz besonders lassen, werden ja aufgrund rechtlicher Überlegungen gefüllt. Die Frage, die sich jedem Richter stellt, lautet, was die juristisch richtige Sinnbestimmung einer Norm ist, nicht was die politisch, religiös oder wirtschaftlich beste Lösung wäre. Über das, was juristisch richtig ist, kann man streiten, und der Streit kann bis zum Schluss der Beratung unaufgelöst bleiben, so dass die Mehrheit entscheidet. Aber die Uneinigkeit der Richter beweist nicht, dass es bei der Entscheidung nicht mit rechten Dingen zugegangen ist, sondern nur, dass man über die juristisch richtige Lösung legitimerweise verschiedener Ansicht sein kann. Ich spreche freilich nur von Richtern, die ihre Aufgabe ernst nehmen. Dass es Richter gibt, die sich nach politischen Erwartungen richten oder ihren subjektiven Präferenzen folgen, steht auf einem anderen Blatt.

L: In der Rechtswissenschaft führen wir seit Jahrzehnten die Debatte um die Integration der Sozialwissenschaften. Sie waren mit den beiden Bänden aus den 1970er Jahren[290] führend beteiligt und man hat fast den Eindruck, in diesen neueren Positionierungen des Gerichts[291] wird das ignoriert. „Es wird nur juristisch entschieden" ist doch das Dementieren sozialwissenschaftlicher und interdisziplinärer Betrachtungen im Recht.

G: Diesen Eindruck habe ich nicht. „Nur juristisch" kann ja zweierlei bedeuten: einmal, dass richterliche Entscheidungen nur anhand juristischer und nicht politischer, religiöser, ökonomischer oder sonstiger Kriterien getroffen werden dürfen; zum anderen, dass Rechtsnormen aus sich selbst heraus verstanden werden müssen, andere Disziplinen also keinen Beitrag zum Verständnis von Rechtsnormen leisten können. Die erste Bedeutung bejahe ich uneingeschränkt, die zweite halte ich für falsch, und die

---

[290] *Dieter Grimm* (Hrsg.), Rechtswissenschaft und Nachbarwissenschaften, Band 1: Soziologie, Politik, Verwaltung, Wirtschaft, Psychologie, Kriminologie, 1973; Band 2: Geschichte, Logik, Linguistik, Informatik, Friedensforschung, Finanzen, Didaktik, 1976.

[291] Vgl. *Gertrude Lübbe Wolff*, Die Beratungskultur des Bundesverfassungsgerichts, EuGRZ 2014, 509–512; *dies.*, Wie funktioniert das Bundesverfassungsgericht?, 2015, S. 23–28; *Peter Müller*, „Heute darf ich das sagen", Interview in: DIE ZEIT 15/2015 v. 9.4.2015; weitere Stimmen bei *Uwe Kranenpohl*, Hinter dem Schleier des Beratungsgeheimnisses, 2010, S.163–167.

beiden Bände „Rechtswissenschaft und Nachbarwissenschaften“ sollten gerade das erweisen.

L: Sie sagten, Sie seien im Senat einer derjenigen gewesen, die für die rationalisierende Kraft der Dogmatik eingetreten seien und auch beim Sortieren von Argumenten immer auf das Einhalten von bestimmten Gedankengängen Wert gelegt hätten, d.h. Sie sind für die dogmatische Beantwortung von Rechtsfragen eingetreten. Als Wissenschaftler zuvor waren sie jedoch ein Befürworter interdisziplinärer Zugänge.

G: Zwischen beiden kann ich keinen Gegensatz erkennen. Ich trete für eine sozialwissenschaftlich informierte Rechtsdogmatik ein. Die Rechtfertigung dafür beziehe ich aus der Eigenart von Rechtsnormen selbst. Rechtsnormen haben einen Wirklichkeitsbezug. Sie werden in Ansehung eines bestimmten Zustands der sozialen Wirklichkeit formuliert, auf den sie einwirken sollen, manchmal bewahrend, manchmal verändernd. Wenn das so ist, wird aber die soziale Wirklichkeit für den Sinn einer Rechtsnorm mit konstitutiv. Zur Sinnermittlung gehört dann die Vergewisserung über die tatsächlichen Verhältnisse, in denen die Norm ihren Zweck erreichen soll. In der Bandbreite der möglichen Interpretationen gibt es solche, die die Zweckerreichung begünstigen, und solche, die sie zu verfehlen drohen. Kenntnis des Sachbereichs, den eine Norm regelt, gehört also zum juristischen Geschäft. Das wird nochmals deutlicher, wenn man sich vergegenwärtigt, dass die soziale Wirklichkeit in ständigem Wandel begriffen ist. Das kann dazu führen, dass eine unter den anfänglichen Verhältnissen sinnvolle Interpretation einer Rechtsnorm unter veränderten Verhältnissen dysfunktional wirkt. Ohne Berücksichtigung des sozialen

Wandels bleibt das aber dem Rechtsanwender verborgen. Manchmal ist sozialer Wandel evident und kann dann vom Juristen ohne fremde Hilfe dogmatisch verarbeitet werden. Oft ist er aber nicht evident oder nur oberflächlich erkennbar, und dann geht es nicht ohne Unterstützung durch sozialwissenschaftlich gewonnenes Wissen. Das ändert aber nichts daran, dass das Geschäft ein juristisches bleibt. Sozialwissenschaftliche Erkenntnisse können immer nur normativ vermittelt juristische Relevanz erlangen. Der Jurist wechselt nicht die Disziplin, er bedient sich der Erkenntnisse anderer Disziplinen.

R: Welche Schwierigkeiten sehen Sie bei diesem Erkenntnistransfer?

G: Ich verkenne nicht, dass das schwierig sein kann. Die Sozialwissenschaften verstehen sich ja nicht als Hilfswissenschaft der Jurisprudenz. Sie haben andere Erkenntnisinteressen und andere Methoden. Deswegen wird es nicht selten an dem Wissen fehlen, das der Jurist benötigt. Wenn juristisch relevantes Wissen vorhanden ist, kann es Probleme beim Finden geben; wenn es gefunden ist, können Unsicherheiten in der Bewertung auftreten. Das erfuhr ich frühzeitig im Senat, als ich versuchte, sozialwissenschaftliche Erkenntnisse in die Beratung eines Falles einzuführen. Es ging um die Frage, ob ein volljähriges Kind ein Recht auf Kenntnis seines biologischen Vaters hat. Das BGB schloss eine Ehelichkeitsanfechtung in diesem Fall aus. Das Amtsgericht Hamburg hielt das für verfassungswidrig. Frau *Niemeyer*, die für das allgemeine Persönlichkeitsrecht zuständig war, ehe es nach ihrem Ausscheiden auf mich überging, legte einen knappen ablehnenden Kammerbeschluss vor. Mir schien, dass der Fall erhebliche Weiterungen hatte. Die Entscheidung konnte schnell für Entwicklungen relevant werden, die damals gerade am Anfang standen, die anonyme Samenspende zum Beispiel. Ich fand, dass es eine Sache für den Senat sei, und im Senat entwickelte sich die Diskussion so, dass ich sogar eine mündliche Verhandlung vorschlug.[292] Auf die Senatsberatung hatte ich mich durch die Lektüre verschiedener Werke vorbereitet, in denen die Folgen der Ungewissheit über die eigene Abstammung für die Persönlichkeitsentwicklung behandelt wurden. Mit diesen Büchern bewaffnet ging ich in die Senatsberatung, um zu zeigen, dass ich nicht mit Laienwissen, sondern mit Fachwissen argumentierte. Der Bücherstapel hatte aber den gegenteiligen Effekt, Bedenken kamen auf, ob diesen Büchern zu trauen war, ob sie den Stand der Wissenschaft enthielten oder vielleicht abseitige Auffassungen vertraten. Ich zog aus dieser Erfahrung nicht den Schluss, auf sozialwissenschaftliche Erkenntnisse zu verzichten, sondern nur auf die Mitnahme von Büchern. Soweit es die Fälle erforderten, bin ich stets interdisziplinär vorgegangen.

L: Etwa in der Rundfunkrechtsprechung?

G: Mit Sicherheit. Eine entscheidende Frage war hier ja, ob der Markt dasjenige Gut hervorbringen könne, das Art. 5 Abs. 1 S. 2 GG fordert. Darauf gibt es keine juristischen Antworten. Juristisch ist die Feststellung des Sinns der Rundfunkfreiheit, und juristisch ist die Schlussfolgerung aufgrund der tatsächlichen Erkenntnisse.

W: Was Sie geschildert haben, ist ein gutes Beispiel dafür, dass eine Funktion von Dogmatik auch ist, eine für alle im Diskurs Zugelassenen betretbare Ebene vorzuhal-

---

[292] BVerfG, Urteil des Ersten Senats vom 31. Januar 1989, Az.: 1 BvL 17/87, BVerfGE 79, 256.

ten. Während man sich im interdisziplinären Gespräch ja erst einmal – und sei es terminologisch – verständigen muss, über was man überhaupt redet, bietet die juristische Dogmatik eine Plattform, auf der Juristen ohne weitere Vorfestlegungen argumentieren können.

G: Damit bin ich sehr einverstanden. Ich hatte mir diese Funktion von Dogmatik nicht so klar gemacht.

L: Welche Selbstschutzmechanismen werden in einer Senatsberatung entwickelt, um nicht in eine Dogmatikfalle zu geraten, nach dem Motto: Das Argument ist dogmatisch nicht anschlussfähig oder nicht reformulierbar und damit ist es latent politisch und unzulässig? Die Gefahr dieser Plattform, von der Herr *Waldhoff* sprach, ist natürlich auch, dass bestimmte Diskursstränge im Senat als undogmatisch unterdrückt werden können.

G: Es gibt Erkenntnisse, die dogmatisch nicht anschlussfähig sind. Nehmen wir an – ein konstruiertes Beispiel –, in der Politikwissenschaft setze sich die Annahme durch, die Krise der repräsentativen Demokratie könne durch plebiszitäre Entscheidungsbefugnisse behoben werden, insbesondere müsse der Bundespräsident vom Volk gewählt werden. Das kann man bejahen oder ablehnen, aber man kann mit Hilfe dieser Erkenntnisse nicht Art. 54 GG überwinden. Aber was ist mit den Erkenntnissen, die möglicherweise anschlussfähig sind oder juristisch reformuliert werden können? Ich habe keine gute Antwort auf die Frage, wie man verhindern kann, dass sie unterdrückt werden. Methodendiskussionen kamen im Senat allenfalls implizit vor. Eine gewisse Gewähr bietet die plurale Zusammensetzung des Bundesverfassungsgerichts, plural im Sinn der verschiedenen beruflichen Biographien der Richter.

L: Gibt es auch taktische Alternativen, die erörtert werden? Etwa nach dem Schema: Beide Entscheidungsalternativen sind dogmatisch gleichermaßen stimmig, auch aus unserer eigenen Rechtsprechung begründbar; aber die Entscheidung nach dem ersten Weg hat ganz andere Folgen – sei es für die weitere Dogmatik, sei es für die soziale Wirklichkeit.

G: Folgenorientierte Dogmatik ist im Bundesverfassungsgericht Gang und Gäbe. Ich habe das einmal auf einer Tagung der Gesellschaft für Rechtsvergleichung ausgebreitet.[293] Man darf sich das aber nicht so vorstellen, als stünden am Ende einer kontroversen Beratung zwei Interpretationsalternativen zur Wahl, über die dann im Lichte ihrer voraussichtlichen Folgen entschieden würde. Die Folgen sind schon vorher mitverarbeitet worden.

L: Mir ist sehr sympathisch, wie Sie den Beratungsprozess des Gerichts schildern, als ein großes Bemühen, einem Rechtsstreit auch in konkreter Ansehung des Problems gerecht zu werden. Erstaunlich ist aber, dass die Konkretheit des Beratungsprozesses – dieser Fall verlangt nach einer gerechten Lösung – am Ende in sehr allgemeine Aussagen über die Verfassungsauslegung mündet. Von der Beratung zur Formulierung der Entscheidung erfolgt ein Umschwung vom Konkreten ins Allgemeine und dieser Umschwung ist vielleicht das für einen Wissenschaftler Interessanteste. Diese Generalisierungsaufgabe wird im Grunde durch das Bundesverfassungsgericht und den Duktus der Entscheidung vorweggenommen – was hinge-

[293] *Dieter Grimm*, Entscheidungsfolgen als Rechtsgründe. Zur Argumentationspraxis des deutschen Bundesverfassungsgerichts, in: Gunther Teubner (Hrsg.), Entscheidungsfolgen als Rechtsgründe, 1995, S. 139–159.

gen in der Common Law-Rechtskultur eine wissenschaftliche Aufgabe ist oder jedenfalls eine Aufgabe, an der viele mitwirken. Welche sind denn die für eine Generalisierung geeigneten Fälle? Wie weit funktioniert die Generalisierung? In Deutschland zieht nach meiner Beobachtung Karlsruhe diesen Prozess bewusst an sich und verteidigt ihn in der Interpretation der Entscheidungen dann auch. Ich finde, so wie Sie die Beratungskultur des Gerichts schildern, steht sie in einer gewissen Disharmonie zur Präsentation der Ergebnisse in den Entscheidungsbänden.

G: Der deutsche Urteilsstil begünstigt das. Er ist nicht diskursiv, sondern autoritativ. Das Ergebnis steht voran, ihm folgen die Gründe, die es tragen. Erwogene, aber verworfene Gründe können nur mittels einer Zwar-aber-Konstruktion eingeführt werden. Immerhin werden sie eingeführt, während sie in Frankreich völlig unter den Tisch fallen. Manchmal, aber eher selten, macht das Gericht selbst klar, dass eine Entscheidung nur „für Fallkonstellationen wie diese" gelten soll. Ein Beispiel, das ich bereits erwähnte, ist der Beschluss zum zweiten Schiffsregister. Eine wichtige Rolle spielt sicher das Bestreben, den Gerichten verwertbare Maßstäbe für künftige Entscheidungen an die Hand zu geben.

W: Vielleicht hängt das auch mit der Tradition der Fachgerichtsbarkeit zusammen, dass das Revisionsgericht auch die Einheitlichkeit der Rechtsprechung in einer pyramidalen Gerichtsstruktur sicherstellen soll und deshalb notwendigerweise immer über den Fall hinausgehende implizite Interpretationsanweisungen mitliefert. Wenn das dann in das Verfassungsgericht transponiert wird, müsste das noch einmal durchdacht werden.

G: Ich fand es immer interessant zu sehen, welchen Adressat ein Berichterstatter vor Augen hat, wenn er einen Beschluss oder ein Urteil schreibt. Nach meinem Eindruck denkt die Mehrzahl der Berichterstatter an den Richter der unteren Instanzen. Bei vielen Revisionsrichtern aus den obersten Bundesgerichten war das so. Andere denken primär an den Verlierer, der erfahren und verstehen soll, warum er verloren hat, ja verlieren musste. Ich selber, aber nicht etwa ich allein, hatte auch immer die Öffentlichkeit im Blick.

L: Für ein Gericht ist die Entscheidung zwischen Generalisieren oder Individualisieren des Ergebnisses besonders wichtig. Wird darüber im Rahmen der Beratungskultur nachgedacht oder ist das etwas, was sich aus der Sachlogik heraus darstellt?

G: Solche Diskussionen gibt es, aber nicht abgelöst vom Fall. Besteht Unsicherheit über die künftige Entwicklung, werden die Aussagen tendenziell individuell gehalten. Glaubt man die Lage übersehen zu können, kann man leichter generalisieren.

Ein Beschluss des Ersten Senats im letzten Jahr meiner Zugehörigkeit zum Gericht – ich war nicht Berichterstatter – führte mir besonders intensiv die Frage vor Augen, in welche Verästelungen des Bürgerlichen Rechts man den Verfassungseinfluss vorantreiben soll. Es ging um den Ausschluss der Testiermöglichkeit für schreib- und sprechunfähige Personen, §§ 2232 und 2233 BGB.[294] Musste es wirklich sein, diese Vorschrift für verfassungswidrig zu erklären, weil die betreffende Person ihren Willen vielleicht doch durch ein Nicken oder Winken andeu-

---

[294] BVerfG, Beschluss des Ersten Senats vom 19. Januar 1999, Az.: 1 BvR 2161/94, BVerfGE 99, 341.

ten konnte? Eine generelle Diskussion darüber kam nicht zustande.

L: „Reiten im Walde" war doch solch eine Diskussion.

G: Ja, aber ausgelöst durch den konkreten Fall und nicht in seiner ganzen Tragweite. Ich erwähnte schon, dass einer meiner Senatskollegen die Diskussion mit dem Vorwurf abschneiden wollte, meine Auffassung leiste dem Polizeistaat Vorschub.

L: Ich finde „Reiten im Walde" deswegen einen ganz großartigen Fall, weil das Gericht sich noch einmal einer Grundsatzfrage in voller Breite nach Ablauf von 30 Jahren gestellt hat. Das sollte – wenn sich die Gelegenheit bietet – das Gericht häufiger tun.

W: Der läppische und auch austauschbare Sachverhalt konnte doch nur ein oberflächlicher Anlass für das Gericht sein, sich noch einmal mit der Problematik des Schutzbereichsumfangs von Art. 2 Abs. 1 GG grundsätzlich zu beschäftigen. Besteht aber nicht eine gewisse Tragik darin, dass – selbst wenn das Gericht eine Entscheidung eng führen will – durch die Verarbeitung in der Wissenschaft und in der Dogmatik die maßstäblichen Ausführungen doch wieder teilweise generalisiert werden? Wir sind nun mal so trainiert!

L: Oder denken wir an einen anderen Fall: Das Verfahren um die Auflösung des Deutschen Bundestages 1983 führte zu einem neuen Maßstab, nämlich wann eine auflösungsgerichtete Vertrauensfrage zulässig ist, obwohl man den Fall auch punktueller hätte entscheiden können.[295] Dann aber hätte man situativ, letztlich nach den

---

[295] BVerfG, Urteil des Zweiten Senats vom 16. Februar 1983, Az.: 2 BvE 1/83, BVerfGE 62, 1.

politischen Umständen entschieden. Also leitet man kunstvoll einen allgemeinen verfassungsgerichtlichen Maßstab ab, bei dem dann herauskommt, was man sich vielleicht vorher schon überlegt hatte. 20 Jahre später, 2005, taucht die Rechtsfrage wieder auf, nun aber durch das Handeln *Gerhard Schröders*[296] in einer ganz anderen Konstellation. Sein Handeln wird vom Gericht an einem Maßstab gemessen, der seinerzeit ein punktuelles Ergebnis generalisiert hatte, obwohl diese Generalisierung auf die Schrödersche Vertrauensfrage nicht passt. Zwar existiert ein Maßstab, aber die politische Situation ist jetzt ganz anders. In der neuen Entscheidung wird im Grunde „distinguishing" betrieben.[297] Das hätte sich das Gericht sparen können, wenn es nicht 1983 einen allgemeinen Maßstab errichtet hätte. Den wollte es aber errichten, weil es sich nicht dem Vorwurf aussetzen wollte, politisch zu entscheiden. Was für Grundrechte sinnvoll ist, Maßstabsbildung, ist für das Staatsorganisationsrecht vielleicht sogar schädlich, weil es sich um Rechtsfragen handelt, die nur angemessen im konkreten institutionellen Kontext beurteilt werden können.

G: Ich will jetzt nicht darüber sprechen, dass beide Fälle nach meiner Ansicht gegenteilig hätten entschieden werden müssen, sondern nur sagen, dass ein Verfassungsgericht nicht dezisionistisch entscheiden darf, schon gar nicht in so hochpolitischen Fragen wie einer Parlamentsauflösung. Es muss erklären, wie sich seine Entscheidung aus einer generellen Norm ergibt, und das erzwingt einen

---

[296] Gerhard Schröder (geb. 1944), Politiker, 1990–1998 Ministerpräsident des Landes Niedersachsen, 1998–2005 Bundeskanzler.

[297] BVerfG, Urteil des Zweiten Senats vom 25. August 2005, Az.: 2 BvE 4,7/05, BVerfGE 114, 121.

gewissen Generalisierungsgrad der Begründung. Wie weit er reichen soll, kommt durchaus zur Sprache. Es ist aber interessant zu beobachten, dass jeder Richter mal auf der einen, mal auf der anderen Seite steht. Es gibt nicht die Fraktion der Individualisierer und die Fraktion der Generalisierer.

IX. Erfahrungen am Gericht

1. Arbeitsalltag und Verfahrensgestaltung

W: Als Sie in Karlsruhe anfingen: War es so, wie Sie es erwartet hatten oder war alles völlig anders?

G: Als erstes stellte ich die Möbel meines Arbeitszimmers um. So wie sie angeordnet waren, traten Sekretärin und Besucher hinter *Hesses* Rücken in den Raum. Außerdem verschenkten sie einen schönen Blick in den Schlosspark, auf den *Hesse* offenbar keinen Wert gelegt hatte. Freilich hatte er sich auch viel weniger als ich in dem Raum aufgehalten. Als Freiburger war er nicht nach Karlsruhe umgezogen. Gewöhnlich kam er nur an den Sitzungstagen und übernachtete dann im Hotel.

Ich war mit meinem nach Osten gelegenen Büro sehr zufrieden. Im Ersten Senat erbt man zwar den Platz des Vorgängers im Beratungszimmer, nicht aber das Büro. Vielmehr haben die anderen in der Reihenfolge der Seniorität Zugriff auf den frei werdenden Raum, wenn sie ihn angenehmer finden als den eigenen. Glücklicherweise hatte niemand auf *Hesses* Zimmer Anspruch erhoben. Ich selber machte von meinem Zugriffsrecht auf andere Räume nie Gebrauch. Hinter meinem Schreibtisch hängte ich einen großen Stich der Nationalversammlung in der Paulskirche auf, und auch der übrige Bilderschmuck hatte Verfassungsbezüge.

Aber das ist wahrscheinlich das Letzte, an das Sie bei Ihrer Frage dachten. Indessen sollte man solche Dinge nicht unterschätzen. Ich ging auch deswegen gern zur Arbeit, weil mir das Gerichtsgebäude ein räumliches Wohlbefinden gab. Es ist ja ein eher unspektakulärer Bau, übrigens zur Enttäuschung mancher ausländischer Besucher, die von dem Ruf des Gerichts auf eine imposantere Architektur schlossen. Es passte jedoch zur Bonner Republik, die alles andere als auftrumpfen wollte und demokratisches Bauen als transparentes Bauen verstand.

Nun aber endgültig zur Arbeit. Auch als Verfassungsrechtler weiß man über die inneren Abläufe im Gericht wenig. Von der Zahl der Eingänge hat man eine ungefähre Kenntnis, aber was das für den einzelnen Richter heißt, ist deswegen noch lange nicht klar. So erlebte ich meine erste Überraschung, als Herr *Hesse* mir bei der Dezernatsübergabe erklärte, er hinterlasse mir 98 unerledigte Fälle. Einige davon seien zugestellt, ob ich wisse, was „zugestellt" bedeute. Ich wusste es nicht und war erschrocken: fast 100 unerledigte Fälle! Ich fragte ihn, wie lange es dauere, bis ich auf null sei. „Sie werden nie auf null sein", antwortete er. Im Dezember 1999 übergab ich an meinen Nachfolger *Wolfgang Hoffmann-Riem* mehr als das Doppelte an unerledigten Fällen. Ich will damit sagen, dass ich mir von dem Dauerzustand, mit den Eingängen nicht Schritt zu halten, kein Bild gemacht hatte. Und die Zahl wuchs während meiner Amtszeit. Die Eingänge stiegen von 3702 im Jahr 1988, meinem ersten vollen Jahr, auf 4885 in 1999, meinem letzten Jahr. 1993 wurde erstmals die 5000er-Grenze überschritten. Fünf Jahre blieb das so, ehe die Eingänge 1998 wieder etwas fielen.

Ebenso überrascht war ich von dem hohen Anteil von Fällen, in denen es um Nichtigkeiten oder Sachverhalte ohne spezifische verfassungsrechtliche Substanz ging. Das Bild der Verfassungsrechtsprechung wird von den Senatsentscheidungen geprägt, die dann in den grauen Bänden stehen. Aber die Senatsentscheidungen machen weniger als ein Prozent der Eingänge aus. Der Großteil der Arbeitszeit entfällt auf die Kammersachen, die in der Regel nicht besprochen, sondern im Umlaufverfahren erledigt werden.

R: War die Arbeit im Senat so, wie Sie das vorher erwartet hatten?

G: Was den Senat anging, zeigte sich schnell, dass die Frage der Parteizugehörigkeit oder Parteinähe der Richter keine entscheidende Rolle spielte. Das war ja die Frage, die fast jede Besuchergruppe und jeder Außenstehende stellte. Im Gericht wusste man natürlich, wer von welcher Partei nominiert worden war, aber allein der Umstand, dass immer auch die andere Partei zustimmen musste, verhinderte in der Regel linientreue Parteigänger. Schon gar nicht gab es Gruppen oder Fraktionen, die sich vor den Senatssitzungen auf eine Linie verständigten oder regelmäßig geschlossen abstimmten. Nicht, dass ich das Gegenteil erwartet hätte. Ich wusste es einfach nicht und war glücklich, dass ich eine offene Situation antraf, in der Argumente etwas bewirkten. Daran änderte sich auch im Verlauf der zwölf Jahre nichts.

Die Senatsberatungen zeichneten sich dadurch aus, dass es – ganz anders als im amerikanischen Supreme Court – eine Grundbereitschaft gab, zu einem gemeinsam getragenen Ergebnis zu kommen, damit natürlich auch eine Grundbereitschaft zum Kompromiss, denn dass alle bereits von Anfang an einig waren, bildete doch eher die Ausnahme. Die Grundbereitschaft, eine einvernehmliche

Lösung zu finden, verdichtete sich aber nicht zu einem Erwartungsdruck. Beharrlichkeit erzeugte keinen Unwillen. Man musste nur spüren, wann weiteres Insistieren nutzlos war. Auch Sondervoten schreckten den Senat nicht. Ein neues Senatsmitglied, das dies noch nicht wusste und hoffte, das Blatt mit der Androhung eines Sondervotums wenden zu können, bekam vom Vorsitzenden *Herzog* nur zu hören: „Das hat hier noch nie jemanden beeindruckt."

Dass Senatsmitglieder aufgrund der Diskussion ihre Auffassung änderten, war an der Tagesordnung. Es konnte sogar vorkommen, dass ein Berichterstatter am Ende der Beratung von seinem Entscheidungsvorschlag abrückte. Es ist ja auch nicht so, dass man stets mit abgeschlossener Meinungsbildung in die Beratungen geht. Mein eigenes Bestreben war es, die Fälle, die auf der Tagesordnung standen, gründlich bis zum Ergebnis durchdacht zu haben. Aber es gab Fälle, meist solche aus vergleichsweise hermetischen und mir wenig vertrauten Rechtsgebieten wie dem Steuerrecht oder dem Sozialrecht, bei denen ich es bei einer vorläufigen Meinungsbildung beließ, um in der Beratung zu sehen, wie sich die anderen zu den Problemen stellten.

L: Gibt es besondere Regeln für die Senatsberatung?

G: Besondere Regeln für die Senatsberatungen existierten nicht. Zu Beginn resümierte der Berichterstatter sein Votum. Dann trat man in die Diskussion ein, gewöhnlich angelehnt an die Gliederung des Votums. Man meldete sich und erhielt in der Reihenfolge der Meldungen das Wort. Es wurde relativ knapp gesprochen und auf das zuvor von den anderen Gesagte Bezug genommen, wenn zwischen Wortmeldung und Worterteilung einige Zeit vergangen war. Wer diese Flexibilität nicht aufbrachte, konnte sich selbst um die Wirkung seines Beitrags bringen. Am Vorsitzenden war es zu spüren, wann eine Diskussion sich erschöpft hatte, so dass der Fall reif zur Entscheidung war.

Ich habe die Senatsberatungen öfter mit dem akademischen Diskurs verglichen und fand, dass dieser intellektuell genussreicher sein konnte, aber an Verantwortlichkeit, wie sie der Entscheidungszwang und die Geltungskraft der Entscheidung auslösen, hinter dem gerichtlichen weit zurück stand. Man setzte eben nicht nur eine Meinung in die Welt, sondern regelte eine Rechtslage mit bindender Wirkung. Ich bin zwölf Jahre lang mit unverminderter Spannung und Freude in die Senatsberatungen gegangen. Es konnte allerdings auch vorkommen, dass ich am Ende freudlos herausging, enttäuscht über mangelnde Einsicht oder Unwilligkeit, die Diskussion weiterzuführen. Aber mit etwas Abstand konnte ich mir stets sagen, dass die anderen wahrscheinlich dieselbe Erfahrung mit mir machten.

Ich gebe der Karlsruher Beratungskultur großen Anteil an der Achtung, die sich das Gericht in der Gesellschaft erworben hat. Sie bleibt nicht ohne Folgen für Ergebnis und Begründung. Als ich einmal Gelegenheit hatte, im Supreme Court eine Ansprache zu halten, benutzte ich sie dazu, den amerikanischen Kollegen vor Augen zu führen, welche Chancen sie dadurch verspielen, dass sie nach dem *oral argument* nicht beraten, sondern sofort abstimmen.[298]

---

[298] *Dieter Grimm*, Address, in: N. Dorsen / P. Gifford (Hrsg.), Democracy and the Rule of Law, 2011, S. 7–10.

R: Wie unterscheidet sich die Kultur der Sachberatung von der späteren Leseberatung?[299]

G: Die Leseberatung war für mich eine harte Probe, wenn ich selber Berichterstatter war, denn jedes Senatsmitglied konnte ja Änderungen vorschlagen, stilistische, aufbaumäßige, inhaltliche. Für den Fall, dass es kompliziert wurde, hatte ich mir angewöhnt, aufs Mittagessen zu verzichten und in der Mittagspause einen neuen Formulierungsvorschlag auszuarbeiten, um die sprachliche Hoheit über meinen Text zu behalten. Hin und wieder kamen Wünsche nach einem Verzicht auf die Leseberatung auf. Das Kontrollgeschäft sollte dem Vorsitzenden und dem Berichterstatter überlassen werden, wie es wohl in einigen obersten Bundesgerichten üblich ist. Ich sprach mich immer dagegen aus. Nicht selten förderte erst die Leseberatung Brüche oder Lücken, voreilige Festlegungen oder Redundanzen zutage. Es konnte vorkommen, dass eine Leseberatung noch einmal zur Sachberatung geriet und länger dauerte als die eigentliche Sachberatung. Wenn Streit über einzelne Sätze oder Passagen entstand, hatte *Herzog* als Vorsitzender immer die Frage parat: „Brauchen wir das überhaupt?“, und wenn das nicht weiterhalf, war *Seidl* der Meister der konsensfähigen Formulierung.

Obwohl ich über Korrekturen an meinen Entwürfen nicht gerade glücklich war, meldete ich selber häufig Korrekturwünsche zu den Texten der anderen an. Hatte ich größere Bedenken, teilte ich sie vor der Leseberatung dem Berichterstatter mit. Wollte ich ganze Passagen, nicht nur einzelne Sätze, umformulieren, brachte ich einen Textvor-

---

[299] Zur Erläuterung: Leseberatungen sind Beratungen des entscheidenden Senats, die den zu veröffentlichenden Text der Entscheidung Satz für Satz durchgehen.

schlag mit in die Beratung, weil ich schnell gelernt hatte, dass es nichts nützte, eine Passage zu kritisieren, wenn man nicht zugleich eine Alternative vorlegen konnte. Beharrt der Berichterstatter auf seiner Version, muss darüber abgestimmt werden, welcher Text der Leseberatung zugrunde gelegt wird. Änderungen von Details trug man in der Beratung vor, ebenso solche, die rein sprachlicher Natur waren. Ich fürchte, dass ich hier meine Kollegen bisweilen genervt habe. Der Sinn für Stil war ungleich verteilt, und für die Regel, dass Infinitivsätze mit „um…zu" oder „ohne…zu" stets das Subjekt des Hauptsatzes haben, gab es überhaupt keinen Sinn. Ich übte mich in Geduld und versuchte, vorwurfsvolle Töne zu vermeiden, bis eines Tages aber doch *Udo Steiner*, der auf den stillen und vorzeitig zurückgetretenen *Alfred Söllner* gekommen war, seinem Unmut Luft machte und ausrief: „Eine solche Regel gibt es überhaupt nicht!" Ich empfahl ihm einen Blick in den Duden, und in der nächsten Sitzung gestand er ein, der Duden sei leider meiner Meinung.

W: Kommen wir zu den Mitarbeitern am Gericht, Sie hatten drei zu Ihrer Zeit?

G: Als ich begann, waren es zwei. Die Wiedervereinigung gab Anlass zur Erhöhung der Zahl auf drei. Kurz nach meinem Ausscheiden stieg sie auf vier.

W: Haben Sie Senatsentscheidungen selbst vorbereitet und die Kammerentscheidungen eher den Mitarbeitern gegeben?

G: So hatte ich es mir vorgenommen. Aber es wurde nicht durchweg eingehalten. Zum einen bearbeitete ich etliche Kammersachen selbst. Das waren entweder solche, die sich ohne Aufwand sofort erledigen ließen (manche nannten sie „Drehtürfälle"), oder solche, die mir besonders wichtig waren, meistens Art. 5-Fälle. Zum anderen stammten die ersten Entwürfe zu verschiedenen Senatsvoten von Mitarbeitern. Was ich ausnahmslos selbst schrieb, waren die Urteils- oder Beschlussgründe der Senatssachen.

W: Ihre Mitarbeiter kamen sowohl aus der Wissenschaft als auch aus der Gerichtsbarkeit?

G: Die Mischung war mir wichtig. Die beiden ersten Mitarbeiter hatte ich von *Konrad Hesse* übernommen. *Michael Knoblich*[300] war Zivilrichter in Baden-Württemberg, *Rüdiger Rubel*[301] war Verwaltungsrichter in Hessen. Im Folgenden gab es eine stattliche Reihe von Bielefeldern, überwiegend Assistenten, Habilitanden oder Doktoranden von mir.[302] Zu ihnen gesellten sich aber immer Richter, und zwar überwiegend aus der Zivilgerichtsbarkeit,[303] weil über die Umlaufverteilung viele Fälle aus der Zivilge-

---

300 Michael Knoblich (geb. 1952), heute Vorsitzender Richter am OLG Karlsruhe.

301 Rüdiger Rubel (geb. 1954), heute Vorsitzender Richter am Bundesverwaltungsgericht, Honorarprofessor an der Universität Gießen.

302 Marion Albers (geb. 1961), heute Professorin für Öffentliches Recht an der Universität Hamburg, Frank Hölscher (geb. 1964), heute Rechtsanwalt in Bonn, Rüdiger Nolte (geb. 1951), zuletzt Vorsitzender Richter am Bundesverwaltungsgericht, Helge Rossen-Stadtfeld (geb. 1955), heute Professor für Öffentliches Recht an der Hochschule der Bundeswehr in München-Neubiberg, Georg Seyfarth (geb. 1966), heute Managing Partner der Rechtsanwaltskanzlei Hengeler Mueller.

303 Manfred Heine (geb. 1956), heute Vorsitzender Richter am Oberlandesgericht Hamm, Christian Müller (geb. 1947), zuletzt Landgerichtspräsident in Arnsberg, Günter Offczors (geb. 1952), zuletzt Richter am Landessozialgericht Darmstadt, Martine Stein (geb. 1959), heute Vorsitzende Richterin am OLG Düsseldorf.

richtsbarkeit kamen. Meist bat ich das nordrhein-westfälische Justizministerium oder den Präsidenten des OLG Hamm, wo ich oft geprüft hatte, um Vorschläge. Ein Mitarbeiter arbeitete als Anwalt,[304] bevor er ans Gericht kam.

Ein Sonderfall war *Rosemarie Will*.[305] Nach der Wiedervereinigung wurde im Gericht eine Stelle für einen Mitarbeiter aus der ehemaligen DDR geschaffen. Niemand kannte Juristen aus der DDR. Ich kannte aber Frau *Will*, und zwar durch gelegentlichen Unterricht an der Humboldt-Universität unmittelbar nach der Wende, darunter auch Unterricht für diejenigen Professoren des Öffentlichen Rechts, die sich Hoffnung machten, übernommen zu werden. Frau *Will* war die jüngste Professorin der Fakultät, erst kurz vor der Wende ernannt und unter den neuen Umständen sogleich zur Dekanin gemacht. Sie bewältigte die heikle und schwierige Aufgabe der Überleitung der Fakultät in bemerkenswerter Weise, machte sich zudem mit hoher Intelligenz mit dem bundesdeutschen öffentlichen Recht vertraut. Ich führte bei meinen sporadischen Berlin-Aufenthalten häufig Gespräche mit ihr und verdanke ihr viele Einsichten in die Lebensverhältnisse, die Wissenschaftssituation, die Kultur der DDR. Ich schlug also vor, die neue Stelle nach dem Ende ihres Dekanats an Frau *Will* zu geben und sie meinem Dezernat zuzuordnen. Dagegen erhob sich bei einigen Mitgliedern des Gerichts jedoch Widerstand. Man fürchtete um den Ruf des Gerichts, wenn eine Kommunistin, so hieß es, dort wissenschaftliche Mitarbeiterin würde. Die Sache kam auf die Tagesordnung einer Plenarsitzung, wo sie

---

304 Ulli F. H. Rühl (geb. 1954), heute Professor für Öffentliches Recht an der Universität Bremen.

305 Rosemarie Will (geb. 1949), heute pensionierte Professorin für Öffentliches Recht an der Humboldt-Universität zu Berlin.

aber schnell endete, nachdem *Herzog* in seiner bayerischen Liberalität gefragt hatte: „Haben wir je im Plenum darüber verhandelt, wen einer unserer Kollegen als Mitarbeiter anstellt?“ Niemand konnte einen solchen Fall benennen. Darauf *Herzog*: „Warum tun wir es dann jetzt?“

R: Wie intensiv war die Zusammenarbeit im Dezernat?

G: Die Zusammenarbeit mit den Mitarbeitern war eng, enger als die mit den Assistenten am Lehrstuhl. Man fühlte sich als Team mit einer gemeinsamen Aufgabe. Noch heute treffen wir uns jährlich. Ich gab keine Senatssache aus der Hand, ehe ich sie nicht im Kreis der Mitarbeiter diskutiert hatte. Es ging mir um eine kritische Prüfung meiner Vorlagen. Ich wollte nicht in der Senatsberatung mit einem Argument konfrontiert werden, das ich nicht schon kannte. Manche Beratungen im Mitarbeiterkreis standen denen im Senat nicht nach.

L: Wie stellt sich die Beziehung zwischen den Senaten dar? Verfolgt man die Rechtsprechung des anderen Senats? Im Grunde handelt es sich beim Bundesverfassungsgericht um zwei Gerichte, die ziemlich nebeneinanderher arbeiten. In der Öffentlichkeit entsteht aber der Eindruck von einem harmonischen Spruchkörper, der so jedoch nicht vorhanden ist. Muss man als Richter eine Rechtsprechung auch nach außen vertreten und nach innen auch für sich akzeptieren, auf die man keinen Einfluss nehmen kann, die man aber gleichwohl genauso gut kennen sollte?

G: Es gab zwischen den beiden Senaten keine Kontakte, die über die kollegiale Freundlichkeit hinausging. Es gab aber Kontakte zwischen einzelnen Richtern über die Senatsgrenzen hinweg, etwa wenn man jemanden schon aus früheren Bezügen gut kannte. Offizielle Kontakte beschränkten sich auf das Plenum und auf Veranstaltungen oder Reisen des Gerichts. Im Übrigen ist jeder Senat mit sich selbst beschäftigt. Die jeweilige Rechtsprechung wurde zur Kenntnis genommen, schon deswegen, weil man darauf außerhalb des Gerichts angesprochen wurde. Das Publikum weiß gewöhnlich nicht, welcher Senat entschieden hat. Im Fall von Kompetenzkonflikten tritt ein paritätisch zusammengesetzter Sechserausschuss zusammen, in dem der Präsident oder die Präsidentin den Stichentscheid hat. Kompetenzkonflikte kamen nicht häufig vor. Wenn sie vorkamen, handelte es sich um positive Konflikte: Beide Senate hielten sich für zuständig.

L: Warum kommt das Plenum so selten zusammen?

G: Das Plenum kommt routinemäßig zweimal im Jahr zur Beratung geschäftlicher Angelegenheiten des Gerichts zusammen, bei Bedarf auch häufiger. Sie denken aber wahrscheinlich an das Plenum in seiner Eigenschaft als Spruchkörper, wenn ein Senat von der Rechtsprechung des anderen abweichen will (§ 16 BVerfGG). Hier gibt es in der Tat den „horror pleni". Die Beratung unter sechzehn Richtern ist natürlich schwerfälliger als die im Senat. Auch sind die Routinen und die Diskussionsstile, die sich in jedem Senat eingespielt haben, nicht verwendbar. Selbst Rivalitäten kann man nicht völlig ausschließen. Das alles ist ein Grund, Plenarentscheidungen durch „distinguishing" auszuweichen. In meiner Zeit gab es einen höchst kontroversen Fall, „Kind als Schaden" genannt,[306] in dem der Zweite Senat meinte, der Erste weiche von seinem Abtreibungsurteil ab und müsse folglich das Plenum anrufen, während mein Senat fand, dass kein

---

306 BVerfG, Beschluss des Ersten Senats vom 12. November 1997, Az.: 1 BvR 479/92, BVerfGE 96, 375.

Fall der Abweichung vorliege. Der Zweite Senat konnte die Vorlage nicht erzwingen und gab seinem Protest förmlichen Ausdruck durch einen präzedenzlosen Beschluss, der in der Entscheidungssammlung als Anhang abgedruckt wurde.[307]

W: Wie viele Sondervoten haben Sie verfasst?

G: Neben dem „Reiten im Walde"[308] nur noch eines in einer Mietsache.[309] Das Mietrecht wird verfassungsrechtlich über Art. 14 GG relevant, und in den ersten fünf Jahren meiner Karlsruher Amtszeit spielte das Mietrecht, namentlich die Eigenbedarfskündigung, eine große Rolle, weil der Berichterstatter für dieses Gebiet Feuer gefangen

[307] BVerfG, Beschluss des Zweiten Senats vom 22. Oktober 1997, BVerfGE 96, 409.

[308] Siehe oben Fn. 225.

[309] BVerfG, Beschluss des Ersten Senats vom 3. Oktober 1989, Az.: 1 BvR 558/89, BVerfGE 81, 29. In dem Fall hatten die Zivilgerichte eine Eigenbedarfskündigung für unwirksam erklärt. Berechtigter Eigenbedarf liege nicht vor, wenn dem Vermieter eine andere, gleichwertige Wohnung zur Verfügung stehe, die er einem Mieter nicht zu kündigen brauche. Die Senatsmehrheit sah darin eine Verletzung der Eigentumsgewährleistung des Art. 14 GG. In dem – von den Richtern *Dieterich*, *Grimm* und *Kühling* gemeinsam verfassten – Sondervotum heißt es: *„Die Auslegung, die das LG § 564b Abs. 2 Nr. 2 BGB gegeben hat, beraubt den Eigentümer nicht des verfassungsrechtlich garantierten Kernbestands an Privatnützigkeit und Verfügungsbefugnis. Weder entzieht sie ihm die Verfügungsbefugnis über die vermietete Wohnung gänzlich, denn ihm verbleiben die übrigen gesetzlichen Kündigungsmöglichkeiten und die Disposition nach Ende des Mietverhältnisses, noch verlangt sie von ihm einen völligen Verzicht auf den Ertrag seines Eigentums, denn er enthält weiterhin den vereinbarten Mietzins. Daß ihm möglicherweise wirtschaftlichere Nutzungsarten der Wohnung entgehen, ändert an dem Ergebnis nichts, denn Art. 14 GG garantiert nicht den einträglichsten, sondern verlangt einen sozialen Gebrauch des Eigentums."*

hatte und Fall auf Fall in den Senat brachte.[310] Mehrere endeten mit 5:3-Entscheidungen zugunsten der Wohnungseigentümer, wobei ich zur Minderheit gehörte. In einem Fall wollten meine beiden Minderheitskollegen unbedingt ein Sondervotum schreiben. Mir wäre der Anlass nicht wichtig genug gewesen, aber wenn es schon geschrieben werden musste, wollte ich es lieber selbst tun. Die Mietrechts-Welle lief aus, als der Berichterstatter sich zu der Auffassung bekehrte, dass Art. 14 GG nicht nur den Vermieter, sondern auch den Mieter schütze.[311] Das rief dann wiederum die Zivilrechtler auf den Plan, aber der zivilrechtliche und der verfassungsrechtliche Eigentumsbegriff sind eben nicht identisch.

W: War die Entscheidung von 1970, Sondervoten einzuführen, richtig?

G: Meines Erachtens ja. Die Gegner fürchteten vor allem, dass dadurch die Autorität des Gerichts und seiner Urteile Schaden nehmen würde. Das ist aber nicht eingetreten. Wenn man sich von der Vorstellung verabschiedet, dass es für jeden Rechtsstreit nur eine richtige Lösung geben kann, und stattdessen die Existenz von Interpretationsspielräumen anerkennt, die so oder so gefüllt werden können, dann sollte man das auch offenlegen.

W: Ich möchte noch einmal genauer nachfragen. Wenn eine Sache im Senat besonders strittig ist, gibt es – so stelle ich mir das vor – zwei Möglichkeiten: Entweder man strebt den großen Kompromiss an und verzichtet auf Sondervoten durch eine vermittelnde Fassung der Entschei-

---

[310] Vgl. *Thomas Dieterich*, Ein Richterleben im Arbeits- und Verfassungsrecht, 2016, S. 200 f.

[311] BVerfG, Beschluss des Ersten Senats vom 26. Mai 1993, Az.: 1 BvR 208/93, BVerfGE 89, 1.

dung oder man verfolgt gegenteilig die klare Trennung der Positionen, so dass beide Gruppen ihre Position viel deutlicher, viel schärfer formulieren können. Wird das in das Beratungskalkül einbezogen?

G: Beides habe ich erlebt. Es wurde ja schon gesagt: Anders als im amerikanischen Supreme Court gibt es eine Grundbereitschaft, zu einer allseits akzeptierten Lösung zu gelangen, aber keinen Druck in diese Richtung. Bewegen sich in der Beratung alle aufeinander zu, werden die Restdifferenzen in der Regel ohne förmlichen Widerspruch in Form eines Sondervotums hingenommen. Bleibt die Sache auch nach der Beratung strittig, heißt das aber nicht, dass die Minderheit stets ein Sondervotum schreibt. Von der Möglichkeit wird in Karlsruhe sparsam Gebrauch gemacht. Mein Vorgänger *Konrad Hesse* hatte es sich zum Prinzip gemacht, kein Sondervotum zu schreiben. Umgekehrt kommt selbst eine große Dissenterin wie z.B. *Gertrude Lübbe-Wolff* auf kaum mehr als zwölf Sondervoten in zwölf Jahren, so viel wie ein Richter des Supreme Court in einem Monat schreibt. Ein Mittelweg zwischen den beiden von Ihnen genannten Alternativen ist die Bekanntgabe des Abstimmungsverhältnisses, meist jedoch ohne Namensnennung. Manchmal wurde das gemacht, um einer zerstrittenen Gesellschaft zu zeigen, dass das Gericht einig war, manchmal um einer zerstrittenen Gesellschaft zu zeigen, dass auch im Gericht die Meinungen aufeinanderprallten.

W: Wie schätzen Sie die Position des Vorsitzenden ein und in welchem Maße ist das von der konkreten Person abhängig?

G: Ich habe mit *Herzog*, *Henschel*, *Seidl* und *Papier* vier Vorsitzende erlebt. Mit *Herzog* war es eine achtjährige

Zusammenarbeit, die drei anderen teilten sich die letzten vier Jahre, wobei aber *Henschel* und *Seidl* schon als Richter im Ersten Senat gewesen waren, als sie zu Vorsitzenden ernannt wurden. Es gab naturgemäß Unterschiede im Stil der Verhandlungsleitung, aber es gab keinen Vorsitzendenbonus in der Beratung. Der Einfluss des Vorsitzenden hing ebenso wie derjenige der übrigen Richter von der Überzeugungskraft der Argumente ab. Ich habe bei keinem der vier den Versuch erlebt, die Vorsitzendenrolle für eine Privilegierung der eigenen Auffassung auszunutzen. *Henschel* muss ich hier deswegen besonders rühmen, weil er in seiner Eigenschaft als Richter ein großer Kämpfer war, aber den Rollenwechsel anstandslos vollzog.

L: Wie wichtig ist der Berichterstatter? Stellt er schon die Weichen, ist die Beweislast für die anderen im Senat dann umso höher?

G: Der Berichterstatter hat nur den Vorsprung, sich am intensivsten mit der Sache befasst zu haben. Er hat keinen Informationsvorsprung. Jeder verfügt über das gesamte Aktenmaterial. Und es gibt keinen Berichterstatter-Bonus derart, dass dem Berichterstatter in der Regel gefolgt wird. Berichterstatter konnten sich häufig nicht durchsetzen. Etwas anders mag es nur in Rechtsbereichen aussehen, die hoch spezialisiert sind. Wenn es etwa um Steuerrecht geht und der Berichterstatter auch noch Steuerrechtler ist, gibt ihm das einen gewissen Vorsprung, aber auch keine Gewissheit, dass seine Auffassung Zustimmung findet. Obwohl man nach einer Weile abschätzen kann, wer in bestimmten Bereichen welcher Meinung ist, hat man nie Gewissheit, ob der Entscheidungsvorschlag oder der Begründungsweg im Senat Erfolg hat.

Herzog pflegte zu sagen, der Berichterstatter sei der einsamste Mensch im Gericht.

L: Wenn der Berichterstatter sich mit seinem Votum nicht durchsetzen kann, kommt ein Punkt, an dem ein anderes Mitglied des Senats ein Gegenvotum entwickeln muss.

G: Es gibt zwei Möglichkeiten. Der Berichterstatter wird von seinen Kritikern von vornherein mit einem Gegenentwurf konfrontiert. Oder dem Berichterstatter wird nur entgegengehalten, dass sein Lösungsweg oder sein Ergebnis unhaltbar sei. Dann muss sich in der Diskussion eine alternative Lösung herausbilden.

W: Andere ehemalige Verfassungsrichter berichten, dass eine gewisse Hemmschwelle besteht, seine erste Senatssache als Berichterstatter zu präsentieren.

G: Nach meiner Erfahrung dauert es etwa ein Jahr, bis ein neuer Richter den ersten Fall in den Senat bringt. Meist liegt es in der Tat an der Hemmschwelle. Es kann aber auch daran liegen, dass viele Senatssachen auf Beratung warten. Dieser Fall tritt gerade bei Richterwechseln oft ein. Dem ausscheidenden Richter wird dann ein zeitliches Prä eingeräumt. Er soll seine Sachen noch durch den Senat bringen können. Die anderen stehen derweilen zurück, verstopfen mit ihren Voten dann aber die ersten Monate nach dem Eintritt eines neuen Richters. Meine erste Sache gelangte fünf Monate nach meinem Eintritt in den Senat. Sie war allerdings von einem Mitarbeiter *Hesses* schon votiert. Ich überarbeitete das Votum noch einmal gründlich. Der Senat folgte mir, kürzte aber die Gründe beträchtlich.[312]

---

[312] BVerfG, Beschluss des Ersten Senats vom 13. Januar 1988, Az.:

W: Es gibt relativ wenige mündliche Verhandlungen in Karlsruhe. Manchmal ist für Außenstehende nicht klar, wann eine solche angesetzt wird und wann nicht. Würden Sie sagen, dass die mündliche Verhandlung – das Votum liegt ja dann bereits vor – entscheidend ist? Oder anders gefragt: Welche Bedeutung hat die mündliche Verhandlung, wenn sie stattfindet?

G: Ich war nach mündlichen Verhandlungen fast immer klüger als zuvor. Die Ausführungen der Prozessvertreter und Sachverständigen, die Auseinandersetzung zwischen ihnen, die Fragen der Richter erweitern den Horizont. Man sollte häufiger mündlich verhandeln. Das würde aber wohl voraussetzen, dass der Aufwand verringert wird. Die Voten für eine mündlich verhandelte Sache sind wesentlich umfangreicher als die für andere Senatssachen. Es gibt zusätzliche Beratungen, eine über die Fragen, die das Gericht den Parteien, Äußerungsberechtigten und Sachverständigen stellt. Es gibt am Vortag der Verhandlung eine Beratung darüber, was nach den eingegangenen Schriftsätzen und Stellungnahmen als geklärt angesehen werden kann und worauf der Senat noch besonderes Gewicht legt. Organstreitigkeiten, Föderalismusstreitigkeiten und abstrakte Normenkontrollen müssen mündlich verhandelt werden. Bei den übrigen Verfahren war es meistens die Bedeutung, mal die rechtliche, mal die politische oder gesellschaftliche, die den Ausschlag für eine mündliche Verhandlung gab. Es ist aber schwer, hinter dem Entschluss ein Prinzip zu finden. Wie ich schon

1 BvR 1548/82, BVerfGE 77, 346; ein Presse-Grossist war wegen Verbreitens jugendgefährdender Schriften strafgerichtlich verurteilt worden; der Senat sah in dieser Verurteilung eine Verletzung der Pressefreiheit.

sagte: Der Kruzifix-Fall hätte unbedingt mündlich verhandelt werden sollen.

L: Das hätte der Kritik wahrscheinlich manche Schärfe genommen.

G: Das nehme ich an. Vor und nach mündlichen Verhandlungen wird gewöhnlich ausführlich in den Medien berichtet. Das Publikum ist vorbereitet. Die wesentlichen Auffassungen sind bekannt. Das Urteil kommt nicht aus heiterem Himmel.

L: Sachverhaltsaufklärung durch mündliche Verhandlung, ist das ein Punkt?

G: In der Regel wird der Aufklärungsbedarf schon vor der Verhandlung selbst durch Antworten der Parteien und Äußerungsberechtigten auf den Fragenkatalog befriedigt. Aber die Nachfragemöglichkeit für die Richter oder die Gelegenheit zum Widerspruch für die verschiedenen Verfahrensbeteiligten ist wichtig. Manches kann wohl auch nur gesagt, nicht geschrieben werden. In dem Verfahren über die erweiterte Montan-Mitbestimmung fragte ich den Aufsichtsratsvorsitzenden von Mannesmann, ob spürbare Behinderungen der Geschäftspolitik oder der Ertragslage durch das erweiterte Mitbestimmungsmodell vorgekommen seien. Die Antwort lautete etwas zögerlich und nach einem Blickwechsel mit dem Vorstandsvorsitzenden: „Nein, eigentlich nicht.“[313]

L: Gibt es parallel im Gericht Gesprächsrunden über die Fälle jenseits der Senatsberatung? Geht man etwa Mittagessen, trifft sich einfach auf dem Gang und fragt: „Was halten Sie von dem Fall?“

---

313 S. die Wiedergabe im Urteil des Ersten Senats vom 2. März 1999, Az.: 1 BvL 2/91, BVerfGE 99, 367 auf S. 391.

G: In den Mittagspausen einer mündlichen Verhandlung wurde natürlich weiter über den Fall gesprochen, über die Bewertung des bisherigen Verlaufs und die noch klärungsbedürftigen Fragen. Solange es im Gericht ein Restaurant gab, aß man auch an Beratungstagen im sogenannten Richterzimmer und konnte sich dort weiter austauschen. Es war ein Verlust, als das Restaurant, das übrigens auch für ein Stadtpublikum offen war, wegfiel. Es standen kostspielige Renovierungen der Küche an, und ich fand, dass der Präsident mehr um den Erhalt des Restaurants hätte kämpfen müssen. Dass es keine Gruppen oder Fraktionen gab, die sich vor der Beratung trafen und auf eine Linie festlegten, habe ich schon gesagt. Aber das bedeutet natürlich nicht, dass man außerhalb des Beratungszimmers überhaupt nicht über anstehende Fälle gesprochen hätte. Gespräche konnten sich auf dem Flur ergeben, man konnte zu Kollegen gehen, von denen man sich Aufklärung versprach.

R: Sie sagten, dass die Beschaffung von Kenntnissen aus Nachbardisziplinen manchmal schwierig sei – insbesondere weil Unsicherheiten über die Bewertung und Repräsentativität der Auffassungen der herangezogenen Autoren bestehen können. Stellt sich das Problem auch bei der Auswahl von Sachverständigen durch das Bundesverfassungsgericht? Wie erfolgt die?

G: Gewöhnlich war es der Berichterstatter, der die Einholung von Expertenrat vorschlug und, wenn das Zustimmung fand, auch Namen nannte. Die anderen Mitglieder konnten zusätzlich Themen oder Namen ins Gespräch bringen. Aber im Wesentlichen verließ man sich auf den Berichterstatter. In dem Verfahren über die erweiterten Abhörbefugnisse des BND hatte ich mich mit der TU

Karlsruhe in Verbindung gesetzt und dort mit Kennern der Materie besprochen, wer als Sachverständiger in Frage komme.

W: Wenn es um technische Fragen geht, ist das nicht so heikel – wir denken freilich an politische Einschätzungen. Hier halte ich es für problematisch, wenn die Parteien bei der Auswahl der Sachverständigen nicht gefragt werden und die ausgewählten Sachverständigen nicht einmal selbst befragen dürfen.

G: Die Parteien werden in der Tat nicht gefragt. Aber sie erfahren die Namen der eingeladenen Sachverständigen und haben Gelegenheit zu protestieren, wenn sie hier Einseitigkeiten befürchten. Und selbstverständlich erhalten alle Verfahrensbeteiligten die Ausführungen der Sachverständigen und können dazu Stellung beziehen. Auch in der mündlichen Verhandlung selbst können sie in die Befragung eintreten. Die Frage ist, wie man es besser machen könnte. Vor kurzem wurde bei einer Tagung über die Frühgeschichte der Rechtsprechung des Bundesverfassungsgerichts berichtet, wie sich das Gericht vor dem Homosexuellen-Urteil – ein Urteil, das heute Beschämung hervorruft – über die Unterschiede zwischen männlicher und weiblicher Homosexualität durch Sachverständige abgesichert hatte.[314]

---

[314] BVerfG, Urteil des Ersten Senats vom 10. Mai 1957, Az.: 1 BvR 550/52, BVerfGE 6, 389; der Senat sah in den Vorschriften zur Strafbarkeit der Homosexualität keinen Verstoß gegen das Grundgesetz. Konferenz am 7. und 8. April 2016 in Berlin: Das Bundesverfassungsgericht und die Verfassungsgeschichte der Bundesrepublik – Zur Geschichte der Karlsruher Republik; die Beiträge erscheinen in: *Florian Meinel* (Hrsg.), Verfassungsgerichtsbarkeit in der Bonner Republik, Tübingen 2017 (i.V.).

2. Stellung des Bundesverfassungsgerichts im Gewaltensystem

L: Ich möchte einige grundsätzliche Fragen zum Bundesverfassungsgericht und seiner Stellung im Gewaltensystem anschließen. Ich empfinde das Verhältnis des Gerichts zum Bundestag in mancherlei Hinsicht als prekär, weil hinsichtlich der Entscheidungsfolgenaussprüche nicht zwischen Verfassungsbeschwerden und Normenkontrollen unterschieden wird, sondern einheitlich und unabhängig vom Verfahren die Norm als solche zum Gegenstand der verfassungsgerichtlichen Überprüfung gemacht wird. Dies finde ich deshalb problematisch, weil bei einer abstrakten Normenkontrolle der Einzelfall in tatsächlicher Hinsicht nicht so gut aufbereitet sein kann wie bei einer Urteilsverfassungsbeschwerde. Adressat einer Grundrechtskontrolle ist mal die Erste Gewalt und mal die Dritte in Gestalt einer Fachgerichtsbarkeit. Wird das im Gericht berücksichtigt oder steht immer nur die Rechtsfrage als solche, die Norm des einfachen Rechts im Verhältnis zur Verfassung, im Mittelpunkt?

G: Vorweg schicken möchte ich, dass das Verhältnis des Verfassungsgerichts zum Gesetzgeber in den Beratungen ständig präsent ist. Jeder ist sich bewusst, dass hier Gefahren lauern. Mit der *Kirchhof*schen Formel, der Gesetzgeber sei der Erstinterpret, das Gericht der Zweitinterpret der Verfassung, ist es nicht getan. Das demokratische Gefälle zwischen den Organen muss mitbedacht werden. Das besagt aber noch nichts über die Behandlung von Normenkontrollen einerseits und Verfassungsbeschwerden andererseits. In der Tat haben beide unterschiedliche Adressaten. Aber die Prüfungsgegenstände sind teilidentisch. Da Urteile, die in Grundrechte eingreifen, nur verfassungsmäßig sind, wenn auch die gesetzliche Eingriffsgrundlage verfassungsmäßig ist, eröffnet die zulässige Verfassungsbeschwerde stets die Normenkontrolle, ganz abgesehen davon, dass sich Verfassungsbeschwerden ausnahmsweise auch direkt gegen Gesetze richten können. Nach meinem Eindruck – ich sage Eindruck, weil ich mir die Frage zuvor nicht ausdrücklich gestellt habe – spielt die unterschiedliche Verfahrensart bei der Normenprüfung keine Rolle. Der Umstand, dass die Norm einmal direkt, einmal indirekt ins Visier des Gerichts kommt, verändert nicht den Kontrollvorgang. Die konkrete Normenkontrolle steht hierbei wohl zwischen abstrakter Normenkontrolle und Verfassungsbeschwerde. Mit der Normenkontrolle teilt sie den Umstand, dass es allein um die Verfassungsmäßigkeit der Norm geht, mit der Verfassungsbeschwerde, dass die Frage aus einem konkreten Rechtsstreit erwächst. Der Fallbezug wird ja auch immer mitthematisiert. Das vorlegende Gericht muss nicht nur begründen, warum es die Norm für verfassungswidrig hält, sondern auch, inwiefern das für die Entscheidung des Rechtstreits erheblich ist.

L: Bei der Verfassungsbeschwerde kann sich das Gericht im Nachgang mit allen Feinheiten des Grundrechtseingriffs anhand eines konkreten Falls beschäftigen, während bei der Normenkontrolle die Tatsachen eher hypothetischer Natur sind. Wie die Norm wirken wird, ist dann Gegenstand einer Prognose. Die Prognose des Gesetzgebers konkurriert mit der Einschätzung des Gerichts. Im Lauf der Jahre hat das Gericht die Kontrolldimension bei prognostischen Einschätzungen eher verschärft; das Bundesverfassungsgericht ist intoleranter geworden, wenn man es mit der Großzügigkeit vergleicht, die *Hesse* dem Gesetzgeber in der Mitbestimmungsentscheidung[315] zugestanden hat. Das Mitbestimmungsurteil halte ich für eine weise Entscheidung, weil sich die Sachlage anders entwickelte als sowohl der Gesetzgeber dachte als auch die Beschwerdeführer befürchteten und das Gericht nicht in eine offene Entwicklung eingegriffen hat. Heute finden wir demgegenüber zahlreiche Entscheidungen, in denen die Prognose des Gesetzgebers bestimmten Nachweis- oder Plausibilisierungspflichten unterzogen wird, in denen eine Verfahrenskontrolle des Prognosespielraums an die Stelle der Tatsachenprüfung getreten ist. Das Gericht macht die Prognosefähigkeit des Gesetzgebers zum Gegenstand der gerichtlichen Prüfung und sich damit zum Herrn über die Zukunftsgestaltung.

G: Das Problem der abstrakten Normenkontrolle liegt in der Abstraktheit. Gewöhnlich hat man noch kein Anschauungsmaterial über die Interpretation und die Wirkungen der Norm. Viele Normenkontrollanträge werden unmittelbar nach Abschluss des Gesetzgebungsverfahrens gestellt. Das verfassungsgerichtliche Verfahren wirkt dann wie eine Fortsetzung des politischen Prozesses. Es erscheint politisierter als andere Verfahren. Ich könnte deswegen leicht auf die abstrakte Normenkontrolle verzichten. Wirklich gewichtige Probleme würden das Gericht trotzdem im Wege der konkreten Normenkontrolle oder der Verfassungsbeschwerde erreichen.

In der Praxis schwächen sich die Gefahren allerdings ab. Zum einen sind abstrakte Normenkontrollen rar, durchschnittlich vier pro Jahr. Zum anderen ist der Antrag nicht an eine Frist gebunden. Es können also auch

---

[315] Siehe oben Fn. 221.

Normen zur Prüfung gestellt werden, die schon länger in Kraft sind. Wird der Antrag unmittelbar nach Verabschiedung des Gesetzes gestellt, liegt es bei dem Gericht, wie schnell es sich der Sache annimmt. Vergeht viel Zeit zwischen dem Gesetzesbeschluss und dem gerichtlichen Verfahren, reduzieren sich Abstraktheit und Politisierungseindruck.

Nun spitzen Sie die Frage aber auf die Kontrolle der Prognose zu. Das Gericht weiß, dass es im Prognosebereich kein überlegenes Wissen für sich in Anspruch nehmen kann. Es stellt deswegen gewisse Anforderungen an das Zustandekommen der gesetzgeberischen Prognose, ersetzt sie aber nicht durch eine eigene. Das halte ich im Grundsatz für richtig, weil es den Gesetzgeber bei grundrechtlich erheblichen Zukunftsentscheidungen zur Sorgfalt verpflichtet, ohne ihn inhaltlich einzuengen. Die Annahmen und Prognosen des Gesetzgebers werden der Verhältnismäßigkeitsprüfung zugrunde gelegt. Dagegen bleibt die Beobachtungspflicht bisher ohne Erfüllungsgarantien. Weder ist sie von einer Berichtspflicht begleitet noch ist eine Befristung der Gesetzeskraft vorgesehen.

L: In jüngster Zeit – *Rüthers*[316] ist ein Beispiel – sind vermehrt Klagen über die Entwicklung der Bundesrepublik zum Richterstaat aufgekommen. Wie sehen Sie das? Das ist keine Entwicklung, die allein dem Bundesverfassungsgericht zugeschrieben wird. Sie betrifft auch die Fachgerichtsbarkeit und die europäischen Gerichte. Der Machtzuwachs von Richtern ist meines Erachtens ein Faktum,

---

316 Bernd Rüthers (geb. 1930), Professor für Zivilrecht, Arbeitsrecht und Rechtstheorie an der FU Berlin und an der Universität Konstanz; vgl. *dens.*, Die heimliche Revolution vom Rechtsstaat zum Richterstaat, 2. Aufl. Tübingen 2016.

das dem Parlamentarischen Rat so nicht vor Augen stand. Insofern hat sich das Gewaltengefüge zur Dritten Gewalt und insbesondere zur Höchstgerichtsbarkeit verlagert. Es ist nicht so, dass diese Entwicklung nur negativ zu bewerten wäre. In vielen Punkten möchten wir den Einfluss der Gerichte auch gar nicht missen. Gerade die Bunderepublik verdankt der Rechtsprechung des Bundesverfassungsgerichts viel, die Rechtswissenschaft verdankt ihr enorme Anstöße. Wenn man alle drei Gewalten im Blick hat, ist der Machtzuwachs der Gerichte jedenfalls keine eindeutig positiv zu saldierende Entwicklung. Müssen wir uns damit abfinden? Oder ist, manche Kollegen sagen das,[317] der Zenit des Bundesverfassungsgerichts überschritten?

G: Zunächst einmal muss man sehen, dass die Gerichte politisch, also von den anderen Gewalten, geschaffen und mit Befugnissen ausgestattet worden sind. Und trotz Kenntnis der Gefahren, die Sie schildern, geht die Schaffung und Kompetenzausweitung von Gerichten immer weiter, die Zahl der Verfassungsgerichte oder Gerichte mit verfassungsrechtlichen Kompetenzen hat gegen Ende des vorigen Jahrhunderts erheblich zugenommen, und bei internationalen Gerichten ist die Entwicklung noch rasanter. Zur Zeit kommt es zu ersten Rückschlägen, aber noch nicht zu einer Tendenzwende. Die Dritte Gewalt ist die expandierende Gewalt.

---

[317] Zum Beispiel *Christoph Schönberger*, Anmerkungen zu Karlsruhe, in: M. Jestaedt/O. Lepsius/C. Möllers/C. Schönberger, Das entgrenzte Gericht, 2011, S. 9 ff. (S. 57 ff.). Einen (europarechtlich induzierten) Bedeutungsverlust diagnostiziert *Udo Di Fabio*, Vom Recht, Recht zu sprechen: Die Legitimation des BVerfG, in: Aus Politik und Zeitgeschichte Nr. 35–36/2011, S. 2–6.

Als nächstes kann man beobachten, dass sich die Gerichte in Wahrnehmung ihrer Aufgaben von den Gründern emanzipieren und ihr Instrumentarium der Gesetzesinterpretation zum Teil sehr offensiv einsetzen. Es gibt Akte der Selbstermächtigung. Ich nehme wie Sie an, dass der Parlamentarische Rat, existierte er noch, über sein eigenes Kind erstaunt wäre. Der Disput zwischen *Kelsen* und *Schmitt* über die Verfassungsgerichtsbarkeit in den 1920er Jahren[318] sah nach dem Nationalsozialismus und dem Zweiten Weltkrieg *Kelsen* als eindeutigen Sieger. Heute fragen sich einige, ob *Schmitt* mit seinen Warnungen nicht doch Recht hatte, so der erbitterte Schmitt-Gegner *Rüthers*.

Ich sehe in der Verfassungsgerichtsbarkeit eine Bedingung für die praktische Relevanz von Verfassungen. Insbesondere die Grundrechte haben ohne *judicial review* keine institutionelle Stütze. Die Staaten, in denen sie auch ohne Durchsetzungsmechanismen geachtet werden, sind verschwindend gering an Zahl. Ich verkenne aber die Gefahren nicht, auf die Sie hinweisen. Deswegen ist mir, als Gegengewicht zur unerlässlichen richterlichen Unabhängigkeit, die politische Korrigierbarkeit der Rechtsprechung durch Gesetzesänderungen oder bei Verfassungsgerichten durch Verfassungsänderungen wichtig. Ein Grund für die permanente amerikanische Debatte über die „counter-majoritarian difficulty“[319] liegt darin, dass in den USA Verfassungsänderungen so gut wie unerreichbar sind. Das bürdet die ganze Last der Anpassung einer alten

---

318 *Carl Schmitt,* Der Hüter der Verfassung, 1931, 2. Aufl. 1969; *Hans Kelsen,* Wer soll der Hüter der Verfassung sein?, 1931 (Nd. 2008 hrsg. v. R. C. van Ooyen).

319 Der Begriff wurde zuerst geprägt von *Alexander Bickel,* The Least Dangerous Branch, 1962, S. 16 ff.

Verfassung an moderne Verhältnisse den Richtern auf und treibt sie damit zwangsläufig in die Funktion von Verfassungspolitikern, die eigentlich den anderen Gewalten vorbehalten ist.

Das Problem verschärft sich noch einmal in der Europäischen Union. Das europäische Äquivalent für Verfassungsänderungen sind Vertragsänderungen, aber auch sie sind so gut wie unerreichbar, schon gar für Einzelprobleme wie die Korrektur einer Rechtsprechungslinie. Die Verschärfung ergibt sich daraus, dass die Verträge weit mehr regeln als Verfassungen. Auch alle diese Materien, die im Staat Gesetzesrecht wären, sind in der EU politisch nicht korrigierbar. Das größte, aber am wenigsten bemerkte Demokratieproblem der EU ist ihre Überkonstitutionalisierung. Ich habe das auf die Formel gebracht: je mehr Verfassung desto weniger Demokratie.[320]

Wenn Sie nun zum Schluss fragen, ob der Zenit des Bundesverfassungsgerichts überschritten ist, dann kann ich das, soweit es um deutsche Verfassungsfragen geht, nicht bestätigen. Es trifft aber mit Blick auf die Verlustliste deutschen Verfassungsrechts durch die ausdrückliche oder schleichende Kompetenzerweiterung der EU zu, wo das Bundesverfassungsgericht zwar ständig die Messer wetzt, sie aber nie einsetzt.

R: Wie beurteilen Sie vor dem Hintergrund, dass ein Gericht aus Ihrer Sicht auch politisch korrigierbar sein muss, den Art. 79 Abs. 3 GG?

G: Art. 79 Abs. 3 GG legt die Hürden für verfassungswidriges Verfassungsrecht sehr hoch, und das mit Recht. In den wenigen Fällen, in denen das Bundesverfassungsgericht aufgerufen war, Verfassungsänderungen an Art. 79

[320] *Vgl. Dieter Grimm,* Europa ja – aber welches?, 2016, S. 116.

Abs. 3 GG zu messen, hat es keinen Verstoß festgestellt, auch das meines Erachtens zu Recht. Nach meinem Empfinden ist der Symbolwert von Art. 79 Abs. 3 GG höher als seine praktische Bedeutung.

W: Seine Drohwirkung kollabiert, wenn er angewendet wird?

G: Nicht in jedem Fall. Aber wenn er angewendet wird, um eine drohende Verstaatlichung der EU zu verhindern, könnte es sein, dass er das ganze Grundgesetz mit sich reißt.[321]

---

[321] Zu diesem Gedanken: BVerfG, Urteil des Zweiten Senats vom 30. Juni 2009, Az.: 2 BvE 2/08, BVerfGE 123, 267 (Lissabon-Urteil).

X. Europa

W: Lassen Sie uns noch einen Moment bei Europa bleiben. Sie sagten bereits, dass Sie verhältnismäßig spät „aufgewacht“ seien, nämlich bei der Diskussion über den Maastricht-Vertrag. Sie haben dann aber sofort einen sehr sichtbaren Auftritt auf der europäischen Bühne gehabt mit Ihrer Schrift „Braucht Europa eine Verfassung?“[322]

G: In der europapolitischen Diskussion herrschte damals die Auffassung vor, dass bei dem Integrationsgrad, der mit dem Maastricht-Vertrag erreicht worden war, die Verträge keine ausreichende Legitimationsgrundlage der EU mehr böten, sondern dass eine Verfassung notwendig sei. Das Europäische Parlament hatte sich entschieden dafür ausgesprochen, und der Vorschlag fand zahlreiche Befürworter bei gleichzeitiger Versicherung, dass die EU nicht zu einem Staat werden solle. Darüber, was eine Verfassung ausmacht und was sie leisten soll, und ob sie vom Staat, für den sie ursprünglich erfunden worden war, abgelöst werden könne, war dagegen wenig zu hören.

Ich wollte die Einladung zu einem Vortrag bei der Siemens-Stiftung in München nutzen, mich zu diesen Fragen zu äußern. Der Vortrag fand im Januar 1994 statt und rief ein eher irritiertes Presseecho hervor, weil ich an der Möglichkeit und Sinnhaftigkeit einer euro-

[322] *Dieter Grimm*, Braucht Europa eine Verfassung? München o.J. (1995).

päischen Verfassung Zweifel hegte, während sie im Allgemeinen positiv bewertet war. Der Text erschien dann 1995 in der Vortragsreihe der Siemens-Stiftung und zusätzlich als Aufsatz in der JZ.[323] Er sollte zu meiner erfolgreichsten Publikation werden. Das verdanke ich einem besonders angesehenen Gegner meiner Vorstellungen.

Dazu kam es folgendermaßen: Ich hielt den Vortrag zwei Monate später noch einmal, diesmal in der Evangelischen Akademie in Tutzing im Rahmen einer Tagung zur Rechtskultur in Europa. Im Publikum war *Jürgen Habermas*.[324] Er schaltete sich mit einer ausführlichen Bemerkung in die Diskussion ein. Er stimmte meiner Analyse zu, fand aber, dass ich die falschen Schlüsse daraus ziehe. Die Veranstalter der Tagung entschlossen sich, die Vorträge zu publizieren, und baten *Habermas*, seinen Diskussionsbeitrag in einen Text zu verwandeln. Das Buch erschien noch im selben Jahr,[325] und bald darauf wurden mein Vortrag und *Habermas'* Entgegnung ins Englische übersetzt und in der neuen Zeitschrift „European Law Journal" veröffentlicht.[326]

Habermas hat mich sozusagen mitgezogen in Bereiche, die ich mit der Veröffentlichung in einer deutschen juristischen Fachzeitschrift nicht erreicht hätte. Der Beitrag

---

[323] *Dieter Grimm,* Braucht Europa eine Verfassung?, JZ 1995, S. 581.

[324] Jürgen Habermas (geb. 1929), Professor für Philosophie und Soziologie an der Universität Frankfurt, 1971–1981 Direktor des Starnberger Max-Planck-Instituts zur Erforschung der Lebensbedingungen der wissenschaftlich-technischen Welt.

[325] *Marie-Theres Tinnefeld* u. a. (Hrsg.), Informationsgesellschaft und Rechtskultur in Europa, 1995.

[326] *Dieter Grimm,* Does Europe Need a Constitution?, European Law Journal Vol. 1 No. 3 (1995), S. 282.

wurde EU-weit bekannt und blieb nicht auf Juristenkreise beschränkt, sondern wurde von Philosophen, Historikern, Politologen zur Kenntnis genommen. Es gab nun „The Grimm-Habermas-Debate“, und sie wurde zum Ausgangspunkt einer reichen Literatur. Der Vortrag wurde in mehrere Sprachen übersetzt, es existieren allein drei englische Übersetzungen.

R: Wie bewerten Sie die Rezeption des Vortrags und die folgende Debatte in der Rückschau?

G: Bei vielen läuft der Vortrag unter dem Schlagwort „no demos thesis“. Das sollte bedeuten: Eine Verfassung setzt ein Volk als Urheber oder Zurechnungssubjekt voraus, ein europäisches Volk gibt es aber nicht, also auch keine europäische Verfassung. Darin lag eine Verkürzung meiner eigenen Vorstellungen, denn ich machte die Möglichkeit einer Verfassung weniger von der Existenz einer Volksgemeinschaft als einer diskursfähigen Gesellschaft abhängig, einer europäischen Öffentlichkeit: Verfassung als die Selbstbestimmung einer solchen Gesellschaft über Zwecke und Formen ihrer politischen Herrschaft. In Europa fehlte es an den gesellschaftlichen Voraussetzungen für eine solche Verfassung. Von Verfassung in der EU ließ sich unter diesen Umständen nur sprechen, wenn man einen verdünnten Verfassungsbegriff zugrunde legte, der gerade bei dem demokratischen Element sparte. Ginge man dagegen von Verfassung im Vollsinn des Begriffs aus, also ein Akt der Selbstbestimmung der Unionsbürger über ihre politische Existenz, dann würde die Konstitutionalisierung der EU diese nolens volens in einen Staat verwandeln.

Daran rieb sich im Folgenden die Diskussion. Eine Richtung versuchte zu belegen, dass es eine europäische

Öffentlichkeit schon gebe oder zumindest bald geben werde, eine andere, dass die Verfassung vom Staat ablösbar sei, Verfassung im Vollsinn und im verdünnten Sinn ein falscher Gegensatz sei, es gebe demokratische Verfassungen und es gebe rechtsstaatliche Verfassungen, ohne dass zwischen diesen ein kategorialer oder qualitativer Unterschied bestehe. Viele meiner ursprünglichen Gegner geben mir mittlerweile Recht, mit *Habermas* blieb es beim Dissens.[327]

R: Bei allen Unterschieden: Waren bei der amerikanischen Verfassungsgebung diese gesellschaftlichen Voraussetzungen, also etwa eine diskursfähige Gesellschaft, vorhanden? Oder sind solche Vergleiche aus Ihrer Sicht wegen der verschiedenen historischen Situationen nicht hilfreich?

G: In Amerika gab es eine solche Gesellschaft, freilich unter den andersartigen Kommunikationsbedingungen und Bildungsvoraussetzungen des 18. Jahrhunderts. Zeugen nicht die *Federalist Papers* davon, die ja ursprünglich als Zeitungsartikel erschienen waren? Es trifft gewiss zu, dass man sich in Amerika zur Zeit der Verfassungsgebung noch eher als New Yorker oder Virginier verstand denn als Amerikaner, und die Ratifikationsdebatten wurden in den aus der Revolution hervorgegangenen Einzelstaaten geführt. Aber sie wurden überall in derselben Sprache und mit denselben Argumenten Pro und Contra geführt. Vor allem jedoch hatten die Amerikaner mit ihren Heimatländern gebrochen und sich auf etwas Neues und nach der Revolution auf etwas Gemeinsames eingelassen. Die Eu-

---

[327] Siehe jüngst *Jürgen Habermas*, Warum der Ausbau der Europäischen Union zu einer supranationalen Demokratie nötig und wie er möglich ist, Leviathan 42 (2014), S. 524 ff.

ropäer sitzen dagegen nach der Gründung der EU noch genau da, wo sie vorher gesessen hatten, und sie kommunizieren vorwiegend innerhalb ihrer politischen Grenzen, die meist auch zugleich kulturelle Grenzen sind. Sie kommunizieren überdies in ihren jeweiligen Sprachen. Zwar hat die Diskussion über Europa in allen Mitgliedstaaten erheblich zugenommen, aber 28 nationale Diskurse über Europa machen noch keinen europaweiten Diskurs.

W: Liege ich falsch, dass schon durch Ihren europarechtlichen Aufschlag bis heute ein Akzent gegen allzu große Europa-Euphorie in Ihre Argumentation einfloss? Viel beachtet wurde auch Ihre doch deutliche Kritik am EuGH. Interpretiere ich Ihre differenzierte Haltung zum Prozess der europäischen Integration über, wenn ich sie auch als Versuch der Bewahrung des Erfolges der Verfassungsstaatlichkeit in der Bundesrepublik deute? Sie haben sich selbst als „Freund der Verfassung" bezeichnet;[328] als unter dem Grundgesetz und seiner Entfaltung durch das Bundesverfassungsgericht der Anschluss an die westliche Verfassungsstaatlichkeit erreicht, ja teilweise vielleicht sogar übertroffen war, setzte mit der voranschreitenden Integration zwar keine Gegenbewegung ein, jedoch ein Prozess, der letztlich zur Schwächung dieser Errungenschaft führen könnte. Liege ich falsch, wenn ich die internationalrechtliche und vor allem die europäische Überlagerung bei Ihnen eher als Bedrohung wahrgenommen sehe?

G: Sie liegen insofern nicht falsch, als ich in der Tat annehme, dass Deutschland, was den Standard an Verfassungsstaatlichkeit betrifft, mehr zu verlieren hat als die meisten anderen Mitgliedstaaten. Das gilt in verschiedenen Hinsichten. Es gilt zunächst hinsichtlich der Ver-

[328] Siehe oben S. 120.

fassungstheorie, der Verfassungsinterpretation und der Verfassungsrechtsprechung. Man kann sich ohne Überheblichkeit trauen, das zu sagen, denn auch die anderen Mitgliedstaaten sehen Deutschland auf diesen Feldern als führend in Europa an. Es gilt aber auch im Hinblick auf den Grad tatsächlicher Beachtung der Verfassung. Es wurde schon einmal erwähnt, in welchem Maß der politische Diskurs in Deutschland verfassungsbestimmt ist. Eine offen verfassungsindifferente Haltung kann sich die Politik in Deutschland nicht leisten. Es gilt schließlich aber auch im Hinblick auf die symbolischen Wirkungen der Verfassung, die über ihre rechtliche Geltung hinaus reichen. Der Verfassungspatriotismus ist, aus begreiflichen Gründen, schon etwas recht spezifisch Deutsches.

Das mag also bei meiner Einstellung zu Europa mitschwingen, jedoch nicht in der Weise, dass ich den deutschen Verfassungsstandard für unverhandelbar hielte. So wie ich den Konstitutionalismus als große Errungenschaft empfinde, empfinde ich auch die europäische Einigung als große Errungenschaft, und da diese Errungenschaft nicht möglich wäre, wenn jeder an seiner nationalen Verfassung ohne Abstriche festhielte, ist es vernünftig, auch einen Preis an Verfassungsstaatlichkeit zu zahlen. Es geht mir also um den optimalen Ausgleich, und den haben wir in der EU noch nicht gefunden.

R: In Ihrem aktuellen Buch sprechen Sie von einer „Entfremdung" der EU von ihren Bürgern, betonen aber zugleich, dass Sie sich nicht „weniger Europa", sondern ein „besseres Europa" wünschen.[329] Viele sehen Europa nach dem Brexit-Votum in einer Krise. Wie kann diese Krise aus Ihrer Sicht bewältigt und die „Entfremdung" der EU

[329] *Dieter Grimm*, Europa ja – aber welches?, 2016, S. 7.

von ihren Bürgern vermieden werden? Wie sollte ein „besseres Europa“ aussehen?

G: Europa steht meines Erachtens vor einem Dilemma. Der erstaunliche Integrationsfortschritt der EU beruht darauf, dass wesentliche Integrationsschritte „by stealth“, also auf leisen Sohlen, ohne öffentliche Aufmerksamkeit und ohne öffentliche Beteiligung administrativ und judikativ vor sich gegangen sind. Mittlerweile ist die Integration „by stealth“ aber so weit über den gemeinsamen Markt hinausgewachsen und ins Politische und Soziale vorgedrungen, dass sie vom Publikum nicht mehr widerstandslos hingenommen wird. Der Ausgang von Referenden weist darauf hin, das Entstehen oder Erstarken europakritischer Parteien, die großenteils zugleich populistische Parteien sind, ebenfalls. In Zukunft wird es daher nicht mehr ohne vermehrte demokratische Legitimation gehen. Aber diese wird den Integrationsprozess verlangsamen und partiell sogar zurückdrehen. Der Brexit ist das erste eindeutige Zurück. Daneben wird es aber auch weitere Integrationszwänge geben, meist ausgelöst durch Krisen, wie die Finanzkrise oder die Bankenkrise oder durch die drohende Abkehr einzelner Mitgliedstaaten von den europäischen Werten.

Wie kann man nun der Entfremdung entgegenwirken? Mir schweben vor allem drei Mittel vor. Zum einen müssen die demokratisch legitimierten und verantwortlichen Organe der EU, also Rat und Parlament, Terrain wiedergewinnen, das sie an die exekutiven und judikativen Institutionen, Kommission und Gerichtshof, verloren haben. Das geht nur durch eine Re-Politisierung von Entscheidungen hohen politischen Gewichts, die derzeit in einem nicht-politischen Modus fallen. Dass das überhaupt möglich wurde, ist eine Folge der „Konstitutionalisierung der Verträge“, die der EuGH 1963 und 1964 vorgenommen hat, nicht bedenkend, dass die Verträge wenig mit einer Verfassung gemein haben. Sie sind bekanntermaßen um vieles umfangreicher als selbst die detailfreudigste Verfassung eines Mitgliedstaats, und zwar weil sie voll von Regelungen sind, die in jedem Mitgliedstaat einfaches Recht wären, also jederzeit demokratisch geändert werden könnten. Die Konstitutionalisierung verhindert das in Europa. Aus der Konstitutionalisierung, die sich durchgesetzt hat, ist daher nun die Konsequenz zu ziehen: Die Verträge sollten auf diejenigen Vorschriften beschränkt werden, die ihrer Natur nach Verfassungsrecht sind, während alle anderen auf die Stufe europäischen Sekundärrechts abgesenkt werden. Am Inhalt des Unionsrechts und an der Zuständigkeit des EuGH ändert sich dadurch nichts, aber die demokratisch legitimierten und verantwortlichen Organe bekommen wieder Zugriff auf diese Materien, und damit hängt auch vom Ausgang der Wahlen etwas ab, national wie europäisch.

Flankierend dazu sollten die Parlamente gestärkt werden, das Europäische Parlament dadurch, dass die Wahl und die Parteien europäisiert werden, so dass der Wähler eine europabezogene Entscheidung statt einer national ausgerichteten fällen kann; die nationalen Parlamente dadurch, dass ihnen nicht ständig Politiksubstanz durch extensive Interpretation der Verträge entzogen wird. Schließlich müsste der richtige, aber bislang völlig wirkungslos gebliebene Subsidiaritätsgedanke griffig gemacht werden, indem die EU von dem bisher geltenden Finalkriterium bei der Zuständigkeitsverteilung zwischen Union und Mitgliedstaaten abrückt und zu einer auf Sachmaterien bezogenen Kompetenzverteilung übergeht.

Nichts von dem wird aber in der gegenwärtigen Reformdiskussion erwogen. Stattdessen propagiert man die Umwandlung der Europäischen Union in ein parlamentarisches System nach staatlichem Muster. Damit würde sie aber nicht nur an den hier geschilderten Ursachen der Demokratieschwäche völlig vorbei gehen, sondern die EU auch weiter von ihren Mitgliedstaaten verselbständigen, ohne dass sichtbar wäre, wie die dadurch entstehende Legitimationslücke auf der europäischen Ebene geschlossen werden könnte.

R: Das Brexit-Votum war nur einer von mehreren Erfolgen populistischer und nationalistischer Bewegungen im Jahr 2016. Sehen Sie in solchen Strömungen eine tiefgreifende Gefahr nicht nur für Europa, sondern – angesichts einer Rhetorik, die gegen religiöse und ethnische Minderheiten sowie gegen die Presse gerichtet ist – auch für liberale Demokratien weltweit?

G: Ja, man kann das an den populistischen Oppositionsparteien in Westeuropa und noch mehr an den populistischen Regierungsparteien in Osteuropa ablesen. Die Argumentationsmuster sind ja überall dieselben. Die populistischen Parteien sind nicht populistisch, weil sie sich an Vorstellungen oder Interessen im Volk orientieren und populäre Forderungen erheben. Das tun alle Parteien, und das ist in einer Demokratie auch nicht anrüchig. Populistisch sind sie vielmehr, weil sie die Vertretung der Interessen des Volkes für sich allein beanspruchen und damit alle Konkurrenten zu Feinden des Volkes erklären. Gegenüber Feinden ist allerlei erlaubt, was gegenüber Konkurrenten nicht erlaubt wäre. Die eklatanten Widersprüche zwischen den Wahlergebnissen der Konkurrenten und ihren eigenen wischen sie mit dem Argument der Volksverführung beiseite. Verantwortlich dafür wird die „Lügenpresse“ gemacht. Die populistischen Regierungsparteien behaupten, dass durch ihre Wahlsiege die Identität zwischen Volk und Partei hergestellt sei. Deswegen halten sie sich für berechtigt, alles, was sich dieser Einheit in den Weg stellt, auszumerzen, und zwar im Namen der identitär gedachten Demokratie. Das trifft die parlamentarische Opposition, die Justiz, namentlich die Verfassungsgerichte, die Medien und die Grundrechte, und damit fast alles, was den Verfassungsstaat ausmacht. Von Oppositionsparteien kann man diese Argumentation in vielen westeuropäischen Ländern beobachten, neuerdings auch in Deutschland. Die Regierungsargumentation zeigt sich in Ungarn, Polen, der Türkei, einigen lateinamerikanischen Ländern und in Ansätzen nun auch in dem Land, von dem man es am wenigsten erwartet hätte: in den USA. Es muss sich zeigen, wie widerstandsfähig der älteste Konstitutionalismus der Welt dagegen sein wird.

XI. Internationaler Verfassungsrechtslehrer: der erneute Bezug zu den USA

L: Sie haben über das Yale-Seminar[330] einen regelmäßigen Austausch mit Richtern anderer (Verfassungs-)Gerichte pflegen können. Das ist auch ein Privileg. Ich weiß, es gibt diese Besuchskultur der europäischen Gerichte, aber der Rahmen in Yale ist ein verstetigter, intensiverer, auch an Sachproblemen ausgerichteter Rahmen.

G: Das Yale-Seminar war anfangs nur eine unter mehreren Unternehmungen dieser Art, wurde später aber die für mich wichtigste. Nach der Wende von 1989 und besonders nach der Gründung von Verfassungsgerichten in den ehedem sozialistischen Staaten, aber auch in Südafrika, wetteiferten verschiedene amerikanische Law Schools um Beziehungen zu den neuen Gerichten. Richter des amerikanischen Supreme Court zeigten sich ebenfalls interessiert an Kontakten. Im Zentrum der Aufmerksamkeit stand das russische Verfassungsgericht. Die Sowjetunion war die einzig ebenbürtige Macht in den Zeiten des Ost-West-Gegensatzes gewesen. Einfluss auf die Verfas-

---

[330] Zur Erläuterung: Das *Global Constitutionalism Seminar* findet seit 1996 einmal jährlich an der Yale Law School statt. Teilnehmer sind ausgewählte Verfassungsrichter aus der ganzen Welt (in der Regel ein Richter pro Land) und die Verfassungsrechtler der Yale Law School.

sungsentwicklung des früheren Gegners zu bekommen, erschien deswegen besonders reizvoll.

Allerdings blieb den Amerikanern nicht verborgen, dass bei der Gründung der neuen Verfassungsgerichte Deutschland eine größere Rolle gespielt hatte als die USA, nicht nur in Osteuropa, auch in Südafrika. Nach Karlsruhe waren ja fast alle gepilgert, anfangs Mitglieder der Parlamentskommissionen, die die neuen demokratischen Verfassungen ausarbeiten sollten, später die Richter der neu eingerichteten Verfassungsgerichte. Die Bundesrepublik konnte hier die Früchte ihrer auswärtigen Kulturpolitik ernten. Viele der Besucher waren Humboldt-Stipendiaten gewesen, andere von den parteinahen Stiftungen betreut worden. Das russische Verfassungsgericht kam allein dreimal nach Karlsruhe. Das südafrikanische Verfassungsgericht machte sich auf Initiative des deutschen Botschafters in Pretoria *Überschär*[331] unmittelbar nach seiner Ernennung durch Präsident *Mandela*[332] auf den Weg nach Deutschland. Es trat erstmals im Bundesverfassungsgericht zusammen. Die Begegnung, die von intensiver Arbeit geprägt war, dauerte eine volle Woche. Bei *László Sólyom*, dem ersten Präsidenten des ungarischen Verfassungsgerichts,[333] sah ich noch, als er schon Staatspräsident war, die Entscheidungssammlung des Bundes-

331 Hans-Christian Überschär (geb. 1936), Diplomat, 1992–1999 deutscher Botschafter in Südafrika.

332 Nelson Mandela (1918–2013), südafrikanischer Politiker und Freiheitskämpfer, 1993 Friedensnobelpreis, 1994–1999 Präsident der Republik Südafrika.

333 László Sólyom (geb. 1942), Professor für Zivilrecht in Budapest, 1989–1998 Präsident des ungarischen Verfassungsgerichts, 2005–2010 Staatspräsident Ungarns.

verfassungsgerichts in seinen Amtsräumen im Präsidentenpalast.

So kam es dann in Amerika mehrfach zu Dreier-Konstellationen: US Supreme Court – russisches Verfassungsgericht – Bundesverfassungsgericht, bis sich herausstellte, dass die Russen am Ende doch nicht viel zu bieten hatten, schon gar nicht mehr, nachdem das Gericht zwischenzeitlich aufgelöst worden war, weil es sich in Überschätzung seiner Position in den Machtkampf zwischen *Jelzin*[334] und *Chasbulatow*[335] eingemischt hatte.

Besonders aktiv war die New York University Law School. Ihre erste Tagung fand 1995, also ein Jahr vor dem ersten Yale-Seminar, in der Villa La Pietra in Florenz statt, die der NYU 1994 geschenkt worden war. Ich erwähne dies, weil mein amerikanisches Unterrichts-Engagement sich zwar bald auf Yale konzentrierte, aber in New York begann, und der Grund dazu auf dieser Tagung gelegt wurde. Es gab dort einen älteren Professor, von dem ich, so schien es mir, anhaltend gemustert wurde. Am zweiten oder dritten Tag, als wir eine Ausstellung besuchten, kam er auf mich zu und sagte: „Sie müssen unbedingt an der NYU unterrichten." Es war *Norman Dorsen*,[336] Harvard graduate, seit langem Professor an der NYU und viele Jahre Chefjurist der American Civil Liberties Union. *Dorsen* hatte wohl als erster in den USA

---

[334] Boris Jelzin (1931–2007), Politiker, 1991–1999 Präsident der Russischen Föderation.

[335] Ruslan Chasbulatow (geb. 1942), Politiker, 1991–1993 Vorsitzender des Obersten Sowjets der Russischen Föderation. Er war einer der bedeutendsten Gegner Jelzins bei der russischen Verfassungskrise des Jahres 1993, in der Jelzin u. a. den Obersten Sowjet der Russischen Föderation auflöste.

[336] Norman Dorsen (geb. 1930), Professor an der NYU School of Law, 1976–1991 Präsident der American Civil Liberties Union.

die Konsequenzen aus der zunehmenden Internationalisierung des Rechts gezogen und die *„global faculty“* an der NYU eingerichtet, ein groß angelegtes Gastprofessoren-Programm für internationales und vergleichendes Recht. Später gründete er auch die erste Zeitschrift, die dem Verfassungsvergleich gewidmet war, I-CON, übrigens auf Anregung von *Juliane Kokott.*[337] *Dorsen* wollte mich also für die *global faculty* gewinnen, worauf ich ihm aber sagen musste, dass sich das leider mit meinem Beruf nicht vertrüge. „Dann kommen Sie gelegentlich zu einem Vortrag oder einer Diskussion mit Studenten und beginnen zu unterrichten, wenn Ihre Zeit am Verfassungsgericht abgelaufen ist.“ So ergab es sich, dass ich seit 1996 *Distinguished Global Fellow* der NYU war und dort auch das vielgerühmte *Dworkin-Nagel*-Seminar kennenlernte. Mit *Dworkin* stand ich seitdem anhaltend in Kontakt.[338]

Aber die NYU war mit ihren Bemühungen keineswegs allein. Die Cardozo Law School in New York veranstaltete, ebenfalls 1995, einen Gerichtstag, an dem sechs Verfassungsrichter aus Europa und Israel unter dem Vorsitz von *Ruth Bader Ginsburg*[339] vom amerikanischen Supreme Court einen hypothetischen Fall verhandelten, den ein ebenfalls internationales Professorenteam, darunter

[337] Juliane Kokott (geb. 1957), Professorin für Öffentliches Recht, Völker- und Europarecht an den Universitäten Mannheim, Augsburg, Düsseldorf und St. Gallen, seit 2003 Generalanwältin am Gerichtshof der Europäischen Union.

[338] Ronald Dworkin (1931–2013), Professor an den Universitäten Yale, Oxford und New York.

[339] Ruth Bader Ginsburg (geb. 1933), Professorin an der Rutgers University und an der Columbia University, 1980–1993 Richterin am United States Court of Appeals for the District of Columbia Circuit, seit 1993 Richterin am Supreme Court of the United States.

Bernhard Schlink,[340] entwickelt, sodann in Form eines Supreme Court-Falls aufbereitet hatte und in der Verhandlung vertrat. Kurz bevor es losging, brach noch ein protokollarischer Konflikt aus. In der Vorbesprechung kam die Frage auf, in welcher Reihenfolge wir am Richtertisch Platz nehmen sollten. Niemand hatte daran gedacht. Also sagte ich, ich hätte einen Blick in den *court room* geworfen und gesehen, dass hinter dem Richtertisch die Fahnen der beteiligten Staaten hingen. Warum nehme nicht jeder unter der Fahne seines Landes Platz? Das schien allen vernünftig, oder doch nicht allen. Denn die französische Richterin meldete sich nun und sagte, zufällig habe auch sie den *court room* angeschaut und gesehen, dass die französische Fahne links außen hänge. Sie sei die Vertreterin einer großen Nation und daher nicht willens, einen Randplatz einzunehmen. Verblüffung. Da meldete sich der englische Richter und teilte mit, zufällig habe auch er in den *court room* geschaut. Die britische Fahne hänge am anderen Ende des Richtertisches. Er sei ebenfalls der Vertreter einer großen Nation, aber es mache ihm nichts aus, am Rand zu sitzen. Da hatte die Französin schlechte Karten und erklärte schließlich nach langem Widerstand, sie füge sich unter Protest. Das gesamte Verfahren lässt sich unter dem Titel „*Justices at Work*" in der Cardozo Law Review nachlesen.[341]

L: Wie unterschied sich nun das Yale-Seminar von diesen Vorstößen?

---

[340] Bernhard Schlink (geb. 1944), Professor für Öffentliches Recht und Rechtsphilosophie an den Universitäten Bonn und Frankfurt sowie an der Humboldt-Universität zu Berlin.

[341] Cardozo Law Review 18 (1997), Nr. 5, S. 1609–1873. Die Äußerungen von Dieter Grimm erschienen dort in der transkribierten, unredigierten Form.

G: Das Yale-Seminar war von vorneherein breiter gelegt. Es ging nicht nur um Richter aus den jungen Demokratien, vielmehr sollten diese mit Richtern aus etablierten Gerichten zusammengebracht werden. Kein Kontinent war ausgespart. Richter aus Common law- und aus Civil law-Ländern kamen für drei Arbeitstage zusammen, dazu die Verfassungsrechtler der Yale-Fakultät. Das Yale-Seminar war auch nicht als einmalige Veranstaltung gedacht, sondern als Serie geplant, obgleich bei seiner Gründung wohl niemand mit 20 Jahren gerechnet hatte. Schließlich wurde es sehr sorgfältig durch einen Reader vorbereitet, der zu den Themen, die die Fakultät auswählte, Materialien enthielt, vornehmlich Gerichtsentscheidungen aus den beteiligten Ländern, soweit sie auf Englisch verfügbar waren. Dadurch war den Diskussionen eine gewisse Konkretheit gesichert. Die Reader sind eine Fundgrube des vergleichenden Verfassungsrechts. Das Yale-Seminar war die einzige Veranstaltung dieser Art, die sich dauernd etablieren konnte. *Paul Gewirtz*[342] betreute es fast zehn Jahre lang. Dann wurde er Gründungsdirektor des Chinese Law Center in Yale und gab das „Global" ab. Wir waren mehrfach wegen möglicher Teilnehmer aus Europa zusammengekommen und ich hatte ihm Zugang zur Konferenz der europäischen Verfassungsgerichte ermöglicht, die im Mai 1996 in Budapest stattfand, so dass er sich selbst ein Bild von den Richtern machen konnte.

L: Wie würden Sie den persönlichen Einfluss der Teilnehmer einschätzen? Gab es besonders tonangebende Kollegen? Konnte man über das Seminar Ideen aus der eigenen Rechtsprechung an die anderen Gerichte vermitteln?

---

342 Paul Gewirtz (geb. 1947), Professor an der Yale Law School.

G: Bei einem so gemischten Teilnehmerkreis waren Erfahrungen und Kenntnisse begreiflicherweise recht ungleich verteilt. Es gab von Anfang an eine tonangebende Gruppe von Richtern, zu der zuallererst *Stephen Breyer*[343] als Lokalmatador gehörte. *Aharon Barak*,[344] der Präsident des israelischen Supreme Court, *Frank Iacobucci*[345] vom kanadischen Supreme Court zählten dazu. Mit ihnen interagierten die Yale-Verfassungsrechtler vom Schlage eines *Bruce Ackerman*,[346] *Owen Fiss*,[347] *Robert Post*,[348] die das Seminar auf Höhen trieben, wohin nicht alle zu folgen fähig oder bereit waren. Die englischen Teilnehmer, lange

343 Stephen Breyer (geb. 1938), Professor an der Harvard Law School, 1980–1994 Richter am United States Court of Appeals for the First Circuit, seit 1994 Richter am Supreme Court of the United States.

344 Aharon Barak (geb. 1936), 1968–1975 Professor an der Hebrew University of Jerusalem (ab 1974 Dekan der Juristischen Fakultät), 1975–1978 Attorney General von Israel, 1978–1995 Richter am Supreme Court von Israel, 1995–2006 Präsident des Supreme Court von Israel. Barak lehrt an mehreren Universitäten, u. a. an der Yale Law School.

345 Frank Iacobucci (geb. 1937), 1967–1982 Professor an der University of Toronto, 1983–1985 Vize-Präsident der University of Toronto, 1985–1988 stellv. Justizminister von Kanada, 1988–1991 Richter am Federal Court von Kanada, 1991–2004 Richter am Supreme Court von Kanada.

346 Bruce Ackerman (geb. 1943), Professor an der Yale Law School und am Department of Political Science der Yale University. Zuvor Professor an der University of Pennsylvania und der Columbia University.

347 Owen Fiss (geb. 1938), Professor an der Yale Law School. Zuvor Professor an der University of Chicago.

348 Robert Post (geb. 1947), Professor an der Yale Law School. Zuvor Professor an der University of California, Berkeley, School of Law, 2009–2017 Dekan der Yale Law School.

Zeit *Lord Woolf*,[349] heute *Lady Hale*[350], zeichneten sich immer durch eine tiefe Abneigung gegen alles Prinzipielle aus. Allerdings fehlte es den *Academics* an den praktischen Erfahrungen der Richter und anfangs auch an der Kenntnis anderer Rechtsordnungen. Die Mischung von Professoren und Richtern sorgte aber dafür, dass sich das Seminar nie im bloßen Informationsaustausch im Stil „in Spanien machen wir das so …" erschöpfte.

Für manche Teilnehmer war vieles neu. Nicht wenige Richter hörten in dem Seminar zum ersten Mal von der Schutzpflicht und vom Verhältnismäßigkeitsgrundsatz. Ich weiß nicht, wie oft ich gebeten wurde, ganz genau aufzuschreiben, in welchen Schritten sich die Verhältnismäßigkeits-Prüfung vollzieht.[351] Ohne das Yale-Seminar wäre es kaum denkbar gewesen, dass Justice *Breyer* nun im Supreme Court für die Verhältnismäßigkeitsprüfung statt der verschiedenen *scrutiny tests* wirbt.[352] In *Baraks* Buch über „Proportionality"[353] kann man sich eine Landkarte anschauen, in der die Ausbreitung des Verhältnis-

---

[349] Lord Harry Woolf (geb. 1933), Richter, 1996–2000 Master of the Rolls, 2000–2005 Lord Chief Justice of England and Wales.

[350] Lady Brenda Hale (geb. 1945), Richterin, 2004–2009 Lord of Appeal in Ordinary, seit 2009 Richterin am Supreme Court of the United Kingdom, seit 2013 Vizepräsidentin des Supreme Court of the United Kingdom.

[351] Vgl. dazu *Dieter Grimm*, Proportionality in Canadian and German Constitutional Jurisprudence, Toronto Law Journal 57 (2007), S. 383–397. Siehe für eine englischsprachige Formulierung der Verhältnismäßigkeitsprüfung auch den sog. Oakes-Test des kanadischen Supreme Court in R. v. Oakes, 1 S.C.R. 103 (1986).

[352] Vgl. etwa Breyers abweichende Meinung in District of Columbia v. Heller, 554 U.S. 570 (2008).

[353] *Aharon Barak*, Proportionality. Constitutional Rights and their Limitations, 2012.

mäßigkeitsgrundsatzes, ausgehend von Deutschland, dargestellt wird.

Für den Erfolg des Seminars spielt es meines Erachtens eine erhebliche Rolle, dass viele der Teilnehmer über eine längere Zeit dabei sind. Manche wurden nach dem ersten Mal nicht wieder eingeladen, teils weil ihre Englischkenntnisse, teils weil ihre Beiträge als nicht ausreichend angesehen wurden. Ferner endet die Einladung mit dem Ausscheiden aus dem Richteramt. Für *Barak* und mich galt das nicht, weil wir seit dem Ende des Richteramts in Yale unterrichten. Man kann in einer sehr vertrauensvollen Atmosphäre und ohne Sorge vor Indiskretionen miteinander sprechen. Mein Reservoir an verfassungsvergleichendem Material hat sich durch das Seminar enorm erhöht. Meine Sensibilität für die Bedeutung des Kontextes von Verfassungsrecht und Verfassungsrechtsprechung ist beträchtlich gestiegen. Ich erkenne die Eigenheiten der eigenen Verfassungsordnung viel schärfer im Lichte anderer Systeme, wie sie von Praktikern geschildert werden. Nur ein einziges Mal habe ich wegen Krankheit gefehlt. Das Yale-Seminar ist für mich die wichtigste Tagung des ganzen Jahres geworden.

L: Das würde *Sabino Cassese*,[354] glaube ich, auch so sagen, wenn wir sein „Diario“[355] lesen. Da wird jedes Jahr über das Yale-Seminar berichtet.

G: *Sabino Cassese* wurde erst im vorgerückten Alter Verfassungsrichter in Rom und kam deswegen auch ver-

[354] Sabino Cassese (geb. 1935), Professor für Verwaltungsrecht an Universitäten in Urbino, Neapel und Rom, 2005–2014 Richter des italienischen Verfassungsgerichtshofs.

[355] *Sabino Cassese*, Dentro la Corte. Diario di un giudice costituzionale, Bologna 2015.

gleichsweise spät in das Seminar, gehörte aber sogleich zu den argumentationsstärksten Teilnehmern ähnlich wie *Miguel Maduro*,[356] der als Generalanwalt des EuGH eingeladen wurde, eine Weile auch *Michael Kirby*[357] aus Australien oder *Manuel Cepeda*[358] aus Kolumbien. Vom Bundesverfassungsgericht sind heute viele von *Susanne Baer*[359] beeindruckt. Ich kann nicht alle Namen nennen, die es verdienten, erwähnt zu werden. Herr *Roßbach*, Sie haben ja einmal im Seminar gesessen und wissen, wie es zugeht.

R: Ich fand es auch sehr beeindruckend. Zu Ihrem Wirken in den USA noch eine allgemeinere Frage: Ein Professor der Harvard Law School sagte mir einmal: „Wenn Sie Rechtsvergleichung im Verfassungsrecht betreiben, müssen Sie eigentlich nur mit *Dieter Grimm* sprechen. Dann wissen Sie alles Wichtige." Sie haben also in den USA einen hohen Bekanntheitsgrad und haben vielen dort insbesondere das Verhältnismäßigkeitsprinzip, aber auch andere Aspekte des deutschen Rechts näher gebracht. Andererseits haben Sie auch in Deutschland durch Ihre

---

[356] Miguel Poiares Maduro (geb. 1967), Professor für Verfassungs- und Europarecht am Europäischen Hochschulinstitut Florenz und an der Universidade Nova de Lisboa, 2003–2009 Generalanwalt am Europäischen Gerichtshof, 2013–2015 Minister für Regionalentwicklung der Portugiesischen Republik.

[357] Michael Kirby (geb. 1939), Richter, 1996–2009 Richter am High Court of Australia.

[358] Manuel José Cepeda Espinosa (geb. 1963), Professor für Verfassungsrecht, 1996–2000 Dekan der Juristischen Fakultät der Universidad de los Andes, 2001–2009 Richter am Verfassungsgericht Kolumbiens.

[359] Susanne Baer (geb. 1964), Professorin für Öffentliches Recht und Geschlechterstudien an der Humboldt-Universität zu Berlin, seit 2011 Richterin des Ersten Senats des Bundesverfassungsgerichts.

Seminare viele Studierende an die Rechtsvergleichung herangeführt. Sie sind einer der wenigen Juristen, die auf beiden Seiten des Atlantiks bekannt sind. Sehen Sie sich in einer Vermittlerrolle? Verfolgen Sie mit Ihrer Lehrtätigkeit in den USA auch eine gewisse Agenda?

G: Vor einer Agenda steht, dass ich gerne lehre und in den USA ideale Bedingungen dafür finde. Sowohl in Yale als auch in Harvard und an der NYU sind die Studenten allesamt erstklassig, motiviert und fordernd. Zudem sind die Klassen klein, in Yale etwa habe ich um die zehn Teilnehmer, gewöhnlich zwei Drittel amerikanische Studenten, ein Drittel ausländische LL.M.-Studenten. In Harvard und an der NYU waren die Gruppen größer.

Aber auch auf die Frage nach einer Agenda möchte ich nicht rundheraus nein sagen. Es gibt im Grunde genommen zwei Motive. Das erste ist nicht spezifisch USA-bezogen. Es leitet mich ebenso, wenn ich in Deutschland oder anderswo unterrichte. Ich finde, dass wir zu viel an unseren Rechtsordnungen für selbstverständlich oder gar alternativlos halten, obwohl es zu einer bestimmten Zeit und unter bestimmten Bedingungen entstanden ist und ebenso anders hätte sein können. Man kann erklären, warum es so ist, aber es ist nicht notwendig so. Rechtsnormen oder Rechtsinstitutionen versteht man erst, wenn man weiß, warum es so ist, wie es ist. Nur dann kann man Recht auch in atypischen Situationen vernünftig anwenden oder fortentwickeln. Das Wissen um die Kontingenz bewahrt sozusagen die Dogmatik vor Versteinerung. Man muss diese Fragen gar nicht in Änderungsabsicht stellen. Man kann sehr wohl zu dem Ergebnis kommen, dass die gegebene Situation nicht änderungsbedürftig ist. Aber man hat dieses Ergebnis dann einer höheren Reflexionsstufe zu verdanken. Es ist ein bewusstes Festhalten in Kenntnis von Alternativen. In den USA scheint mir das Grundrechtsverständnis, verglichen mit unserem, unterkomplex zu sein. Deswegen konfrontiere ich die amerikanischen Studenten gerne mit unserem Grundrechtsverständnis, nicht in Bekehrungsabsicht, das liegt mir fern, aber in der Absicht, dass sie sich selbst Rechenschaft über ihre Situation geben. Es mögen gute Gründe vorliegen, nichts zu ändern, aber das wäre dann eben das Ergebnis einer Reflexion, nicht ein unreflektiertes „weiter so".

Das zweite Motiv ist allerdings Amerika-spezifisch. In den USA ist im Gefolge des *legal realism* die Überzeugung weit verbreitet, dass die Rechtsanwendung, besonders im Verfassungsrecht, nicht das ist, was sie zu sein vorgibt, nämlich die Ableitung einer konkreten Fallentscheidung aus einer abstrakten Rechtsnorm in Respekt vor den Präzedenzien, also ein juristischer Vorgang. Vielmehr hat die „realistische" Annahme, dass in Wirklichkeit andere Beweggründe am Werk seien, Interessen oder Ideologien, viele Anhänger, und den Studenten wird das als Produkt wissenschaftlicher Aufklärung auch so gelehrt, in Yale vielleicht etwas seltener als anderwärts. Deswegen ist die Frage, die sich amerikanische Juristen angesichts eines Falles stellen, auch nicht primär: Was ist die richtige Lösung?, sondern: Wie wird das Gericht entscheiden? Wenn man es auf eine kurze Formel bringen will, wird die (relative) Autonomie des Rechts und der Rechtsanwendung geleugnet. In Europa geht man dagegen ganz überwiegend davon aus, dass das Recht zwar ein Produkt politischer Entscheidungen ist, sich mit seiner Inkraftsetzung aber von der Politik emanzipiert und nur noch nach rechtlichen, nicht nach politischen, ökonomischen, religiösen Kriterien auszulegen und anzuwenden ist. Unter dieser Prämisse habe ich Verfassungsrechtslehre und Verfassungsrechtsprechung betrieben. Ohne diese Grundannahme schrumpft die Gewaltenteilung zwischen Legislative und Judikative zu einer mehr oder weniger technischen Vorkehrung zur Verhinderung von Machtzusammenballung. Ich versuche also zu zeigen, dass es eine (relative) Autonomie des Rechts gibt, und finde dafür erstaunlich viel Aufmerksamkeit bei nicht wenigen realistisch übersättigten Studenten.

R: Sie haben in junger Zeit Harvard als Student erlebt und sind jetzt als Fakultätsmitglied an der Yale Law School. Wenn Sie sich die amerikanischen Universitäten aus der Perspektive eines Fakultätsmitglieds ansehen, was gibt es da im intellektuellen Leben einer Law School, das Ihnen im Vergleich zu deutschen juristischen Fakultäten besonders aufgefallen ist?

G: Zunächst einmal die unterschiedlichen Größenordnungen, die aber Auswirkungen auf das intellektuelle Leben haben. Rein quantitativ betrachtet ist die Yale Law School etwa dreimal größer an Professoren und fünfmal kleiner an Studenten als die juristische Fakultät der Humboldt-Universität. Es gibt etwa 80 ordentliche Professoren und 600 Studenten, dazu noch einmal ca. 40 meist ausländische LL.M.- oder J.S.D.-Studenten. Die Harvard Law School hat etwa halb so viele Studenten wie die Humboldt-Fakultät und mehr als das Vierfache an Professoren. Infolgedessen können sich die Rechtsfakultäten bedeutender amerikanischer Law Schools eine erheblich größere Fächerbreite leisten und auch die einzelnen Professoren haben es leichter als in Deutschland, ihre Spezialität zu pflegen. Das kommt dem Anregungspotential innerhalb der Fakultäten ebenso zugute wie den Wahlmöglichkeiten der Studenten. Das Angebot an Lehrveranstaltungen ist überwältigend, die Freiheit der Studenten bei der Auswahl groß. In Yale gibt es in dem dreijährigen Studium nur vier Pflichtveranstaltungen, alle im ersten Halbjahr.

Da können wir nicht mithalten und das lässt sich so schnell nicht ändern, so oft man auch von einem deutschen Harvard träumen mag. Umgekehrt hat aber ein amerikanischer Professor keine Sekretärin, keine Assistenten, kein Institut. Sechs oder sieben Professoren teilen sich eine Sekretärin; *research assistants* aus der Studentenschaft kann man projektbezogen beantragen. Die Fakultätsverwaltung ist wiederum ungleich größer als eine deutsche Fakultätsverwaltung. Es hängen ja auch andere Aufgaben daran: Alumni-Betreuung, Spenden-Einwerbung, Karriere-Unterstützung, usw.

Es kommt aber auch ein anderer Stil hinzu. Die Fakultäten, aber im ganz besonderen Maß die Yale-Fakultät, stehen in einem Dauerdiskurs miteinander. Man tritt aus seinem Büro, um sich einen Kaffee zu holen, und ist schon in ein Gespräch verwickelt. Den wöchentlichen *Faculty Workshop* besucht der größte Teil der Professoren. Manuskripte tauscht man vor der Veröffentlichung mehrfach aus und trägt sie auf verschiedenen Foren vor. Wir tendieren eher dazu, sie vor fremden Augen abzuschirmen. Ich will aber nicht verschweigen, dass sich das in Deutschland mit einer jüngeren Generation von Hochschullehrern verbessert. Ich glaube das gerade an meiner Berliner Fakultät beobachten zu können.

R: Wie beurteilen Sie die Art und Weise, wie amerikanische Universitäten Nachwuchs rekrutieren?

G: Der Weg zur Professur ist offener als bei uns, weil er nicht von einer langen Lehrzeit abhängt. Der typische

Karriereweg eines Juristen, der von einer sehr guten Law School kommt und an einer sehr guten Law School unterrichten möchte, verläuft so, dass er oder sie nach dem Erwerb des *law degree* ein Jahr bei einem Richter eines *Court of Appeals* und ein weiteres Jahr bei einem Richter des Supreme Court als *clerk* arbeitet. Der zweite Weg ist allerdings schon sehr eng. Man hat errechnet, dass der weitaus größte Teil der *law clerks* am Supreme Court aus zwei Law Schools kommt: Harvard und Yale. Danach empfehlen sich ein paar Jahre Praxis, bei einer *law firm* oder bei einer Regierungsinstitution. Anschließend kann es zurückgehen an die Universität, wobei die guten Law Schools stark aus den eigenen Reihen rekrutieren, was bei uns verpönt ist.

In Berufungsentscheidungen in Yale bin ich nicht einbezogen, allenfalls fragt einmal jemand nach meinem Eindruck über einen Kandidaten. Ich weiß aber aus Berichten, dass außerordentlich intensiv gelesen wird. Bei uns ist es üblich, dass die Berufungskommission die Bewerbungen unter sich aufteilt, jeweils ein Kommissionsmitglied ist Berichterstatter für einen Bewerber, dessen Veröffentlichungen – je nach Zeitbudget – mehr oder weniger gründlich gelesen werden. Der Prozess scheint mir in den USA intensiver zu sein. Das gilt auch für die Beobachtung, solange ein Professor noch keine *tenure*, also keine Daueranstellung hat. Was die USA vollkommen von uns unterscheidet, ist die Unabhängigkeit von Stellen im Haushaltsplan. Wenn man jemand unbedingt haben möchte, wird die Stelle geschaffen. Genaugenommen: Den Begriff der „Stelle“ gibt es gar nicht.

XII. Wissenschaftskolleg und Berlin

W: Bevor wir den Bogen nach Berlin schlagen, eine Frage, die quer zu Bielefeld und Berlin liegt: Wer sind Ihre akademischen Schüler?

G: Meine erste Habilitandin war *Gertrude Lübbe-Wolff.* Sie hatte in Freiburg promoviert und war in Bielefeld Assistentin bei *Jochen Frowein*, fühlte sich dort aber nicht gut aufgehoben und fragte, ob sie zu mir wechseln könne. Das geschah dann, als meine erste Bielefelder Assistentin, *Annette Fugmann*,[360] herausragende Absolventin des ersten einstufig ausgebildeten Jahrgangs, nach ihrer Promotion die Universität verließ und in die staatliche Verwaltung ging, wo sie einen schnellen Aufstieg in der Kommunalpolitik und dann in der Landespolitik nahm. Der zweite Habilitand war *Helge Rossen*, auch er zunächst an einem anderen Lehrstuhl, aber wegen seiner ausgeprägten theoretischen und sozialwissenschaftlichen Interessen bei mir am passenderen Platz. Der dritte Habilitand war *Ulli Rühl.* Er hatte nichts mit Bielefeld zu tun. Seine akademische Heimat war Gießen, er hatte bei *Ridder* promoviert, dann aber keine Assistentenstelle gefunden und arbeitete in Karlsruhe als Anwalt. Er wurde mir von *Brigitte*

---

[360] Annette Fugmann-Heesing (geb. 1955), Juristin und SPD-Politikerin, 1991–1994 Finanzministerin in Hessen, 1996–1999 Finanzsenatorin von Berlin, 1999–2011 Mitglied des Berliner Abgeordnetenhauses.

Zypries,[361] damals ihrerseits wissenschaftliche Mitarbeiterin am Bundesverfassungsgericht im Dezernat von *Thomas Dieterich*, empfohlen. *Rühl* leistete hervorragende Arbeit im Gericht, es war erstaunlich, welche Menge von Verfahren er in kurzer Zeit mit klarem Blick und zuverlässiger Begutachtung erledigte. Es wurde mir freilich bald klar, dass er trotz seiner praktischen Begabung ein verhinderter Wissenschaftler war, und so fragte ich ihn, ob er noch Interesse an einer akademischen Karriere habe. Er war dann der letzte, der in Bielefeld habilitiert wurde. Die beiden weiteren, *Marion Albers* und *Ulrich Haltern*,[362] wurden schon in Berlin Privatdozenten. Eine Schule wird daraus nicht. Dafür waren alle viel zu selbständig. Das Verbindende liegt allein darin, dass sie sämtlich theoretisch gefestigt sind und interdisziplinär ausgreifen.

Marion Albers war mir früh in einem Bielefelder Seminar als herausragende Studentin aufgefallen. Außerdem absolvierte sie ein Doppelstudium, Rechtswissenschaft und Soziologie. Sie war seitdem eine regelmäßige Teilnehmerin meiner Seminare und wollte nach dem Examen bei mir promovieren. Sie war an sich eine sichere Anwärterin auf eine Assistentenstelle, aber als ich Verfassungsrichter wurde, entfiel die zweite Assistentenstelle zugunsten meines vorgezogenen Nachfolgers *Joachim Wieland*.[363]

---

[361] Brigitte Zypries (geb. 1953), Juristin und SPD-Politikerin, 1998–2002 Staatssekretärin im Bundesministerium des Innern, 2002–2009 Bundesministerin der Justiz, 2013–2017 Parlamentarische Staatssekretärin beim Bundesminister für Wirtschaft und Energie, seit 2017 Bundesministerin für Wirtschaft und Energie.

[362] Ulrich Haltern (geb. 1967), Professor für Öffentliches Recht und Europarecht an den Universitäten Hannover und Freiburg i. Br.

[363] Joachim Wieland (geb. 1951), Professor für Öffentliches

Die verbleibende Stelle hatte *Helge Rossen* inne, der an seiner Habilitation arbeitete. *Marion Albers* schrieb eine Dissertation über den Datenschutz und gewann hier eine Reihe von bahnbrechenden Erkenntnissen in ihrem sehr langen und auch sehr lange bearbeiteten Werk. Ich versuchte sie deswegen zu überzeugen, diese Arbeit als Habilitationsschrift einzureichen und eine verhältnismäßig schnelle Dissertation dazwischenzuschieben. *Ulrich Haltern* hatte ich erstmals in Yale getroffen und später durch einen Zufall bei der Steuben-Parade in New York wiedergesehen. Er promovierte bei *Ipsen*[364] in Bochum, schwankte damals aber, ob er seine berufliche Zukunft in den USA oder in Deutschland suchen sollte. Von der Antwort auf diese Frage hing auch ab, ob er in den Referendardienst eintreten würde. Ich riet ihm damals, den Referendardienst aufzunehmen, falls er nicht völlig sicher sei, in den USA bleiben zu wollen. Er wurde dann mein Assistent an der Humboldt-Universität. Ihm folgte *Lars Viellechner*, auch eine Entdeckung meines Seminars, der eine Dissertation vorlegte, der ich im Gutachten Habilitationsniveau bescheinigte.[365] Das war freilich zu einer Zeit, als ich längst emeritiert war. Meine letzte Mitarbeiterin, nach der Emeritierung auch noch am Wissenschaftskolleg, war *Laura Schopp*,[366] über die wissenschaftliche Assistenz

---

Recht, Finanz- und Steuerrecht an den Universitäten Bielefeld, Frankfurt a.M. und Speyer.

[364] Knut Ipsen (geb. 1935), Professor für Öffentliches Recht und Völkerrecht an der Universität Bochum, 1994–2003 Präsident des Deutschen Roten Kreuzes.

[365] Lars Viellechner (geb. 1976), Juniorprofessor für Öffentliches Recht an der Universität Bremen.

[366] Laura Schopp (geb. 1977), 2004–2012 wissenschaftliche Mitarbeiterin von Dieter Grimm an der HU Berlin und am Wissenschaftskolleg zu Berlin, seit 2013 Rechtsanwältin.

und die Fürsorge für die – meist verfassungsvergleichenden – Blockseminare hinaus meine beständige Informationsquelle für Ausstellungen oder Aufführungen, die ich nicht versäumen durfte.

W: Nach Karlsruhe endete dann auch Ihre Bielefelder Zeit?

G: Beides fiel in der Tat zusammen. An sich war ich darauf eingestellt, nach Bielefeld zurückzukehren. Die Verbindung war ja trotz Karlsruhe nicht abgerissen. Mein Amt als ZiF-Direktor ragte noch in die Karlsruher Frühzeit hinein, und mit Ausnahme eines Semesters hatte ich in Bielefeld regelmäßig Lehrveranstaltungen gehalten, anfangs Vorlesungen, bald aber nur noch Blockseminare.

W: Wie entstand der Kontakt zum Wissenschaftskolleg?

G: Das Wissenschaftskolleg hatte mich für das Jahr 1987/88 als Fellow eingeladen. Das musste ich dann absagen. Die Antwort aus Berlin lautete: „Wir melden uns nach zwölf Jahren wieder." Das hatte ich als eine besonders originelle Form, Bedauern auszudrücken, betrachtet, aber nicht ernst genommen. Zwischendurch kam jedoch die Bitte, in den Beirat des Kollegs einzutreten. Der Beirat ist das maßgebliche Gremium für die Auswahl der Fellows und tritt zweimal im Jahr zusammen, um über die Kandidaten zu beraten. Wenn ich mich recht erinnere, war *Werner Maihofer*[367] mein Vorgänger im Beirat. Mit ihm stand ich in guter Verbindung, nachdem er im Anschluss an seine Zeit als Bundesinnenminister wieder in Bielefeld

---

[367] Werner Maihofer (1918–2009), Professor für Strafrecht, Rechtssoziologie, Rechtstheorie, Rechts- und Sozialphilosophie an den Universitäten Saarbrücken und Bielefeld, Politiker, 1972–1974 Bundesminister für besondere Aufgaben, 1974–1978 Bundesminister des Innern.

lehrte. Ich vermute, dass ich ihm auch den Auftrag verdanke, den Parteien-Artikel im Handbuch von *Benda/Maihofer/Vogel* zu schreiben. Das ist nun lange her, aber ich zähle ihn immer noch zu meinen gelungensten.

Eine Beiratsperiode dauert drei Jahre, einmalige Verlängerung ist zulässig. In meiner zweiten Periode war ich Vorsitzender des Beirats. Am Ende der Karlsruher Zeit kam in der Tat die erneute Einladung ans Kolleg, nach dem Beirats-Intermezzo aber nicht mehr als Überraschung. Überraschend war dagegen die Verbindung mit dem Angebot, Permanent Fellow zu werden. Das Wissenschaftskolleg hat sechs Permanent Fellows, drei die gewöhnlich an einer Berliner Universität lehren, drei auswärtige. Damit war dann freilich ein dauerhafter Wechsel nach Berlin verbunden, was mich aber alles andere als schreckte, denn ich hatte ohnehin erwogen, meinen Wohnsitz nach Berlin zu verlegen und für die drei verbleibenden Bielefelder Jahre dort eine kleine Nebenwohnung zu unterhalten. Ich nahm also an unter der Bedingung, dass sich das Permanent Fellowship mit einem Ruf an die Humboldt-Universität verbinden ließe. Darüber wurde zwischen dem Kolleg und der HU schnell Einigkeit erzielt.

Vom Rektorat des Kollegs war damals noch nicht die Rede. *Wolf Lepenies*[368] leitete das Kolleg äußerst erfolgreich in seiner dritten Amtszeit, und ich ging davon aus, dass er es noch weitere fünf Jahre tun würde. Auf das Rektorat war ich nicht aus. Ich hatte schon dem *Search Committee*, das einen Präsidenten für das Wissenschaftszentrum Berlin (WZB) suchte, gesagt, dass ich wieder

[368] Wolf Lepenies (geb. 1941), Professor für Soziologie an der FU Berlin, 1986–2001 Rektor des Wissenschaftskollegs zu Berlin.

selbst wissenschaftlich arbeiten und nicht die wissenschaftliche Arbeit anderer organisieren wolle, und eine Anfrage, ob ich als Kandidat für die Präsidentschaft der Humboldt-Universität zur Verfügung stehe, hatte ich verneint. Mit dem Beginn des neuen Millenniums begann für mich dann der neue Lebensabschnitt als Berliner: Professor der Humboldt-Universität und Permanent Fellow des Wissenschaftskollegs.

L: Rektor wurden Sie dann doch, und damit kam noch einmal eine ganz neue Tätigkeit auf Sie zu. Man trägt Verantwortung für die Institution, muss sich um viele Fächer, um internationale Kontakte, vielleicht auch ums Geld kümmern. Man hat Verwaltung und Wissenschaftsorganisation, Themenwahl und Talentscouting um sich.

G: Es geschah nicht ohne Zögern. Aber das Wissenschaftskolleg ist kleiner als die anderen Institutionen. Außerdem besaß es, das wusste ich aus der Beiratszeit, eine höchst effektive Verwaltung, Mitarbeiter, die mit Freude bei der Sache waren, all das ein Verdienst des unvergleichlichen Verwaltungsleiters mit dem bescheidenen Titel „Sekretär“, *Joachim Nettelbeck*.[369] Ich hatte also die Hoffnung, das Amt gut mit eigener wissenschaftlicher Arbeit vereinbaren zu können. Es lag mir daran, weiter als Wissenschaftler wahrgenommen zu werden.

Außerdem ist das Wissenschaftskolleg eine wirklich schöne Institution, ein Platz, wo herausragende Wissenschaftler sich ganz auf das konzentrieren können, dessentwegen sie den Beruf ergriffen haben, nämlich die Forschung. Das Kolleg gibt den Wissenschaftlern, was ihnen in Zeiten der Drittmitteleinwerbung, des Evaluierens und

---

[369] Joachim Nettelbeck (geb. 1944), Verwaltungsleiter des Wissenschaftskollegs von 1981 bis 2012.

Evaluiertwerdens, der Gremiensitzungen, der Erstattung von Zwischenberichten und Abschlussberichten am meisten fehlt: Zeit, Zeit für unabgelenkte Arbeit an einem selbstgewählten Projekt, das neue Erkenntnisse verspricht. Vierzig Wissenschaftler aus allen Disziplinen und allen Erdteilen kommen für zehn Monate ans Kolleg, wohnen und arbeiten hier, treten über Fächergrenzen hinweg miteinander in Verbindung, setzen sich Überraschungen aus, die nicht selten dazu führen, dass das Forschungsprojekt sich durch die Diskussionen am Kolleg verändert.

Die Hauptaufgabe des Rektors besteht darin, für einen interessanten, gut austarierten, kommunikationsfreudigen Fellow-Jahrgang zu sorgen. Das ist kein reines Vergnügen. Die Zahl der Kandidaten übertrifft ja die zur Verfügung stehenden Plätze bei weitem, und es gibt schönere Lektüre als die Antragsprosa. Man wird für die Mühen freilich belohnt. Man bekommt einen Eindruck von den Fragen, die sich an der vorderen Front der Wissenschaft stellen, nicht nur derjenigen Fächer, die man selber überblickt. Man setzt sich Themen und Diskussion aus, die man ohne das Kolleg gemieden hätte. Das Anregungspotential ist sehr hoch, viel höher als die Verarbeitungskapazität für die eigenen Forschungen.

Aber für diese blieb dann doch viel weniger Zeit als erwartet, denn neben der Fellowauswahl gibt es eine Fülle weiterer Aufgaben und mit dem Rektorat verbundener Pflichten, die je für sich geringfügig sein mögen, in der Kumulation aber viel Zeit kosten. Ich habe deswegen allen Bemühungen, eine zweite Amtszeit anzuhängen, widerstanden und nur ein Jahr zugegeben, weil mein Nachfolger, der Archäologe *Luca Giuliani*,[370] nicht sofort abkömmlich war. Nach sechs Jahren schied ich 2007 aus dem Amt, blieb aber Permanent Fellow, was nicht ohne Bedeutung ist, denn an der Universität wurde ich 2005 emeritiert und verlor die Ausstattung des Lehrstuhls, wofür mich aber das Kolleg entschädigt.

R: Wie beurteilen Sie Ihre Zeit als Rektor des Wissenschaftskollegs im Rückblick? Welche Schwerpunkte haben Sie gesetzt?

G: Ich habe das Kolleg gern geleitet, obwohl die eigenen Vorhaben darüber zu kurz kamen. Aber das Letztere habe ich nie dem Kolleg angelastet, nur mir selbst. Auch für das Kolleg waren es wohl keine schlechten Jahre, sonst hätte man mich nicht so stark gedrängt, noch weitere fünf Jahre im Amt zu bleiben. Einige neue Aufmerksamkeitspunkte wurden gesetzt, zum Beispiel die Bildwissenschaft, nicht beschränkt auf künstlerische Bilder, sondern unter Einbeziehung der medialen Bilder und der bildgebenden Verfahren in den Naturwissenschaften. Der Schwerpunkt zog sich durch mehrere Jahre hin mit stets wechselnden Fellows.

Wegen dieses Schwerpunkts war es mir wichtig, *Horst Bredekamp*[371] als Permanent Fellow ans Kolleg zu binden. Das entwickelte sich zu einer höchst inspirierenden Verbindung, für das Kolleg und die Fellows so gut wie aller Disziplinen, aber auch für mich persönlich. Sie setzte

---

[370] Luca Giuliani (geb. 1950), Professor für Klassische Archäologie an den Universitäten Freiburg, München und an der HU Berlin, seit 2007 Rektor des Wissenschaftskollegs zu Berlin.

[371] Horst Bredekamp (geb. 1947), Professor für Kunstgeschichte an der Universität Hamburg und an der HU Berlin, Mitglied des Ordens Pour le Mérite.

sich fort, nachdem *Horst Bredekamp* sein Permanent Fellowship nicht verlängerte. Sie hat sogar zu einem gemeinsamen Seminar über „Form und Recht" an der Humboldt-Universität geführt. Heute ist es *Christoph Möllers*,[372] mit dem ich unter den Permanent Fellows den regsten Austausch habe.

Ich will hier keine Gesamtbilanz ziehen, sondern nur noch eine Idee erwähnen, deren Verwirklichung misslang. Ich beklage seit längerem die wechselseitige Fremdheit, ja Geringschätzung und bisweilen sogar Verachtung der verschiedenen gesellschaftlichen Funktionsbereiche, der Wirtschaft, der Politik, der Medien, der Wissenschaft, die alle ihre je eigene Handlungslogik für rational, das Verhalten der anderen aber für irrational halten, damit einen Grundzug der funktional differenzierten Gesellschaft verkennend. Wenn sich das in dem Versuch der starken Subsysteme fortsetzt, anderen Handlungsbereichen die eigene Handlungslogik aufzunötigen, gerät sogar die Leistungsfähigkeit der Gesellschaft insgesamt in Gefahr. Es war eine frühe Erkenntnis *Luhmanns*, dass hiervon ausgehend die Funktion der Grundrechte zu definieren sei: Entdifferenzierung verhindern.[373] Mir schien, dass das Wissenschaftskolleg ein Ort werden könne, diese Fremdheit zu überwinden, wenn man an dem Reflektionsraum, den es bietet, auch Führungspersonen aus Unternehmen und Ministerien teilhaben ließe, die kurz vor der oberen Leitungsetage stehen. Das Wort „Etage" fällt mir nicht ganz zufällig ein, denn die in Betracht kommen-

[372] Christoph Möllers (geb. 1969), Professor für Öffentliches Recht und Rechtsphilosophie an den Universitäten Münster, Göttingen und an der HU Berlin, seit 2012 Permanent Fellow am Wissenschaftskolleg zu Berlin.

[373] Vgl. *Niklas Luhmann*, Grundrechte als Institution, 1965.

den Kräfte aus der Wirtschaft benutzten in ihrer Antwort fast alle eine interessante Metapher: „Wenn ich das tue, ist der Fahrstuhl an mir vorbeigefahren." In der Ministerialbürokratie bestand eine größere Bereitschaft, aber wenn es ernst wurde, war die auserwählte Person gerade jetzt unabkömmlich. Dagegen ist der Versuch bei Journalisten gelegentlich gelungen. Die Frankfurter Allgemeine und die Süddeutsche Zeitung waren bereit, einige hervorragende Redakteure für ein paar Monate freizustellen.

L: Schneidet die Rechtswissenschaft in einem so bewusst interdisziplinär ausgerichteten Zusammenhang gut oder schlecht ab?

G: Für die Rechtswissenschaft als Fach ist das schwer zu beurteilen. Auch wenn sich die Zahl der Rechtswissenschaftler während meines Rektorats leicht erhöht hat, bleibt sie insgesamt doch klein. Durchschnittlich werden es drei pro Jahr sein. Vornehmlich sind es Juristen, deren Arbeiten sich nicht in der Dogmatik eines bestimmten Rechtsgebiets erschöpfen und die auch mit anschlussfähigen Projekten kommen. Diejenigen welche eingeladen wurden, hatten gewöhnlich keine Mühe, die Aufmerksamkeit anderer Disziplinen zu gewinnen und sich in breitere Zusammenhänge zu integrieren. Die Schwerpunktgruppe, die ich im Jahr 2007/08 zum Thema „Constitutionalism beyond the nation state" zusammengestellt hatte, war schon in sich interdisziplinär orientiert.[374] Meine generelle Beobachtung ist, dass in rechtswissenschaftlichen Werken häufiger sozialwissenschaftliche Literatur zitiert wird als umgekehrt. Es bleibt eine Diskrepanz

[374] Aus der Arbeitsgruppe hervorgegangen ist der Band von *Petra Dobner/Martin Loughlin* (Hrsg.), The Twilight of Constitutionalism?, 2010.

zwischen der Bedeutung des Rechts für den Gegenstand der Soziologie, der Politologie, der Ökonomie, der Geschichte etc. und der Verwertung rechtswissenschaftlicher Literatur in diesen Disziplinen. Die Gründe wird man auf beiden Seiten suchen müssen.

L: Ich habe manchmal den Eindruck, dass der gesellschaftspolitische Einfluss der Rechtswissenschaft geringer geworden ist, als er, sagen wir, 1990 war. In DAX-Vorständen sitzen kaum noch Juristen. Das war 1990 anders. Sind nicht höherrangige gesellschaftliche Entscheidungsposten von Juristen abgewandert, häufig in die Wirtschaft, aber auch auf Felder, wo man es nicht vermuten würde? Ich kann es nicht wirklich belegen. Es ist mehr eine gespürte Wahrnehmung als eine empirisch nachgewiesene. Mich macht diese Entwicklung natürlich nicht froh, dass die Rechtswissenschaft nicht mehr die Rolle spielt, die sie früher gespielt hat. Auch dass wir als Rechtswissenschaftler häufig nur noch im Fahrwasser von Gerichten gesellschaftliche Aufmerksamkeit erhalten. Man ist dann als Wissenschaftler im Grunde genommen nur in der Prozessbegleitung oder in der Nachbereitung gefragt. Aber wenn es um genuine rechtswissenschaftliche Diskurse geht: Wer interessiert sich dafür noch außerhalb des Fachs?

G: Es fällt mir schwer, etwas gut Belegtes dazu zu sagen. Ihr Eindruck von Führungspositionen im Unternehmensbereich trifft sicher zu. Der diplomatische Dienst würde ihre Vermutung bestätigen, vielleicht sogar der verzweigte Bereich der öffentlichen Verwaltung insgesamt. Die Zeitschrift „Cicero" veröffentlicht in gewissen Abständen eine Liste der „500 wichtigsten Intellektuellen" auf einer rein quantitativen Erhebungsbasis.[375]

[375] Zuletzt Heft 1/2017.

Darunter finden sich meist zehn bis zwölf Juristen, fast ausnahmslos Öffentlichrechtler, aber deutlich mehr Ökonomen und Historiker. Andererseits haben wir aufgrund der überragenden Rolle des Bundesverfassungsgerichts im deutschen politischen System einen stark verrechtlichten politischen Diskurs. Die praktische und die publizistische Bedeutung der Verfassungsrechtler hat dadurch erheblich zugenommen. Es ist wahrscheinlich kein Zufall, dass die meisten Juristen der Cicero-Liste ehemalige oder derzeitige Verfassungsrichter sind. Ein Indiz für die Bedeutung ist sicher auch, dass die FAZ eine vierzehntäglich erscheinende Seite „Staat und Recht", der „Merkur" eine Rechtskolumne besitzt.

L: Wenn Sie in der *longue durée* – von Frankfurt bis Berlin – bestimmte Entwicklungen überblicken, gibt es markante Dinge, die Ihnen aufgefallen sind? Die Universität, an der Sie studiert haben, und die Universität, an der Sie am Ende gelehrt haben: Haben sich die Bedingungen sehr verändert? Haben sich die Studenten oder die Kollegen verändert? Was hat sich so in den fast 60 Jahren, die Sie überblicken, an der deutschen Universität im Bereich der Rechtswissenschaft geändert? Gäbe es da einige Faktoren, zum Guten oder zum Schlechten, die Ihnen wichtig wären?

G: Zur Universität im Allgemeinen möchte ich an das anknüpfen, was ich eben zum Bestreben mancher Funktionsbereiche, andere für ihre Interessen zu instrumentalisieren, gesagt habe. Die Wissenschaft droht Opfer solcher Versuche zu werden. Ich meine damit den von der Wirtschaft ausgehenden, vom Staat weitergeleiteten und von den Universitätsleitungen nicht genügend bekämpften Druck auf die Wissenschaft, ein unternehmerisches

Selbstverständnis zu entwickeln. Das Mittel, diesem Ansinnen Nachdruck zu verleihen, ist die Finanzierungsweise von Wissenschaft. Der Anteil der institutionellen Zuweisungen sinkt, während der Anteil projektabhängiger Zuweisungen wächst, die großenteils auf wettbewerblicher Basis vergeben werden. Damit wächst aber gleichzeitig die Gefahr, dass die Wahl der Forschungsziele von wissenschaftsfernen Gesichtspunkten gesteuert wird. Wer kommerziell nutzbares Wissen versprechen kann, hat bessere Chancen als die Grundlagenforschung und die kleinen Fächer. In dieselbe Richtung weisen individuelle Einkommensanreize, die nicht auf Qualität, sondern Quantität abstellen. Ich verkenne aber nicht, dass Deutschland durch das zwischen Staat und Wissenschaft geschaltete Stiftungswesen immer noch besser dasteht als viele andere europäische Länder.

Was nun speziell die Rechtswissenschaft angeht, sehe ich zwischen 1957, meinem Studienbeginn, und 2017 eine Reihe gravierender Veränderungen, die meist auf Veränderungen des sozialen Umfelds zurückgehen. Im Zuge der Vermehrung der Studentenzahlen und damit der Ausweitung und Neugründung von Universitäten ist auch die Rechtswissenschaft kräftig gewachsen. Die FU hatte in meinem Berliner Semester 1959/60 zwölf Lehrstühle. An allen drei meiner deutschen Universitäten gab es für die drei Hauptgebiete des Öffentlichen Rechts je eine Professur. Mit der Vermehrung des wissenschaftlichen Personals stieg auch die Spezialisierung. Das Lehrmaterial vervielfachte sich. Als Staatsrechtslehrbuch gab es in meiner Studienzeit praktisch nur den *Maunz*. Die Zeitschriften fächerten sich immer weiter aus. Zugleich verkürzten sich die Verfallszeiten, ein von mir so geschätzter Autor wie

Ulrich Scheuner[376] wird kaum noch zitiert. Die Spezialisierung verdankt sich aber nicht nur dem Wachstum des Wissenschaftssektors. Sie hat ihren Grund auch in der immer noch anhaltenden Entstehung neuer Rechtsgebiete, die sich ihrerseits aus dem Regelungsbedarf erklärt, den der wissenschaftlich-technische Fortschritt erzeugt. Das wird zum Problem für das Curriculum und auch für die traditionelle Staatsprüfung. Im Wesentlichen hat es dazu geführt, dass die dogmatischen Fächer auf Kosten der Grundlagenfächer ausgeweitet wurden. Das scheint mir aber unter den heutigen Bedingungen der falsche Weg zu sein.

Zu diesen Bedingungen gehört neben der Ausweitung und Spezialisierung auch die Internationalisierung. Rechtswissenschaft war lange eine nationale Wissenschaft. Das ist vorbei. Auch dem ist bisher nur zum Teil Rechnung getragen worden. Es wird erheblich mehr internationales Recht gelehrt als früher. Aber die Durchdringung und Überformung des nationalen Rechts mit internationalem Recht wird noch nicht genügend berücksichtigt. Vor allem aber erfordern die wachsende Fülle des Rechtsstoffs, die wachsende Beschleunigung von Rechtsänderungen und der wachsende Einfluss auswärtigen und übernationalen Rechts viel mehr Orientierungswissen als positive Rechtskenntnisse. Nicht dass ich gegen die Kenntnis des positiven Rechts wäre, aber die Schwierigkeiten juristischen Arbeitens bestehen heute eher darin, sich in einem immer unübersichtlicheren Feld zurechtzufinden, als sich die Kenntnis des positiven Rechts anzueignen.

---

[376] Ulrich Scheuner (1903–1981), Professor für Öffentliches Recht an den Universitäten Jena, Göttingen, Straßburg und Bonn.

Insbesondere macht die wachsende Internationalisierung vermehrt Kontextwissen nötig. Das spielte keine große Rolle, solange das Recht überwiegend nationales Recht war, weil man in dessen Kontext sozialisiert war und ihn immer mitdachte. Sobald man den Raum des nationalen Rechts verlässt, ist das aber nicht mehr der Fall. Das Kontextwissen muss explizit gemacht und vermittelt werden, weil selbst identische Rechtsnormen oder Rechtsinstitutionen in anderen Kontexten anders wirken. All das verweist auf die Grundlagenfächer, und deswegen habe ich mit Hilfe des Wissenschaftskollegs den Berliner Forschungsverbund „Recht im Kontext" ins Leben gerufen, den nun *Christoph Möllers* leitet. Deswegen begrüße ich auch die Empfehlungen des Wissenschaftsrates zum Rechtsstudium von 2012.[377] In der Juristenausbildung haben sie sich bisher aber noch nicht durchgesetzt.

Was nicht unerwähnt bleiben sollte, ist auch, wie männlich die Welt des Rechts und der Rechtswissenschaft war. Man kann das an den Namen ablesen, die in diesem Interview vorkommen. An keinem meiner fünf Studienorte gab es Jura-Professorinnen. Die erste im Öffentlichen Recht habilitierte Frau war wie schon erwähnt *Ilse Staff*; meine Assistentin *Gertrude Lübbe-Wolff* war die vierte, die beiden dazwischenliegenden hatten sich in der Schweiz habilitiert. Am Bundesverfassungsgericht gab es zwar von Anfang an eine Frau, *Erna Scheffler*,[378] aber es blieb auch lange bei einer einzigen Frau am Gericht. Ein Jahr bevor ich eintrat, kam eine zweite hinzu. Bei meinem Ausscheiden waren es fünf. Heute sind es nach einem zwischen-

---

[377] *Wissenschaftsrat*, Perspektiven der Rechtswissenschaft in Deutschland, 2012.

[378] Erna Scheffler (1893–1983), Richterin, 1951–1963 Richterin des Ersten Senats des Bundesverfassungsgerichts.

zeitlichen Rückgang sieben. In den USA, wo die Ausgangssituation nicht besser war – als erste Richterin am Supreme Court kam 1981 *Sandra Day O'Connor*[379] –, sind die Fortschritte an den Universitäten größer als bei uns. Ich denke nur an die Frauen der Yale Faculty.

R: Sie hatten gesagt, dass für Sie als Schüler die deutsch-deutsche Teilung ein wichtiges Thema war, das Sie besonders interessiert hat. Sie waren dann als Student in Berlin und sind nach Ihrer Zeit in Karlsruhe nach Berlin zurückgekommen. Hat es für Sie auch über das Wissenschaftskolleg hinaus eine Bedeutung, nun in der Hauptstadt des wiedervereinigten Landes zu sein?

G: Das Wissenschaftskolleg ist für mich ein wesentliches Stück Berlin. Es wäre nicht dasselbe, wenn es – im Übrigen unverändert – in Delmenhorst oder Greifswald stünde. Ich wäre aber auch ohne den Ruf an das Kolleg und die Humboldt-Universität nach Berlin gezogen. Da ich in Bielefeld nur noch drei Jahre bis zur Emeritierung vor mir hatte (in Berlin wurden es dann sechs, durchaus zu meiner Freude), erwog ich schon damals, meinen Hauptwohnsitz in Berlin zu nehmen. Dabei spielte der Umstand, dass Deutschland wiedervereinigt war und Berlin wieder Hauptstadt wurde, eine große Rolle. Ich weiß noch gut, wie glücklich ich war, als der Bundestagsbeschluss zugunsten von Berlin verkündet wurde. Ich nahm sogar an, dass die Politik in Berlin etwas urbaner und weniger selbstbezogen würde als in dem Treibhaus Bonn, wo die Politiker unter sich blieben. Was ich nicht voraussah, war, dass die mediale Beobachtung der Politik

---

[379] Sandra Day O'Connor (geb. 1930), Richterin, 1981–2006 Richterin am Supreme Court of the United States.

in einem Ausmaß zunehmen würde, das ihrem Bild in der Öffentlichkeit nicht gut tut.

L: Das Argument, dass Politik, die aus Berlin kommt, irgendwie weltläufiger ist als jene, die in Bonn gemacht wurde, habe ich nie verstanden. Der Abgeordnete ist unter den Menschen in seinem Wahlkreis. Die Vorstellung, dass er in Berlin irgendwie „näher dran" ist, setzt ja voraus, dass er sich im Wahlkreis nicht mehr blicken lässt und dass dieser politisch weniger relevant ist. Und das kann ja nicht richtig sein.

G: Wenn Sie einmal vergleichen, wie vielen Politikern Sie in Bayern begegnet sind oder wie viele ich in Bielefeld oder Karlsruhe zu Gesicht bekam und wie vielen Sie in Berlin über den Weg laufen, im Theater, im Konzert, in Ausstellungen, in den zahllosen Veranstaltungen, die alle möglichen Vereinigungen und Verbände in Berlin machen, selbst die großen Unternehmen, die ihren Sitz nicht wieder nach Berlin verlegt haben, aber hier aufwändige Repräsentanzen unterhalten, dann fällt das schon ins Gewicht.

L: Aber das war in Bonn nicht anders. Als ich in Bonn studierte, gab es natürlich unentwegt Einladungen, es kam der Minister zu Studentenverbindungen usw. Das ist einfach die Anwesenheit des Personals, das eben in Bonn oder in Berlin ist, das ist ja kein Privileg des Ortes, sondern der Zufall der Anwesenheit dieser Funktionsträger. Das Dilemma in Berlin ist meines Erachtens: Es sind so viele Beobachter da, dass die Politik sich nur noch beobachtet fühlt, während sie in Bonn mangels Beobachtern, es wird dann Treibhaus genannt, auf ihre Kernaufgabe fixiert blieb.

W: Herrn *Grimms* Hoffnung war ja gewesen, dass sie dann in diesem Milieu nicht nur zusammen „glucken", wie das wohl notwendigerweise in Bonn der Fall war, Stichwort *Koeppens* „Treibhaus",[380] sondern in dieser Stadt aufgesogen werden.

L: Für mich war eigentlich immer klar, dass der Umzug nach Berlin zu einer Verflachung der Politik führt, zu einer Beschleunigung. Es muss schneller entschieden werden, es bleibt weniger geheim. Der Kompromiss hat in Berlin erschwerte Bedingungen, denn der Kompromiss setzt das Hinterzimmer voraus und benötigt auch ein wenig Zeit. Diese Bedingungen sind in einer Stadt wie Berlin schwieriger zu erzielen als in Bonn. Die Vorstellung, dass sich das Ergebnis des politischen Prozesses durch den Umzug in irgendeiner Weise qualitativ verbessert, hatte ich nie.

G: Da sind Sie vorausschauender gewesen. Ich hatte natürlich gehofft, sie würden hier noch häufiger ins Museum gehen.

L: Ja, aber sie gehen doch zu Hause ins Museum.

G: Hier sind sie mit einem viel reicheren Angebot konfrontiert.

L: Wir können nicht ein Berliner Übermaß zur Repräsentationseintrittshürde nehmen. Das wäre auch völlig unföderal. Ist es nicht ein Strukturprinzip des Föderalismus, dass die Stadt, die die politischen Organe beherbergt, gerade nicht die größte Stadt ist? Das ist in der Schweiz so, in den USA, in Kanada, Brasilien oder auch Australien. Es ist halt dieser Fehler, die deutsche Geschichte borussisch wahrzunehmen, so dass man sich auf Berlin fixiert. Hi-

[380] *Wolfgang Koeppen*, Das Treibhaus. Roman, 1. Aufl. 1953.

storisch ist Berlin nicht die deutsche Hauptstadt. Erst 1871 wurde es mit Gewalt dazu gemacht.

R: Haben sich die Hoffnungen erfüllt, die Sie persönlich mit dem Umzug nach Berlin verbunden hatten?

G: Manchmal wenn ich durch Berlin fahre oder gehe, überkommt mich das Gefühl, ich sei dort angekommen, wo ich schon immer hin wollte. Das sollten Sie aber nicht mit ungeteilter Freude verwechseln. So sehr ich mich Berlin zugehörig fühle, so sehr leide ich auch unter Berlin. Ich leide unter viel architektonischer Mediokrität, dem mangelnden Empfinden für städtische Räume und Plätze. Wieviel Plätze gibt es schon, an denen das Auge bei einer Drehung um 360 Grad überall auf Gelungenes trifft? Es gibt einige, aber es gab vor dem Krieg viel mehr, wie man auf alten Photographien mit Trauer erkennt. Ich leide auch unter der Provinzialität der Hauptstadtpolitik. Aber die Kulturszene ist das Gegenteil von provinziell und auch die Gelassenheit der Berliner gegenüber allerlei Idiosynkrasien, die das Straßenbild zu bieten hat. Nein, ich wüsste nicht, welche deutsche Stadt ich Berlin vorziehen würde. Daran haben auch die zwei Halbjahre, die ich auf Einladung der Siemens-Stiftung in München verbringen konnte, nichts geändert.

XIII. Public Intellectual

W: Es gibt ja nur eine Handvoll von Verfassungsrichtern, die als öffentliche Gestalten wahrgenommen wurden: *Böckenförde*, *Paul Kirchhof*, *Di Fabio*[381], Sie. Man muss schon ein wenig nachdenken, wen man noch dazuzählt oder nicht.

G: *Hesse* zum Beispiel nicht.

W: Nein, *Hesse* nicht, *Hoffmann-Riem* auch nicht, als Richter jedenfalls nicht. Er ist ja außerhalb eines juristischen Diskurses weniger bekannt, obwohl er kurzzeitig Senator in Hamburg war. Wann wird einem die Stellung als „Public Intellectual" bewusst und was sind die Faktoren, die dazu führen? Früher gab es diese Sichtbarkeit bestimmter Verfassungsrichter nicht; später kommt das auf, aus welchen Gründen auch immer. Wie haben Sie das wahrgenommen?

G: Der Status des Verfassungsrichters erhöht die Aufmerksamkeit für das, was man sagt, beträchtlich. Er erhöht auch die Aufforderungen, etwas zu sagen, in Vorträgen, Zeitungsartikeln, Interviews. Das ist durchaus eine Versuchung. Man muss sorgfältig damit umgehen, im Amt sowieso, aber wenn das Interesse auch nach dem Amt anhält, ebenfalls. Ich vermeide es, mich zu Themen zu äu-

---

[381] Udo Di Fabio (geb. 1954), Professor für Öffentliches Recht an den Universitäten Münster, Trier, München und Bonn, 1999–2011 Richter des Zweiten Senats des Bundesverfassungsgerichts.

ßern, zu denen ich zwar eine Meinung, aber keine Kompetenz habe. In Zeiten, die ich noch erlebt habe, waren aber selbst mediale Auftritte im eigenen Kompetenzbereich für die wissenschaftliche Reputation nicht förderlich. Das hat sich geändert, es sei denn jemand wird nur noch als Fernseh-Professor wahrgenommen.

W: Wenn es zu penetrant wirkt, wird es auch heute noch als problematisch angesehen. Aber wohldosiert wird es positiv angenommen. In gewisser Weise gehört es ja auch zu dem Amt eines Hochschullehrers, auch die Öffentlichkeit über bestimmte Entwicklungen oder Ergebnisse zu informieren.

G: Es gibt sogar einen Preis, der wissenschaftliche Öffentlichkeitsarbeit honoriert, den Communicator-Preis. Ab wann man als ein „Public Intellectual" wahrgenommen wird, kann ich nicht sagen. Mit der Häufigkeit der Medienauftritte hat es offenbar nichts zu tun. Aber ohne Medienauftritte käme es wohl nicht dazu. Ich wurde erst hellhörig, als sich diese Bezeichnung bei Einführungen zu Vorträgen oder Podiumsdiskussionen häufte. Ich nahm es eher verwundert zur Kenntnis. Da es nun einmal so gekommen ist, bin ich aber auch nicht böse darüber. Es kam aber wohl erst nach dem Verfassungsgericht dazu. Ohne das Verfassungsgericht wäre es aber vielleicht gar nicht gekommen.

W: Ist das auch so eine Art Amerikanisierung?

G: Die Richter des amerikanischen Supreme Court sind nach meinem Eindruck mit öffentlichen Stellungnahmen, Zeitungsbeiträgen, Interviews viel sparsamer als deutsche Verfassungsrichter. Sie äußern sich aber bereitwillig in Universitäten. Neuerdings schreiben einige Bücher und stellen sich dann auch Diskussionen darüber, versuchen aber, die Fragen auf den Buchinhalt zu begrenzen. Die öffentliche Bekanntheit der Justices rührt daher, dass sie nicht anonym judizieren. Nahezu jeder Entscheidung geht ein *oral argument* voraus, und die Medien berichten, wer welche Fragen gestellt oder welche Bemerkungen gemacht hat. Sie berichten auch, seit wieviel Jahren Justice *Thomas*[382] keine Frage gestellt hat. Die Urteile geben anders als in Deutschland zu erkennen, wer welcher Ansicht war. Die unterlegenen Richter, aber auch diejenigen, welche zwar das Ergebnis teilen, aber nicht alle Begründungsschritte befürworten, fühlen sich verpflichtet, das in *separate opinions* mitzuteilen. Der Stil, in dem das geschieht, ist zudem weniger dogmatisch als in Deutschland. Justice *Scalia* mit seinen sarkastischen, bisweilen schon verletzenden *dissenting opinions* war eine Berühmtheit im Land.

L: Sind die Universitäten noch Instanzen gesellschaftlicher Diskurse? Vielleicht habe ich ein illusionäres Bild der Vergangenheit. Sind nicht früher mehr gesamtgesellschaftliche Entwicklungen durch Universitäten angestoßen worden und an Universitäten auch reflektiert worden? Vielleicht fragen wir uns, wo noch ein gesamtgesellschaftlicher Diskurs stattfindet – an den Universitäten ersichtlich nicht mehr. Vielleicht ist das überhaupt ein Problem der Gesellschaft, dass die gruppenübergreifenden Diskurse abnehmen zugunsten von Partikulardiskursen, die zu selten zueinander finden. Dann wird ein Verfassungsgerichtsverfahren am Ende zu einem für die Gesellschaft

---

[382] Clarence Thomas (geb. 1948), Richter, 1990–1991 Richter am United States Court of Appeals for the District of Columbia Circuit, seit 1991 Richter am Supreme Court of the United States.

wichtigen Integrationsfaktor, weil Repräsentationsverzerrungen oder Repräsentationsdefizite durch gerichtliche Prozesse wieder ausgeglichen werden. Wo sonst in der Gesellschaft haben wir noch Instanzen, in denen solche Diskurse stattfinden? Die Kirchen und die Parteien schwächeln. Die Rolle der intermediären Verbände wie Gewerkschaften hat nachgelassen. Und die Universitäten erfüllen auch nicht mehr diese gesellschaftliche Artikulation wie früher. Oder ist das eine idealisierende Betrachtung der Hochschulen?

G: Jemand, dem das gelang, war *Frank Schirrmacher*, der Herausgeber der FAZ.[383] Es wäre interessant zu wissen, ob der Anstoß für die erfolgreich in Gang gesetzten Diskussionen aus der Universität kam oder ob die Themen seine Entdeckungen waren. Auch Verfassungsgerichtsentscheidungen können gesamtgesellschaftliche Diskussionen in Gang setzen. Über das Kruzifix haben wir schon in anderen Zusammenhängen gesprochen. Das Kopftuch ist ein weiteres Beispiel, auch die Frage welche Mittel der Terrorismusbekämpfung zulässig sind und welche nicht. *von Schirachs* viel gespieltes Theaterstück „Terror" nimmt unmittelbar das Urteil des Bundesverfassungsgerichts zum Luftsicherheitsgesetz auf.[384] Zur Frage, welche Rolle die Universität spielt, traue ich mir aber kein allgemeines Urteil zu. Ich will jedoch auf ein paar Debatten hinweisen, die von der Universität (oder auch außeruniversitären Forschungseinrichtungen) in die Gesellschaft ausgegriffen haben. Sie kommen mir spontan in den Sinn. Der Hi-

---

[383] Frank Schirrmacher (1959–2014), Journalist, 1994–2014 Herausgeber der Frankfurter Allgemeinen Zeitung.

[384] BVerfG, Urteil des Ersten Senats vom 15. Februar 2006, Az.: 1 BvR 357/05, BVerfGE 115, 118.

storikerstreit ist ein Beispiel. Hier ging es darum, ob die Zeit reif für eine Historisierung des Nationalsozialismus sei. Die Gesellschaft hat das vor 30 Jahren abgewiesen. Das berühmte *Böckenförde*-Diktum[385] ist ein Standardtopos in allen Diskussionen um die Integration der Gesellschaft geworden. Vielleicht liegen Ihnen diese Beispiele zu weit zurück. Aus jüngerer Zeit könnte man an die Diskussion über Willensfreiheit, ausgelöst durch die Erkenntnisse der Hirnforschung, denken. Der Plagiatsstreit hätte der Universität nachhaltig schaden können, wenn er zugunsten der Bundeskanzlerin ausgegangen wäre („Ich habe ja keinen wissenschaftlichen Mitarbeiter engagiert"). Die gesellschaftliche Diskussion hat das verhindert. Schließlich: Die Frage nach der Finalität der europäischen Integration wird immer wieder in der Wissenschaft aufgeworfen, die Politik weicht ihr aus.

L: Sind nach Ihrem Eindruck die Studenten unpolitischer geworden?

G: Die Klage hat es mit Ausnahme von „68" dauernd gegeben.

L: Da waren sie zu politisch.

G: Da waren sie zu politisch, ja.

R: Als ehemaliger Verfassungsrichter hat man nicht nur eine hohe öffentliche Aufmerksamkeit, sondern erhält si-

---

[385] Zur Erläuterung: Gemeint ist folgende vielzitierte Sentenz: „Der freiheitliche, säkularisierte Staat lebt von Voraussetzungen, die er selbst nicht garantieren kann. Das ist das große Wagnis, das er, um der Freiheit willen, eingegangen ist.", in: *Ernst-Wolfgang Böckenförde*, Die Entstehung des Staates als Vorgang der Säkularisation, in: Säkularisation und Utopie. Ebracher Studien, Ernst Forsthoff zum 65. Geburtstag, 1967, S. 75 (93) (Nd. in *Ernst-Wolfgang Böckenförde*, Recht, Staat, Freiheit, 1991, S. 92 (112)).

cherlich auch zahlreiche Angebote für Tätigkeiten – nicht nur als Public Intellectual, sondern auch darüber hinaus. Sie waren zum Beispiel neben Ihrer Tätigkeit am Wissenschaftskolleg für einige Jahre im ZDF-Verwaltungsrat. Welche Erfahrungen haben Sie dort gemacht und nach welchen Kriterien haben Sie zwischen den verschiedenen Angeboten ausgewählt?

G: Als ich 2002 gebeten wurde, in den Verwaltungsrat des ZDF einzutreten, hatte der Sender gerade die quälend lange Auseinandersetzung um die Nachfolge des langjährigen ZDF-Intendanten *Stolte*[386] hinter sich. *Wolfgang Clement*, der als nordrhein-westfälischer Ministerpräsident Mitglied des Verwaltungsrats war,[387] zog daraus den Schluss, dass der parteipolitische Einfluss in den Gremien des ZDF verringert werden müsse, und erklärte sich bereit, seinen Sitz im Verwaltungsrat einer unabhängigen, aber sachkundigen Person zu überlassen.[388] Ich hatte den Parteieneinfluss im öffentlich-rechtlichen Rundfunk schon lange vor der Karlsruher Zeit kritisiert und ergriff deswegen gern die Gelegenheit, ihn ein wenig einzudämmen. Ich hatte *Clement* allerdings mitgeteilt, dass ich nicht bereit sei, in den Freundeskreis der SPD im Verwaltungsrat einzutreten, freilich auch nicht in den der CDU.

[386] Dieter Stolte (geb. 1934), Journalist, 1982–2002 Intendant des ZDF.

[387] Wolfgang Clement (geb. 1940), Politiker, 1998–2002 Ministerpräsident des Landes Nordrhein-Westfalen, 2002–2005 Bundesminister für Wirtschaft und Arbeit.

[388] Der Verwaltungsrat des ZDF setzt sich aus fünf Vertretern der Länder, einem Vertreter des Bundes und acht vom Fernsehrat gewählten Mitgliedern zusammen. Die Ländersitze wurden typischerweise von Ministerpräsidenten eingenommen. Auch bei der Wahl von Mitgliedern durch den Fernsehrat spielt der Parteienproporz eine Rolle.

Darüber musste Klarheit herrschen, denn es war üblich, dass jedes Verwaltungsratsmitglied einem der beiden Freundeskreise angehörte. Die Freundeskreise trafen sich jeweils eine Stunde vor der Sitzung des Verwaltungsrats, der CDU-Freundeskreis in Anwesenheit des Intendanten, der SPD-Freundeskreis in Anwesenheit des Verwaltungsdirektors. Dort verständigte man sich über die Haltung zu den Tagesordnungspunkten der Sitzung. Der frühere Intendant *Stolte* hatte mir gesagt, es sei ein Fehler, dem Freundeskreis fernzubleiben, weil man dann nicht an den Informationen teilhätte, die dort auf den Tisch kämen. Ich fand dagegen, dass ich meine Funktion als unabhängiges Mitglied nur erfüllen könne, wenn ich in keine parteipolitische Gruppenloyalität eingebunden sei. *Clement* nahm das hin und ebenso der andere SPD-Ministerpräsident *Kurt Beck*, der Vorsitzende des Verwaltungsrats.[389]

Nun enthielten die Tagesordnungspunkte während meiner Zugehörigkeit zum Verwaltungsrat wenig parteipolitischen Zündstoff. Die Intendantenwahl war vorüber, als ich eintrat; die Causa *Brender*[390] stand noch bevor, als ich ausschied. Es gab auch keine Entscheidung, bei der das Ergebnis von meiner Stimme abhängig gewesen wäre. Es gab eigentlich nur eine tiefere Auseinandersetzung, in die ich involviert war: Die Ministerpräsidenten waren bei der Festsetzung der Rundfunkgebühr im Jahr 2004 nicht der

389 Kurt Beck (geb. 1949), Politiker, 1994–2013 Ministerpräsident des Landes Rheinland-Pfalz, 2006–2008 Bundesvorsitzender der SPD.

390 Nikolaus Brender (geb. 1949), Journalist, 2000–2010 Chefredakteur des ZDF. Der ZDF-Verwaltungsrat verweigerte die Verlängerung seines Vertrages. Der Konflikt wurde zum Anlass für die verfassungsrechtliche Überprüfung der Gremien-Struktur im ZDF, vgl. BVerfG, Urteil des Ersten Senats vom 25. März 2014, Az.: 1 BvF 1, 4/11, BVerfGE 136, 9.

Empfehlung der KEF gefolgt, wozu sie das Rundfunkgebühren-Urteil von 1994[391] verpflichtete, wenn nicht schwerwiegende Gründe dagegen standen. Daran fehlte es hier, man wollte einfach keine Gebührenerhöhung, weil das immer für Unmut im Publikum sorgt. Die ARD-Anstalten legten Verfassungsbeschwerde gegen den Gebühren-Staatsvertrag von 2004 ein, und die Frage war, ob das ZDF sich dem anschließen solle. Das konnte der Intendant allein entscheiden, er bedurfte dazu keiner Zustimmung des Verwaltungsrats, aber die Frage kam im Verwaltungsrat zur Sprache. Ich sagte in der Sitzung, niemand könne vorhersagen, wie das Gericht entscheiden werde, auch ich nicht, aber wenn es an dem ersten Gebühren-Urteil festhalte, werde die ARD gewinnen. Der Gebühren-Staatsvertrag sei eindeutig und für jedermann erkennbar mit den Anforderungen des Urteils unvereinbar. Da herrschte ein längeres, betretenes Schweigen, das schließlich der hessische Ministerpräsident *Koch*[392] brach, um beredt zu erklären, warum die Ministerpräsidenten überhaupt nichts zu befürchten hätten. Sie waren dann in Karlsruhe ohne Chance.[393]

Dieser Konflikt war aber nicht der Grund dafür, dass ich meinen Sitz im Verwaltungsrat nach fünf Jahren wieder verlor. *Clement* hatte auf seinen Platz in der Erwartung verzichtet, sein Schritt würde die CDU unter Zugzwang setzen, so dass auch sie bereit wäre, einen Ministerpräsidenten-Platz für ein neutrales Mitglied zu räu-

---

[391] BVerfG, Urteil des Ersten Senats vom 22. Februar 1994, Az.: 1 BvL 30/88, BVerfGE 90, 60.

[392] Roland Koch (geb. 1958), Politiker, 1998–2010 Ministerpräsident des Landes Hessen.

[393] BVerfG, Urteil des Ersten Senats vom 11. September 2007, Az.: 1 BvR 2270/05, 809, 830/06, BVerfGE 119, 181.

men. Die CDU dachte aber gar nicht daran, und so war mir klar, dass in der neuen Wahlperiode wieder ein SPD-Ministerpräsident auf meinem Platz sitzen würde.

Generell haben Sie aber recht, dass der Status eines ehemaligen Verfassungsrichters und ein gewisser Bekanntheitsgrad in der Öffentlichkeit die Begehrlichkeit von allerlei Einrichtungen oder Vereinigungen wecken. Was ich rundheraus ablehnte, waren Beratungen, Gutachten oder gar Prozessvertretungen im Zusammenhang mit verfassungsgerichtlichen Verfahren. Keine Scheu hatte ich dagegen, wenn es um die Mitarbeit in den Gremien wissenschaftlicher oder wissenschaftsnaher Einrichtungen ging, sofern ich entweder eine Beziehung zu der Institution oder zu der Thematik hatte. Nur als Beispiel: das Kuratorium meines alten Frankfurter Max-Planck-Instituts, die Jury für den Niklas Luhmann-Preis meiner früheren Universität Bielefeld, der Stiftungsrat der Stiftung Wissenschaft und Politik, der wissenschaftliche Beirat des Wissenschaftszentrums Berlin (WZB) oder des Bonner Max-Planck-Instituts für die Gemeinschaftsgüter. Damit ist ja auch immer ein Gewinn verbunden. Man wird mit Forschungsrichtungen und -methoden konfrontiert, die dann wieder der eigenen Arbeit zugutekommen.

XIV. Vom Außenseiter ins Zentrum der Staatsrechtslehre

W: Lassen Sie uns noch einmal einen Bogen zurück zum Anfang unseres Interviews schlagen. Die Stationen Ihres Lebens können mit den Orten Kassel, Frankfurt, Paris, Harvard, Bielefeld, Karlsruhe, Yale und Berlin bezeichnet werden. Die Orte stehen für Inhalte, die durch die Umgebung zumindest mitbeeinflusst werden. Wie sehr haben die verschiedenen Orte Ihre Biographie geprägt? Mein akademischer Lehrer sagte einmal, Stil und Klima einer Fakultät bestimme sich nach dem Ort – nicht nach den konkreten Personen, da die Mitglieder aus allen Ecken des Landes stammen und stets wechseln.

G: Yale könnte ein Beispiel für diese These sein. Dass dort der Diskurs innerhalb der Fakultät so besonders intensiv ist, hängt vielleicht auch mit der Reizlosigkeit von New Haven zusammen. Man ist auf die Universität zurückgeworfen. In New York oder Boston wäre das ganz anders. Da haben die Städte unabhängig von der Universität viel zu bieten. Aber trotz der Nähe zu New York wohnt kaum ein Yale-Kollege in Manhattan.

Aber nun die Frage: Wäre ich ein anderer, wenn ich statt in Frankfurt, sagen wir, in Erlangen studiert und die ersten beruflichen Schritte getan hätte? Wäre man ein anderer, wenn die Begegnung mit Amerika nicht in Harvard und Yale, sondern in Idaho und Texas stattgefunden hätte? Ja, das ist anzunehmen. In Erlangen wäre vermutlich „1968“ ein Nachrichtenereignis geblieben, in Frankfurt war es zeitweilig eine tägliche Herausforderung. Wer Amerika in Gestalt seiner berühmten Ostküsten-Universitäten erlebt, weiß zwar, dass dies nicht das ganze Amerika ist, sondern dass es auch andere Amerikas gibt, den Mittleren Westen, die Südstaaten. Man weiß es, aber es ist ein abstraktes Wissen ohne Anschauung.

Nimmt man die „Lehr- und Wanderjahre“, die in Ihrer Ortskette bis Harvard reichen, dann lässt sich diese Kette vor allem als eine schrittweise Horizonterweiterung deuten: von der Provinzstadt Kassel, deren Provinzialität man aber erst erkennt, nachdem man sie verlassen hat, in eine deutsche Metropole, zeitweise sogar einen Brennpunkt: Frankfurt; von dort in eine europäische Metropole und Weltattraktion: Paris, ein Nachbar und doch ein fremdes Land. Und schließlich fort zu einem anderen Kontinent, der damals auch noch viel weiter weg war als heute, nämlich sieben Tage, so lange dauerte die Schiffsreise von Bremen nach New York. Und so teuer war das Telefonieren, dass es nur ein einziges Telefongespräch mit meinen Eltern gab (die dafür zu Nachbarn gingen, denn wir hatten damals noch kein Telefon), nämlich an Weihnachten, und das war so überwältigend, dass wir die kostbaren Minuten mit Nichtigkeiten vergeudeten.

Was die Kette der beruflichen Wohnsitze betrifft, so ist die Bedeutung von Bielefeld und Yale wohl schon deutlich geworden in diesem Gespräch. Beides waren Orte der wissenschaftlichen Erweiterung und Vertiefung. Auch der Umstand, dass ich an der Humboldt-Universität seit meiner Emeritierung vorwiegend verfassungsvergleichende Seminare anbiete, wäre ohne den Unterricht in Yale wohl nicht erfolgt. Eines Tages sagte ich mir: Wenn der Verfassungsvergleich für amerikanische Studenten so attraktiv ist, warum nicht auch für die Berliner?

R: Das sehen viele Berliner Studierende und Assistenten genauso. Ihre Seminare sind ja bis heute bei Studierenden stark nachgefragt und haben auch darüber hinaus einen großen Kreis regelmäßiger Teilnehmer. Wenn Sie die Kette Ihrer Tätigkeitsorte fortsetzen: Was sind für Sie die Charakteristika von Karlsruhe und Berlin?

G: Berlin unterscheidet sich von allen anderen genannten Orten vor allem dadurch, dass die Kontakte nicht so einseitig studien- und berufsgeprägt sind, sondern sich viel weiter ausfächern, ins Kulturelle und Politische vor allem. Das hat mehrere Ursachen: Es hängt zum Beispiel mit dem Einzugsradius des Wissenschaftskollegs zusammen, das für seine Abendveranstaltungen, die ja nicht nur wissenschaftlicher, sondern auch künstlerischer Art sind (jedes Jahr gibt es einige Fellows aus dem Bereich der Kunst, Schriftsteller, Komponisten etc.), ein interessiertes Stadtpublikum anzieht. Andere Veranstaltungsplätze, die wiederum ein anderes Publikum haben, spielen eine Rolle: die American Academy, die Katholische Akademie, das Literarische Kolloquium, die Medien- und Verlagshäuser. Es hängt mit der Mittwochsgesellschaft zusammen, die von der *Gräfin Dönhoff*[394] ins Leben gerufen und von *Richard von Weizsäcker*[395] fortgeführt wurde, mit *Helmut Schmidt*[396] als regelmäßigem Teilnehmer bis kurz

[394] Marion Gräfin Dönhoff (1909–2002), Chefredakteurin und Mitherausgeberin der Wochenzeitung Die ZEIT.

[395] Richard von Weizsäcker (1920–2015), Politiker, 1981–1984 Regierender Bürgermeister von Berlin,1984–1994 Bundespräsident.

[396] Helmut Schmidt (1918–2015), Politiker, 1969–1972 Bundesminister der Verteidigung, 1972–1974 Bundesminister der Finanzen, 1974–1982 Bundeskanzler.

vor seinem Tod. Sie ist seit 1996 ein Zirkel regelmäßigen Gedankenaustauschs zwischen Personen aus Politik, Wirtschaft, Wissenschaft und Kultur, der anfangs sogar – es war der Wunsch der Gräfin – seine Gespräche veröffentlichte.[397] Es hängt mit dem Regierungssitz zusammen. Er hat nicht nur Freunde und Bekannte aus früheren Bezügen nach Berlin geführt, *Brigitte Zypries* zum Beispiel, auch eine Kasselanerin. Man sollte auch nicht die Bedeutung der räumlichen Nähe für die Politikkontakte unterschätzen. So wie früher die Bonner Kollegen schnell für eine Auskunft, ein Gespräch zur Verfügung standen, sind es heute die Berliner. Herr *Waldhoff*, Sie können das aus eigenem Erleben bestätigen, *Christoph Möllers* könnte es bestätigen und zahlreiche andere, nicht nur Juristen.

W: Und Karlsruhe?

G: Wie kann ich ausdrücken, dass Karlsruhe für mich gleichbedeutend mit dem Höhepunkt meines beruflichen Weges ist, ohne gleichzeitig die anderen Stationen, vor allem diejenigen, welche auf Karlsruhe folgten, herabzustufen? So ist das nicht gemeint, denn ich habe mich nie von der Universität weggesehnt, und wenn ich etwas vermisse, dann ist es die Bühne der großen Vorlesung. Ich kenne ihren begrenzten pädagogischen Wert, ich kenne aber auch ihre Unverzichtbarkeit. Das Gericht war ja auch eine Bühne, die sogar mit Kostümen bespielt wurde, aber doch nicht der Platz rhetorischer Entfaltung und in guten Momenten der Begeisterung junger Menschen, denn der Richter sitzt fest auf seinem Stuhl, hört und fragt nur. Aber ich denke manchmal, dass ich zu diesem Amt besonders gut passte oder das Amt zu mir, wenn man das so

[397] *Marion Gräfin Dönhoff* (Hrsg.), Die neue Mittwochsgesellschaft, Band I 1998, Band II 1999, Band III 2000.

ausdrücken kann. Je näher das Ende der Amtszeit rückte, desto betrübter wurde ich, bei vollem Einverständnis mit der Regel, dass sie auf zwölf Jahre limitiert ist. Die Zugabe von fast sechs Monaten versöhnte mich aber mit dem Abschied. Mit dem Gericht ist es übrigens wie mit Harvard. Es ist ein Sehnsuchtsort, mit dem Unterschied, dass man nach Harvard als Professor zurückkehren kann, aber nach Karlsruhe nicht als Richter. Nur im Traum gelingt das, und in der Tat träume ich von Zeit zu Zeit, ich säße wieder dort, bearbeitete Akten, diskutierte im Beratungszimmer oder nähme an der mündlichen Verhandlung teil, und weiß doch noch im Traum, nicht erst beim Aufwachen: Es kann ja nicht sein.

Karlsruhe war aber auch ein Lebensraum, überschaubar, frei von Hektik, dem Genießen nicht abgeneigt, in der Stadt selbst und im Umkreis mit guten Restaurants gesegnet. In keiner der anderen Städte und von keiner anderen Stadt aus bin ich so viel spazieren gegangen (wandern wäre übertrieben), im Schlosspark, im Bannwald, am Turmberg, am Rhein, im Schwarzwald, in der Pfalz, im Elsass – alles mühelos in kurzer Zeit erreichbar. Natürlich herrschten in Karlsruhe die berufsbezogenen Kontakte vor, aber es war nicht so, dass ich in einer Juristenblase lebte. Dafür sorgten vor allem meine Nachbarn in der Bachstraße 24, das Ehepaar *Hermann* und *Sigrid Plambeck*. Sie brachten mich mit dem Karlsruher Bildungsbürgertum zusammen, das *Sloterdijks*[398] Vorlesungen besuchte und mit der Karlsruher Künstlerszene verkehrte. *Horst Antes*[399] war zum Beispiel ein häufiger Gast bei mei-

[398] Peter Sloterdijk (geb. 1947), Professor für Philosophie und Ästhetik an der Staatlichen Hochschule für Gestaltung in Karlsruhe, 2001–2015 Rektor dieser Hochschule.

[399] Horst Antes (geb. 1936), Professor für Malerei an der staatli-

nen Hausbewohnern (und bestand keineswegs nur aus Kopf und Beinen). Bildungsbürgertum klingt vielleicht etwas idyllisch. Aber aus Karlsruher bürgerlichen Häusern waren nicht wenige der RAF-Mitglieder hervorgegangen.

Eine Stadt fehlt in Ihrer Aufzählung, Herr *Waldhoff*, aber ohne Ihr Verschulden, denn sie kam nur einmal am Rande vor und gehört auch eher in eine persönliche als in eine wissenschaftliche Biographie. Aber doch nicht ganz. Es ist Wien. Denn in nahezu 15 Ehejahren hatte ich einen doppelten Wohnsitz: Frankfurt, später Bielefeld und eben Wien. Meine Frau war ja Assistentin und dann Professorin an der Wiener Juristischen Fakultät,[400] und unser Traum einer Berufung an ein und dieselbe Universität erfüllte sich nie. Wir pendelten regelmäßig und abwechselnd. Mit Wien ging es mir ähnlich wie mit Berlin. Ich kannte es schon, ehe ich erstmals hinkam. Ich hatte *Doderers* reiches Romanpersonal auf seinen sich ständig kreuzenden Wegen mithilfe eines Wiener Stadtplans verfolgt und war mit der Porzellangasse völlig vertraut, ehe ich meine Frau dort oft von ihren Ballettstunden abholte.

Wien bildete einen starken Kontrast zu Deutschland. Auch an Wien war der Zweite Weltkrieg nicht spurlos vorübergegangen, aber man merkte es der Stadt nicht mehr an. Der architektonische Bruch mit der Vergangenheit, den viele deutsche Städte radikal vollzogen hatten, Kassel und Frankfurt besonders, hatte in Wien nicht stattgefunden. Es war für mich ein anhaltendes Vergnügen, Wien zu erkunden. Die Gespräche beim Heurigen in Grinzing

---

chen Akademie der Bildenden Künste Karlsruhe. Er ist unter anderem bekannt für die „Kopffüßler" (nur aus Kopf und Beinen bestehende Kunstfiguren).

[400] Siehe oben Fn. 131.

liebte ich. Auch die Gesellschaft war durch den Krieg weniger durcheinander gewirbelt als in Deutschland. Für Wien bedeutet 1918 den größeren Bruch als 1945, von einem Imperium zu einem Kleinstaat, dessen Hauptstadt ihren Bewohnern aber den alten Rang und damit den aktuellen Verlust dauernd vor Augen führte. Das gesellschaftliche Oben und Unten war weitaus stärker ausgeprägt als in Deutschland. Wo man wohnte, wo man verkehrte, selbst wo man kaufte, war durch unsichtbare Standesgrenzen bestimmt. Aber Selbsteinschätzung und Wirklichkeit fielen oft auseinander, es gab viel Hypokrisie. Nicht umsonst, fand ich, war die österreichische Literatur viel bitterer und böser als die deutsche. *Thomas Bernhardt* stand dabei keineswegs allein.

Wäre ein Ruf an die Wiener Universität erfolgt, hätte ich ihn aus familiären Gründen gewiss angenommen, doch nicht mit ungeteilter Freude. Auch an der Universität, die ich ja nun durch meine Frau hinreichend kannte, gab es hinter Schleiern ausgesuchter Höflichkeit viel Neid und Ränke. Die Besorgnis war freilich eine rein hypothetische, denn ein Ruf nach Wien lag außerhalb des Erwartbaren. Als Öffentlichrechtler musste man damals in Wien noch Kelsenianer sein, und eine Rechtswissenschaft, die sich auf Kooperation mit den Sozialwissenschaften einließ, diskreditierte sich dort selbst. Ich hatte in dieser Zeit durchaus gute Freunde an der Wiener Universität, allen voran den Rechtsphilosophen *Gerhard Luf*[401], aber im Ganzen war ich wohl das Gegenbild dessen, was man sich in Wien auf einer öffentlich-rechtlichen Lehrkanzel gewünscht hätte.

[401] Gerhard Luf (geb. 1943), Professor für Rechtsphilosophie an der Universität Wien.

L: Sie haben eine ungewöhnlich vielfältige Bandbreite an Themen bearbeitet. Sieht man sich heute eine durchschnittliche Literaturliste eines Öffentlichrechtlers an, würde man Ihre Themen in der Ballung und Stetigkeit so kaum mehr vorfinden. Etwa diese Beschäftigung mit der Beziehung Öffentliches Recht-Privatrecht einschließlich der Begründung des Verfassungsgedankens mit dem Privatrecht. Das sind Fragestellungen, für die Sie sehr bekannt geworden sind, spezifisch „Grimm'sche Perspektiven". Für mich – ich weiß nicht, inwieweit ich hier repräsentativ bin – waren das augenöffnende Texte, auch was Sie zum bürgerlichen Sozialmodell geschrieben haben. Wer hat so etwas außer Ihnen geschrieben?

W: Ich möchte noch zuspitzen, bitte mich aber nicht falsch zu verstehen. Öffentlich-rechtlich betrachtet waren Sie bis 1987 ein Außenseiter der Zunft der Staatsrechtler.

G: So ist es.

W: Und ab 1987 stehen Sie dann im Zentrum des Interesses. In der Vor-Karlsruhe-Phase haben Sie intra- und interdisziplinär gearbeitet, nach 1987 notwendigerweise dogmatisch.

G: Wie erklärt sich dieser Weg? Die historischen Interessen waren vorhanden, hätten sich aber wohl nicht so ausgeprägt ohne das MPI, das mir zufiel und in das ich mich eingliedern musste, freilich unter Wahrung meiner öffentlich-rechtlichen Ambitionen. Das hat thematisch in dem Verhältnis von Verfassung und Privatrecht, methodologisch in der Frage nach den Entstehungsbedingungen rechtlicher Phänomene und ihrer Entwicklung unter veränderten Verhältnissen Ausdruck gefunden. Das war freilich dogmatisch unmittelbar anschlussfähig. Auch in dogmatischer Absicht frage ich ja nach den Entstehungsbedingungen einer Norm oder Institution, nach dem inzwischen eingetretenen sozialen Wandel und den Folgen für die Interpretation in der Gegenwart. Dieser Dreischritt ist mir gewissermaßen zur zweiten Natur geworden.

Nun hat man bei allen Zufälligkeiten, die in solchen Karrierewegen obwalten, vermutlich doch Selektionskriterien, die für eine gewisse Konsistenz sorgen. Ich war jedenfalls beim Zusammenstellen des Bandes „Recht und Staat der bürgerlichen Gesellschaft“[402] erstaunt, wie geschlossen er doch war, kein mühsam unter einen möglichst nichtssagenden Titel gebrachtes Sammelsurium. Aber dann kam der öffentlich-rechtliche Lehrstuhl mit der Verpflichtung, die Studenten auch im Gebrauch des Handwerkszeugs zu schulen. Schon damit, nicht erst mit dem Gericht, schob sich die Verfassungsdogmatik stärker nach vorn, aber es ging mir um eine Dogmatik, die um die Sinnfrage angereichert war. Nur diese Frage bewahrt einen ja davor, Überkommenes schematisch zu reproduzieren. Die anderen Disziplinen, die historische wegen der Entstehungsbedingungen, die sozialwissenschaftliche wegen der Anwendungsbedingungen in der Gegenwart, blieben also präsent. Die lange Zeit im MPI zahlte sich jetzt dogmatisch aus.

Ich versuchte dann, dieses Wissen für die juristischen Stoffe fruchtbar zu machen. Die Arbeit, in der das erstmals ausgiebig geschah und die mir auch die Aufmerksamkeit der Öffentlichrechtler gesichert hat, war ein Aufsatz im „Archiv des Öffentlichen Rechts“.

---

[402] *Dieter Grimm*, Recht und Staat der bürgerlichen Gesellschaft, 1987.

W: Im Jahr 1972: „Verfassungsfunktion und Grundgesetzreform".[403]

G: Auch dabei waren wieder Zufälle im Spiel. Ich besuchte Freunde in Göttingen, *Helga* und *Wolfgang Carl.*[404] *Wolfgang Carls* Bruder hatte gerade sein juristisches Staatsexamen bestanden, und die beiden nahmen mich mit auf die Examensfeier. Dort war auch *Peter Badura*, damals junger Göttinger Professor. Mit ihm kam ich ins Gespräch. Es stand gerade die Einsetzung der Enquete-Kommission Verfassungsreform bevor.[405] Wir sprachen darüber, und ich wies darauf hin, dass man ein solches Unterfangen nicht ohne klaren Blick für das Leistungsvermögen der Verfassung und nicht ohne Kenntnis der Wirkungsbedingungen von Reformen angehen könne, zu denen die Politikwissenschaft etwas beizutragen habe. „Wollen Sie darüber nicht einen AöR-Aufsatz schreiben?", fragte er. Das Angebot nahm ich natürlich freudig an. Der Aufsatz wurde recht lang, so dass *Badura* vorschlug, ihn auf zwei AöR-Hefte zu verteilen.

W: Der Beitrag ist noch heute sehr interessant und der erste Teil auch wieder abgedruckt in Ihrer „Die Zukunft der Verfassung".[406]

---

[403] *Dieter Grimm,* Verfassungsfunktion und Grundgesetzreform, AöR 97 (1972), S. 489 (wieder abgedruckt in: *Dieter Grimm*, Die Zukunft der Verfassung, 1991, S. 313); zweiter Teil: Notwendigkeit und Chance von Grundgesetzreformen, AöR 97 (1972), S. 508.

[404] Wolfgang Carl (geb. 1941), Professor für Philosophie an der Universität Göttingen; Helga Carl (geb. 1940), Kunsthistorikerin in Florenz.

[405] Fragen der Verfassungsreform. Zwischenbericht der Enquete-Kommission des Deutschen Bundestages, 1973; Beratungen und Empfehlungen zur Verfassungsreform, 2 Bde., 1976.

[406] *Dieter Grimm*, Die Zukunft der Verfassung, 1991.

G: Der Aufsatz beginnt mit den Worten: „Die Reform des Grundgesetzes lässt sich sinnvoll erst erörtern, wenn zwei Vorfragen beantwortet sind. Es handelt sich um die Fragen, was Verfassungen sollen und was Verfassungen können." Ich stellte dann fest, dass die Vorbedingungen für eine solchermaßen fundierte Reformdiskussion nur unzureichend erfüllt seien. Es fehle an einer Verfassungstheorie. Dazu folgen dann Ausführungen unter Auswertung der verfassungsrechtlichen und sozialwissenschaftlichen Literatur. Der zweite Teil setzte sich mit den wichtigsten Reformthemen und -vorschlägen auseinander und prüfte sie auf ihre Eignung zur Zweckerreichung. So intensiv wie dort ist die Auswertung der sozialwissenschaftlichen Literatur und ihre Integration in einen juristischen Argumentationszusammenhang vielleicht nur noch in dem bereits erwähnten Handbuch-Beitrag über die politischen Parteien erfolgt. Viel später hatte ich Gelegenheit, selbst an Verfassungsreformen mitzuwirken. Es wurde eine ernüchternde Erfahrung.

W: Das müssten Sie noch näher ausführen.

G: Es geht um die Föderalismus-Kommission. Sie war 2003 von Bundestag und Bundesrat eingesetzt worden, um Vorschläge zur Überwindung der seit langem beklagten Politikblockade auszuarbeiten. Ihr gehörte auch eine Reihe von Sachverständigen an, Verfassungsrechtler, Politologen, Ökonomen, darunter ich, nach einem langen Vorgespräch aufgefordert von *Franz Müntefering*,[407] damals Vorsitzender der SPD-Fraktion im Bundestag, sowie

[407] Franz Müntefering (geb. 1940), Politiker, 1998–1999 Bundesminister für Verkehr, Bau- und Wohnungswesen, 2002–2005 Vorsitzender der SPD-Bundestagsfraktion, 2005–2007 Vizekanzler und Bundesminister für Arbeit und Soziales.

Volker Kröning,[408] Obmann der SPD-Fraktion in der zu bildenden Kommission. Die Politikblockade war die Folge unterschiedlicher Mehrheiten in Bundestag und Bundesrat. Sie führte dazu, dass die Regierung dringend benötigte Reformen nicht oder nur verspätet und verwässert durchführen konnte. CDU- und SPD-Regierungen hatten gleichermaßen darunter zu leiden. Das Ausmaß der Blockademöglichkeiten wurde im Wesentlichen durch die Zahl der Zustimmungsrechte des Bundesrates bestimmt, und die war im Lauf der Zeit immer weiter gestiegen. Das Ziel musste also eine Verminderung der Zustimmungsrechte sein. Die Länder waren dazu im Prinzip bereit, verlangten aber für jedes preisgegebene Zustimmungsrecht eine Gegenleistung. Die war nicht leicht zu finden. So weitete sich das Reformpaket immer mehr aus und drohte die Verfassung immer mehr zu beschädigen.

Meine Ernüchterung bezog sich zunächst auf die Rolle der Sachverständigen. Als die Kommission ihre Arbeit aufnahm, bestand Einigkeit darüber, dass etwas geschehen müsse, aber Unklarheit darüber, was es sein könne. In dieser Phase fanden die Sachverständigen Beachtung. Nach einer gewissen Zeit glaubte die Politik, nun genug zu wissen, um die Aufgabe erledigen zu können. Sie bildete jetzt Unterkommissionen, von denen die Sachverständigen ausgeschlossen waren. Sie blieben jedoch als ordentliche Mitglieder im Plenum präsent, wurden aber nur noch als störend empfunden, wenn sie auf schädliche Konsequenzen von Politiker-Kompromissen hinwiesen.

---

[408] Volker Kröning (geb. 1945), 1983–1994 Senator der Freien Hansestadt Bremen in verschiedenen Ressorts, von 1994–2009 Mitglied des Bundestags.

Zum anderen bezog sich die Ernüchterung darauf, dass es auf der Länderseite an dem Bewusstsein fehlte, dass die Bundesrepublik eine gemeinsame Sache von Bund und Ländern ist. Nicht, wie ich erwartet hatte, der CDU-SPD-Gegensatz prägte die Kommissionsarbeit, sondern der Bund-Länder-Gegensatz. Es ging den Ländern, jedenfalls den tonangebenden großen, um Terraingewinne ohne Rücksicht auf das Ganze, mit dem Ergebnis, dass schließlich der Erfolg darin bestand, überhaupt einen Kompromiss zu haben. Auf seine Güte kam es nicht mehr an. Heute leiden die Nachfolger der tonangebenden Landesfürsten (vor allem *Koch, Stoiber*[409], *Teufel*[410], aber auch, wenngleich abgemildert *Steinbrück*[411]) unter dem Expansionsdrang ihrer Vorgänger, und die erste Rückabwicklung hat bereits stattgefunden (Art. 91 b GG).

Ich sah mich dadurch in meiner Auffassung bestätigt, dass die Regeln des Grundgesetzes über Verfassungsänderungen selber änderungsbedürftig seien. Das hatte sich schon an den Verfassungsänderungen im Zuge der Wiedervereinigung und bei der Änderung von Art. 13 und 16 GG gezeigt. Deswegen hatte ich mich schon damals geäußert.[412] Hier wurde es nun noch deutlicher. Art. 79 GG schuf kein Bewusstsein für den fundamentalen Unterschied zwischen Verfassungsänderungen und Gesetzesänderungen. Es sind vielmehr dieselben Akteure, die beides

---

[409] Edmund Stoiber (geb. 1941), Politiker, 1993–2007 Ministerpräsident des Freistaates Bayern.

[410] Erwin Teufel (geb. 1939), Politiker, 1991–2005 Ministerpräsident des Landes Baden-Württemberg.

[411] Peer Steinbrück (geb. 1947), Politiker, 2002–2005 Ministerpräsident des Landes Nordrhein-Westfalen, 2005–2009 Bundesfinanzminister.

[412] Siehe die zunächst in Zeitungen erschienen Beiträge in: *Dieter Grimm*, Die Verfassung und die Politik, 2001, S. 58, 82, 126.

betreiben, und sie tun es im selben Verfahren. Der Unterschied besteht nur darin, dass Verfassungsänderungen eine Zwei-Drittel-Mehrheit verlangen. Aber Zwei-Drittel-Mehrheiten sind längst eine Normalität in der bundesrepublikanischen Politik, zu Zeiten großer Koalitionen ohnehin, und bei allem, was im Vermittlungsausschuss entschieden wird, ebenfalls. Man muss „Unterbrecher" des Routinebetriebes einbauen, so wie es viele Verfassungen anderer europäischer Staaten tun. Der Notwendigkeit einer Änderung der Verfassungsänderung widmete ich meine Abschiedsvorlesung an der Humboldt-Universität im Jahr 2007.[413]

L: Setzen Sie sich damit nicht in Widerspruch zu Ihrer Auffassung, dass Verfassungsänderungen ein legitimes Mittel zur Korrektur von Verfassungsrechtsprechung sind? Wie lassen sich die beiden Haltungen vereinbaren? Sind rechtssprechungsinduzierte Verfassungsänderungen nach den Vorgaben des Art. 79 GG vorzunehmen, die politisch-operationell motivierten hingegen mit jenem retardierenden Verfahren?

G: Der Einbau von Unterbrechern, wie ich es genannt habe, hat den Sinn, die Differenz zwischen Verfassungsänderungen und Gesetzesänderungen zu schärfen. Er soll verhindern, dass die Parlamentsparteien bei Verfassungsänderungen unter sich bleiben und ihren Absicherungstendenzen freien Lauf lassen können. Das hat häufig

---

[413] Nicht veröffentlicht, der Sache nach aber aufgegriffen in einer Rede im Deutschen Bundestag aus Anlass des Abschlusses der Herausgabe der Akten des Parlamentarischen Rates, *Deutscher Bundestag* (Hrsg.), Wie wir mit dem Werk des Parlamentarischen Rats umgehen – oder: Wie viele Änderungen verträgt das Grundgesetz?, Berlin 2010.

zu funktionswidrigen Aufblähungen der Verfassung geführt. Der Vorschlag richtet sich nicht gegen Verfassungsänderungen, die auf Rechtsprechungslinien reagieren. Auch wollte ich damit nicht verschiedene Änderungsverfahren empfehlen. Das Verfahren wechselt nicht je nach Anlässen oder Motiven der erstrebten Änderung.

W: Gehen wir noch einmal zu dem AöR-Aufsatz zurück. Es ist ja einer der ganz wenigen Aufsätze, der sich in Deutschland mit Verfassungsfunktionen beschäftigt hat. In der Schweiz verhält es sich wegen der ständigen Verfassungsreformen anders. Ich habe mich angelegentlich mit der Fragestellung befasst und auf deutscher Seite waren es im Wesentlichen Sie, auf den man zurückgreifen konnte. Insbesondere die damit zusammenhängende Frage nach den Leistungsgrenzen von Verfassungen wird als Grimmsche Fragestellung verstanden. Ich möchte in diesem Zusammenhang noch eine zweite Sache ansprechen, die mich immer erstaunt hat, Ihr Aufsatz von 1969 über „Recht und Politik".[414] Ich habe den Aufsatz für eine eigene Publikation[415] vor kurzem noch einmal gelesen und dabei ist mir aufgefallen, dass die Redeweise von der „Verfassung als Rahmenordnung" *dort* wohl zum ersten Mal verwendet wurde und nicht in Böckenfördes Schrift zur „Eigenart des Staatsrechts". Es ist meines Erachtens ein ganz zentraler, wegweisender Aufsatz, der irritierenderweise in der „Juristischen Schulung", also einer Ausbildungszeit-

[414] *Dieter Grimm*, Recht und Politik, JuS 1969, S. 501.

[415] *Christian Waldhoff*, Der positive und der negative Verfassungsvorbehalt. Überlegungen zu einer Regelungstheorie im Grenzbereich von Verfassungsdogmatik und Verfassungstheorie (Würzburger Vorträge zu Rechtsphilosophie, Rechtstheorie und Soziologie, 52), 2016.

schrift erschien und der auch in Ihren Aufsatzbänden nicht nachgedruckt wurde?

G: Auch mit diesem Aufsatz hat es wieder eine eigene Bewandtnis. Durch die Frankfurter Cusaner-Gruppe kannte ich, wie schon früher bemerkt, *Otwin Massing* und über ihn wiederum einige der linken Frankfurter Politikwissenschaftler. Diese entschlossen sich, eine kritische Einführung in ihre Disziplin herauszubringen[416] und trugen mir ein Kapitel über „Recht und Politik" an. Das Produkt, das ich lieferte, gefiel ihnen aber nicht. Es sei phänomenologisch, nicht kritisch, verstehe das Recht nicht als symbolische Form. Mein Manuskript wurde abgelehnt.

L: Kein Überbau ...

G: Mich hat das damals sehr getroffen. Ich machte mich dann aber zum Beethoven-Platz auf, wo *Herrmann Weber*[417] in der Frankfurter Dependance von C.H. Beck residierte. Er nahm das Manuskript an, allerdings nicht, wie ich gehofft hatte, für die NJW, sondern für die JuS.

W: Mir ist in Deutschland kein Beitrag bekannt, der das Problem in dieser Klarheit entfaltet.

G: In der Rechtswissenschaft wurde er zur Kenntnis genommen. Nach der Vorstellung auf meiner ersten Staatsrechtslehrertagung, immerhin zehn Jahre später, sagten mehrere: „Aha, Grimm – Recht und Politik. Sind Sie das?" Ich habe das Thema später noch einmal aufgegrif-

---

416 *Gisela Kress/Dieter Senghaas* (Hrsg.), Politikwissenschaft, 1969.

417 Hermann Weber (geb. 1936), seit 1965 in verschiedenen Funktionen im Verlag C.H. Beck tätig, 1974–2001 Schriftleiter der Neuen Juristischen Wochenschrift.

fen, und zwar in der Festschrift für *Ernst Benda*.[418] In dieser Form ist es in den Sammelband „Die Verfassung und die Politik" als Einleitungsaufsatz eingegangen.[419]

L: Unser Mainstream behauptet doch eher, Politik und Recht seien zweierlei, Recht kontrolliert Politik. Sie hingegen beziehen Recht und Politik aufeinander. Es gibt immer Rückwirkung, die Politik schafft Recht und Recht wirkt natürlich auch auf die Politik zurück, gibt den Rahmen. Für Sie ist das ein dynamisches Verhältnis, während die deutsche Staatsrechtlehre eher bemüht war, Sphären zu trennen. Sie stehen für eine andere Perspektive im Verhältnis von Recht und Politik, eine Perspektive, die vielleicht amerikanisch beeinflusst ist, die aber auch die demokratischen Gegebenheiten einfach einmal wahrnimmt und nicht versucht, das Recht zu einer reinen Kontrolldimension zu degradieren und Politik als „schmutziges Geschäft" zu verstehen. Das scheint mir eine originelle Perspektive, im Rahmen der deutschen Staatslehre eher die eines Außenseiters zu sein.

W: Genau das meine ich ja, einen solchen Aufsatz gab es vorher nicht ...

L: ... weil diese Kontrollperspektive, in der ja eine Grundsozialisation in unserem Fach erfolgt, dazu führt, dass politisches Argumentieren sehr schnell als „unwissenschaftlich" verworfen wird.

G: Ich hatte hier keine Berührungsängste. Ob Mainstream oder nicht, war für mich kein relevanter Gesichtspunkt.

---

418 *Dieter Grimm*, Politik und Recht, Festschrift für Ernst Benda, 1995, S. 91.

419 *Dieter Grimm*, Die Verfassung und die Politik. Einsprüche in Störfällen, 2001, S. 13.

R: Sie haben das Grundgesetz, das zwölf Jahre jünger ist als Sie, aus verschiedenen Perspektiven „aufwachsen" sehen und an dessen Entwicklung mitgewirkt: erst als politisch interessierter Student, dann vor allem als Wissenschaftler und als Verfassungsrichter, später auch als Public Intellectual. Im Zusammenhang mit der Rundfunkfreiheit haben Sie bereits gesagt, dass Sie „ein Freund der Verfassung" seien.[420] Was bedeutet das für Sie? Ist diese Verbundenheit mit dem Grundgesetz auch eine biographische?

G: Vor kurzem hatte ich für den Katalog einer Ausstellung des Literaturarchivs Marbach zum Thema „Das Original" einen Beitrag über das Original des Grundgesetzes zu schreiben. Zu diesem Zweck bat ich darum, es anschauen zu dürfen. Es wurde für mich im Reichstagsgebäude aus dem Tresor geholt. Mit weißen Handschuhen konnte ich es anfassen und umblättern. Die Gedanken, die mir dabei kamen, geben vielleicht am besten meine persönliche Beziehung zum Grundgesetz wieder.[421] Ich kann das hier nicht wiederholen, aber zumindest doch so viel: Das Grundgesetz ist die Verfassung, unter der die bundesrepublikanische Geschichte insgesamt vergleichsweise glücklich verlaufen ist. Wie viel Anteil daran das Grundgesetz hatte, ist schwer zu ermitteln. Möglicherweise überschätzen wir als Verfassungsrechtler es. Möglicherweise unterschätzen die Historiker es, wenn es in den Werken zur Geschichte der Bundesrepublik kaum eine Rolle spielt. Mir ist jedenfalls immer die relative Bedeutung des Verfassungstextes und die immense Bedeutung

---

[420] Siehe oben S. 120.

[421] *Dieter Grimm*, Das Grundgesetz, in: Deutsches Literaturarchiv (Hrsg.), Der Wert des Originals, Marbacher Magazin 148, 2014, S. 133–136.

des Kontextes, in dem eine Verfassung operiert, bewusst gewesen, und ebenso die eigenständige Bedeutung der Interpretation des Verfassungstextes angesichts wechselnder Lagen.

Deswegen fand ich es auch nötig, die Weimarer Verfassung gegen den Vorwurf zu verteidigen, sie sei eine schlechte Verfassung gewesen. Ich habe mich oft gefragt, was aus der Weimarer Verfassung unter bundesrepublikanischen Verhältnissen geworden wäre – und was aus dem Grundgesetz unter Weimarer Verhältnissen. Solche „was wäre wenn"-Fragen lassen sich nicht zuverlässig beantworten. Sie dienen aber dazu, vorschnellen Schlüssen, positiven wie negativen, vorzubeugen. Ich kann ja auch vieles aufzählen, insbesondere vieles an den zahlreichen Verfassungsänderungen, was dem Grundgesetz nicht zum Vorteil gereichte. Aber unabhängig davon ist es die Verfassung, unter der ich ein freieres Leben führen konnte als meine Eltern und Großeltern. Es ist die Verfassung, an deren Verwirklichung ich in verschiedenen Eigenschaften mitwirken konnte. Insofern ist es eben auch „meine" Verfassung – das Possessiv-Pronomen in dem Sinn gebraucht, dass ich mich mit ihr jenseits aller Mängel identifizieren kann.

W: Losgelöst vom Grundgesetz ist die Kategorie der Verfassung das große Thema Ihres Lebens: Als Gegenstand wissenschaftlicher Reflektion, als Prüfungsmaßstab in Ihrer richterlichen Tätigkeit und als Phänomen, für das die Öffentlichkeit stets neu sensibilisiert werden muss. Mit Empathie haben Sie zunächst die Entstehung moderner Verfassungen in Deutschland von Anfang an im Vergleich zu den westlichen Verfassungsstaaten gekennzeichnet. Für mich war Ihre Unterscheidung zwischen dem „herrschaftskonstituierenden" westlichen Modell in Abgrenzung zum bloß „herrschaftsmodifizierenden" deutschen konstitutionellen Modell seinerzeit ein juristisches Bildungserlebnis, das mir den Zugang zur Verfassungsgeschichte geöffnet hat. Die großen dogmatischen Themen zwischen Universität und Gericht waren dann Verbände und Parteien (Stichwort „Neokorporatismus"), Meinungs- und Rundfunkfreiheit, Persönlichkeitsschutz und Grundrechtswirkung im Privatrecht. Darüber haben wir ausführlich gesprochen. In den letzten Jahren und gerade auch in jüngster Zeit, ging es oftmals darum, das Erreichte zu bewahren, da unterschiedliche Erosionen dieser Erfolgsgeschichte wenn nicht schon eingetreten sind, so doch bevorstehen könnten. Wie sehen Sie heute die Zukunft der Verfassung?

G: Weil ich die Verfassung zu den großen zivilisatorischen Errungenschaften zähle, wohl wissend, dass sie die längste Zeit mehr Verheißung als Realität war, bin ich auch immer hellhörig für ihre Gefährdungen gewesen. Über die „Zukunft der Verfassung" würde man ja nicht schreiben, wenn man sie für gesichert hielte. Zuerst stand die Herausforderung des Verfassungsstaats durch den Übergang zum Parteienstaat und zum Wohlfahrtstaat im Vordergrund. Dann beanspruchte die Erosion durch Internationalisierung und Globalisierung die Aufmerksamkeit. Es ist klar, dass die Verfassung nach dem Entstehen einer supranationalen öffentlichen Gewalt nicht mehr dieselbe Rolle spielen kann wie zur Zeit der Identität von öffentlicher Gewalt und Staatsgewalt. Wichtig ist mir, dass das nicht als Lamento verstanden wird. Die Entwicklungen, die zu der Erosion geführt haben, sind ihrerseits strukturell bedingt und deswegen als Gegebenheiten zu nehmen und nicht als Unglück zu beklagen. Angesichts dieser Situation muss das, was die Verfassung zur Errungenschaft macht, nach Möglichkeit bewahrt werden. Ob das in Form der Verfassung oder in anderer Form geschieht, ist sekundär. Ich nehme an, dass im internationalen oder gar globalisierten Maßstab etwas Neues entstehen wird, das noch eine Weile unter dem Namen „Verfassung“ läuft. Ich habe immer auf dem Unterschied zwischen den rechtlichen Grundlagen für den Staat einerseits und für politische Einheiten jenseits des Staates andererseits beharrt, damit man sich bei der Namensgleichheit nicht täuscht, dass internationale Ordnungen nur unter erheblichen Verzichten auf das, was die Verfassung ausmacht, als Verfassungen bezeichnet werden können. Deswegen habe ich auch versucht, den Begriff der Verrechtlichung öffentlicher Gewalt als Oberbegriff einzuführen, unter dem die moderne Verfassung einen historisch kontingenten Unterfall bildet, nicht den Endpunkt einer Entwicklung. Die Verrechtlichung der öffentlichen Gewalt ist der Fixpunkt. Die jeweiligen Formen folgen den wechselnden Bedingungen. Die Verfassung ist eine besonders ambitionierte Form. Das Bestreben sollte sein, so viel wie möglich davon auf die supranationale Ebene zu retten.

L, W, R: Herr Grimm, wir danken Ihnen herzlich für dieses Gespräch.

Personenverzeichnis